Organisation und Personalmanagement in der Polizei

AF546007

ISBN 978-3-86676-410-1

Antonio Vera

Organisation und Personalmanagement in der Polizei

ISBN 978-3-86676-410-1

Verlag für Polizeiwissenschaft
Prof. Dr. Clemens Lorei

Bibliografische Information der Deutschen Nationalbibliothek
Die Deutsche Nationalbibliothek verzeichnet diese Publikation in der Deutschen Nationalbibliografie; detaillierte bibliografische Daten sind im Internet über http://dnb.d-nb.de abrufbar.

Das Werk einschließlich aller seiner enthaltenen Teile inkl. Tabellen und Abbildungen ist urheberrechtlich geschützt. Nachdruck, Übersetzung, Vervielfältigung auf fotomechanischem oder elektronischem Wege und die Einspeicherung in Datenverarbeitungsanlagen sind nicht gestattet. Kein Teil dieses Werkes darf außerhalb der engen Grenzen des Urheberrechtsgesetzes ohne schriftliche Genehmigung in irgendeiner Form reproduziert, kopiert, übertragen oder eingespeichert werden.

© Urheberrecht und Copyright: 2015 Verlag für Polizeiwissenschaft,
Prof. Dr. Clemens Lorei, Frankfurt

Alle Rechte vorbehalten.

Verlag für Polizeiwissenschaft, Prof. Dr. Clemens Lorei
Eschersheimer Landstraße 508 • 60433 Frankfurt
Telefon/Telefax 0 69/51 37 54 • verlag@polizeiwissenschaft.de
www.polizeiwissenschaft.de

Printed in Germany

Inhaltsverzeichnis

Vorwort

Das vorliegende Buch beschäftigt sich mit der Organisation und dem Personalmanagement in der Polizei. Es beruht auf meiner langjährigen wissenschaftlichen Auseinandersetzung mit diesen Themenfeldern als Professor und Leiter eines Fachgebiets an der Deutschen Hochschule der Polizei, das eben genau diese Bezeichnung trägt, und soll primär als Lehrbuch dienen. Es setzt keine Vorkenntnisse in diesem Bereich voraus und eignet sich somit als Grundlagenliteratur für die wissenschaftliche Ausbildung von Studierenden an Akademien, Fachhochschulen und Universitäten, wobei dies insb. Nachwuchsführungskräfte der Polizeien des Bundes und der Länder sein dürften. Angesichts des Mangels an anspruchsvollen deutschsprachigen Lehrbüchern zum Polizeimanagement auf akademischen Niveau und der sich daraus ergebenden Schwierigkeiten für Studierende, sich in diesen Bereichen umfassendes Fachwissen anzueignen, erscheint die Anfertigung eines solchen Buches dringend geboten.

Dabei wird trotz des wissenschaftlichen Anspruchs versucht, insofern eine pragmatische Perspektive einzunehmen, als die anvisierte Zielgruppe dieses Lehrbuchs Studierende sind, die in ihrer späteren Berufspraxis als Fach- und Führungskräfte mit ‚echten' Managementproblemen konfrontiert sein werden und sicherlich erwarten, dass sich der Inhalt dieses Lehrbuchs bei ihrer Bewältigung als hilfreich erweist. Gleichwohl ist es ein von einem Professor geschriebenes Lehrbuch, das in der akademischen Lehre zum Einsatz kommen soll, und als solches steht natürlich die verständliche Vermittlung von wissenschaftlichen Theorien und Konzepten im Vordergrund – und nicht die Lösung von konkreten Managementproblemen oder gar die Vermittlung von schematischem Problemlösungswissen in Form von ‚Checklisten'.

Es stellt aber auch keine Dissertation dar, was sich insb. darin zeigt, dass die hierfür geltenden wissenschaftlichen Standards in Bezug auf Literaturbelege nicht eingehalten werden und vor allem in Bezug auf die Themenfelder ‚Organisation' und ‚Personalmanagement' nur eine recht oberflächliche Literaturauswertung erfolgt. Da die meisten in diesem Lehrbuch behandelten Aspekte der Organisation und des Personalmanagements bereits in einer kaum zu überblickenden Vielzahl von Lehr- und Handbüchern in sehr ähnlicher Form dargestellt werden, erscheint dies unproblematisch. Zudem werden am Ende des zweiten und dritten Kapitels einige Literaturquellen, die eine vertiefte wissenschaftliche Auseinandersetzung mit dem jeweiligen Themenfeld ermöglichen, als besonders lesenswert empfohlen.

Der Aufbau des vorliegenden Lehrbuchs ist denkbar einfach. Es besteht aus drei Kapiteln, die den drei im Titel aufgeführten Kernbegriffen entsprechen, d.h. Organisation, Personalmanagement und Polizei. Dabei sind die drei Kapitel so gestaltet, dass sie aus sich heraus verständlich sind, nahezu keine Querverweise enthalten und dementsprechend unabhängig voneinander gelesen und bearbeitet werden können.

Zunächst wird im ersten und kürzesten Kapitel auf die Frage eingegangen, was mit dem Begriff ‚Polizei' eigentlich genau gemeint ist, wobei deutlich werden wird, dass es durchaus sinnvoll ist, über die üblichen Legaldefinitionen hinauszugehen und sich aus soziologischer und historischer Sicht mit dem Wesen und den Grenzen des Polizeibegriffs und den sich daraus ergebenden Zielen und Aufgaben der Polizei zu befassen. Anschließend folgen zwei deutlich umfassendere Kapitel die sich zunächst mit der Organisation und dann mit dem Personalmanagement in der Polizei beschäftigen. Dabei sind aufgrund des Lehrbuchcharakters dieses Werks weite Teile der Ausführungen nicht polizeispezifisch, sondern entsprechen weitgehend den Darstellungen in Lehrbüchern zur Organisation und zum Personalmanagement ohne speziellen Branchenbezug und insb. zur Öffentlichen Betriebswirtschaftslehre bzw. Public Management. Gleichwohl wird immer, wenn es möglich und zweckmäßig erscheint, auf die besonderen Rahmenbedingungen und die spezifischen Herausforderungen und Problemfelder der Polizei eingegangen.

Aus Gründen der besseren Lesbarkeit wird im Folgenden auf die gleichzeitige Verwendung männlicher und weiblicher Sprachformen verzichtet. Sämtliche Personenbezeichnungen gelten selbstverständlich gleichwohl für beiderlei Geschlecht.

Ich wünsche allen Lesern viel Vergnügen mit dem vorliegenden Buch und hoffe, dass es den Erwartungen entspricht und die Anregungen enthält, nach denen sie gesucht haben.

Münster, März 2015 ANTONIO VERA

1 Polizei

Eine solide, wissenschaftlich gehaltvolle Auseinandersetzung mit der Organisation und dem Personalmanagement in der Polizei setzt voraus, dass man die darin enthaltenen Kernbegriffe möglichst trennscharf abgrenzt. In einem ersten Schritt soll daher zunächst der Polizeibegriff abgegrenzt werden, bevor anschließend die zentralen Erkenntnisse der Polizeisoziologie vorgestellt werden.

1.1 Der Polizeibegriff

1.1.1 Begriffsgeschichte

Die Beantwortung der Frage, was unter Polizei zu verstehen ist, ist keinesfalls trivial. Dies liegt nicht zuletzt daran, dass sich die Bedeutung des Begriffs Polizei bzw. in seinen alten Schreibweisen Policey oder Polizey – vermutlich abgeleitet vom griechischen ‚politeía' in den Werken von ARISTOTELES[1] – seit seinem ersten schriftlichen Nachweis in der Bestätigung einer Wiener Handwerksordnung von 1451 durch Kaiser FRIEDRICH III. mehrmals und deutlich verändert hat.[2]

Der frühneuzeitliche Policeybegriff

Ab der Mitte des 15. Jahrhunderts fand der Policeybegriff in Mittel- und Westeuropa insb. im städtischen Kontext zunehmend Verwendung[3], wobei man unter ‚guter Policey' einen „anzustrebenden Zustand guter öffentlicher Ordnung, entsprechende Normen in Form von Edikten oder Gesetzen […] und den entsprechenden obrigkeitlichen Aktivitätsbereich im Staatsinneren"[4] verstand. Dieser umfasste so vielfältige Regelungsgegenstände wie Gotteslästerung, Wucher, Kleiderordnungen, Ehebruch, Armen- und Bettelwesen, Bauwesen, Wasser- und Lebensmittelversorgung oder Feuerlöschwesen.[5]

Ab der Mitte des 17. Jahrhunderts verschob sich dieser Gegenstandsbereich dann im Kontext der ökonomisch-kameralistischen Ordnungsvorstellungen des Merkantilismus, der zunehmenden Verstädterung und der Reformen

---

1 Vgl. ISELI 2009, S. 8 f.; WEBER 2009, Sp. 183.
2 Vgl. HÄRTER 2009, Sp. 171.
3 Vgl. ISELI 2009, S. 10 ff.
4 WEBER 2009, Sp. 183.
5 Vgl. HÄRTER 2009, Sp. 171 ff.; ISELI 2009, S. 8 ff.

des ‚aufgeklärten Absolutismus' einerseits in Richtung auf eine Wohlfahrtspolicey, die sich schwerpunktmäßig mit Armenfürsorge, Gesundheitswesen, Bildung und Wirtschaftsförderung beschäftigte, und andererseits in Richtung auf eine Sicherheitspolicey, die für die Aufrechterhaltung von öffentlicher Sicherheit und Ordnung zuständig war.[6] Die Policey in diesem vormodernen Begriffsverständnis stellte allerdings noch keine Organisation im heutigen Sinne dar, sondern „ein Bündel an Aufgaben, mit denen verschiedene Institutionen betraut waren"[7].

Der moderne Polizeibegriff

Die Polizei im heutigen, modernen Begriffsverständnis entstand in Mittel- und Westeuropa ab dem Ende des 18. Jahrhunderts und damit im Kontext von Französischer Revolution, Napoleonischen Kriegen und Industrialisierung. Kennzeichnend hierfür war insb. eine inhaltliche Verengung des Polizeibegriffs auf die öffentliche Sicherheit.[8]

Auch wenn in der Literatur oftmals behauptet wird, dass mit Inkrafttreten von § 10 Abs. 2 des Allgemeinen Landrechts für die preußischen Staaten am 5. Februar 1794 „der entscheidende erste Schritt von der ‚Polizey' des Absolutismus, die sich als umfassende Verwaltung verstand, hin zu einer modernen Polizeikonzeption getan worden [sei], in deren Rahmen die Polizei seither primär mit der Aufrechterhaltung der öffentlichen Sicherheit, d.h. mit der Kriminalitätskontrolle, der Gefahrenabwehr und der der Mithilfe bei der Strafverfolgung, befasst gewesen sei", so muss bei genauerer Betrachtung konstatiert werden, dass dies wohl „zu den größten Mißverständnissen der preußisch-deutschen Polizeihistoriographie"[9] gehört. Polizeiliche Wohlfahrtsfunktionen spielten zumindest bis zum Ende des 19. Jahrhunderts nicht nur in Deutschland, sondern auch in anderen europäischen Staaten wie Frankreich und England sowie in den Vereinigten Staaten von Amerika (USA) weiterhin eine zentrale, vermutlich sogar eine dominante Rolle bei der alltäglichen Polizeiarbeit.[10]

Während in der englischsprachigen Literatur in der Regel die Gründung der Londoner Metropolitan Police als „centrally controlled, uniformed watchmen with a rigid work discipline geared for supervising the streets and, in

---

6 Vgl. HÄRTER 2009, Sp. 175 f.; ISELI 2009, S. 32 ff.

7 DAMS 2013, S. 51.

8 Vgl. LEẞMANN-FAUST 1996, S. 11 ff.; REINKE 1993, S. 19; LÜDTKE 1992, S. 11 f.

9 REINKE 1993, S. 18 f.

10 Vgl. REINKE 1996, S. 17; REINKE 1993, S. 18 ff. und S. 21 f.

theory, for preventing rather than detecting crime“[11] im Jahr 1829 als Geburtsstunde der modernen Polizei bzw. der ‚New Police‘ gilt[12], wird in der deutschsprachigen Literatur in diesem Zusammenhang auf die grundlegende Reform des Berliner Polizeiwesens nach dem Vorbild der Metropolitan Police und die sich daraus ergebende Einrichtung der Berliner Schutzmannschaft im Juli 1848 verwiesen.[13]

Zentrales Ergebnis dieser Entwicklung war neben der maßvollen, im Laufe der zweiten Hälfte des 19. Jahrhunderts aber stetig zunehmenden Betonung der Sicherheits- im Vergleich zur Wohlfahrtsfunktion insb. die Fokussierung dieser Sicherheitsfunktion auf permanente, flächendeckende und damit präventiv wirkende Kontrollaufgaben, die mit der vorherigen Ausrichtung auf die kurzfristige Unterdrückung von Unruhen kontrastierte.[14]

Zudem begann sich nach der Reichsgründung im letzten Viertel des 19. Jahrhunderts ein liberaleres Polizeiverständnis in Deutschland zu etablieren, das den zeitgenössischen Vorstellungen eines Rechtsstaats entsprach und den Bürger vor unberechtigten staatlichen Eingriffen schützen sollte.[15] Auf diese Weise entwickelte sich die paternalistisch-bevormundende Policey der Vormoderne zur „bürokratisch organisierte[n], rechtsförmig handelnde[n] und mit einer starken Exekutivgewalt versehene[n]“[16] Polizei der Moderne.[17] Angesichts dieser permanenten Verlagerungen der polizeilichen Funktionen verwundert K. VON DER GROEBENS Feststellung nicht, „daß es – jedenfalls bis 1918 – nicht gelungen ist, darüber einig zu werden, was unter ‚Polizei‘, sei es im weiteren oder engeren Sinne, verstanden werden soll“[18].

1.1.2 Definition und Aufgaben der Polizei

Im Laufe der letzten ca. 100 Jahre hat man zwar diesbezüglich Fortschritte erzielt, allerdings ist auch heutzutage eine eindeutige Abgrenzung des Polizeibegriffs nicht unproblematisch. So sind beispielsweise die häufig in den Medien verwendeten Abgrenzungen der Polizei als Trägerin des staatlichen Gewaltmonopols im Innern bzw. als ‚Organisation mit Gewaltlizenz‘ we-

---

11 EMSLEY 2008, S. 73.
12 Vgl. REINER 2010, S. 39 ff.; EMSLEY, 2008, S. 72 ff..
13 Vgl. FUNK 1993, S. 56 f.; LEßMANN-FAUST 1996, S. 15.
14 Vgl. LÜDTKE 1992, S. 14 f.; REINER 2010, S. 43.
15 Vgl. LÜDTKE 1992, S. 17; LIANG 1992, S. 4.
16 FUNK 1986, S. 13.
17 Vgl. EIBICH 2004, S. 398 ff.; ISELI 2009, S. 10 f.
18 VON DER GROEBEN 1984, S. 439.

nig trennscharf und manchmal sogar etwas irreführend, da es sich hierbei stets um ein unvollständiges, lückenhaftes Monopol und eine sehr begrenzte ‚Lizenz' handelt.[19]

Und auch im wissenschaftlichen Kontext werden teilweise Definitionen verwendet, die wegen ihrer fehlenden Trennschärfe für aussagekräftige Analysen wenig hilfreich sind – so z.B. die zahlreichen Studien zu Grunde liegende Abgrenzung als „uniformed forces for the prevention of crime and the enforcement of law"[20], die außer Acht lässt, dass es auch nicht-uniformierte Polizeivollzugsbeamte (z.B. Angehörige der Kriminalpolizei) sowie nicht der Polizei angehörende uniformierte Sicherheitskräfte (z.B. Angestellte von privaten Sicherheitsunternehmen) gibt.

Eine sehr gelungene Abgrenzung findet man hingegen bei R.I. MAWBY, der Polizei definiert als „agency that can be distinguished in terms of its *legitimacy*, its *structure* and its *function* [...]. Legitimacy implies that the police are granted some degree of monopoly within society by those with the power to so authorise [...]. Structure implies that the police are an organised force, with some degree of specialisation and with a code of practice within which, for example, legitimate use of force is specified. [...] Finally, function implies that the role of the police is concentrated on the maintenance of law and order and the prevention and detection of offences".[21]

Ein solches Verständnis von Polizei als staatliches Exekutivorgan, das öffentliche Sicherheit und Ordnung gewährleistet und dabei innerhalb der gesetzlichen Rahmenbedingungen unmittelbaren Zwang und unmittelbare Gewalt ausüben darf, spiegelt sich auch in den gegenwärtigen deutschen Polizeigesetzen wider. So definiert beispielsweise § 1 Absatz 1 Satz 1 und 2 des Polizeigesetzes des Landes Nordrhein-Westfalen: „Die Polizei hat die Aufgabe, Gefahren für die öffentliche Sicherheit oder Ordnung abzuwehren (Gefahrenabwehr). Sie hat im Rahmen dieser Aufgabe Straftaten zu verhüten sowie vorbeugend zu bekämpfen und die erforderlichen Vorbereitungen für die Hilfeleistung und das Handeln in Gefahrenfällen zu treffen."

Auffällig ist, dass im deutschsprachigen Raum der staatliche Charakter der Polizei und ihre Funktion als Gewaltmonopolist stärker betont wird als im angelsächsischen Raum, wo eher die gesellschaftliche Rolle der Polizei als Beschützerin der normativen Ordnung des Gemeinwesens im Mittelpunkt steht. Dieser Unterschied spiegelt sich allerdings nicht in der Organisation

19 Vgl. REEMTSMA 2003, S. 9 ff.; LEPSIUS 1997, S. 359.

20 MLADEK 2007, S. 3.

21 MAWBY 2008, S. 17 f. (Hervorhebung im Original).

und den Aufgaben der Polizei wider, die sich in allen westlichen Industriestaaten erstaunlich ähneln.[22]

Dabei erfüllt die Polizei auch heute noch eine Vielzahl an unterschiedlichen Aufgaben, ihr Kernaufgabenbereich lässt sich nach R. REINER aber zusammenfassen als „regular uniform patrol of public space coupled with post hoc investigation of reported or discovered crime or disorder"[23]. Wichtig ist zudem noch die Abgrenzung zum Militär als zweiten wichtigen Träger des staatlichen Gewaltmonopols. Während die Polizei für die innere Sicherheit – d.h. innerhalb der Staatsgrenzen – zuständig ist, sorgt das Militär für die äußere Sicherheit jenseits der Staatsgrenzen.[24]

1.2 Theoretische Grundlagen

1.2.1 Polizeisoziologische Forschung

Obwohl das staatliche Gewaltmonopol, spätestens seitdem Max WEBER es in den Mittelpunkt seiner Definition des Staates gerückt hat, zweifelsohne zu den fundamentalsten Konzepten der Soziologie zählt, findet man in der soziologischen Literatur vergleichsweise wenige konkrete Analysen, die sich explizit mit der Frage beschäftigen, wie dieses Monopol tatsächlich durchgesetzt wird.[25] In diesem Sinne stellt W. KNÖBL treffend fest: „MAX WEBERs »Formel« vom Gewaltmonopol als dem entscheidenden Definitionsmerkmal des modernen Staates wurde also viel häufiger zitiert als wirklich zum Gegenstand von Untersuchungen gemacht."[26]

Dies gilt zwangsläufig auch für die Polizei als Trägerin des staatlichen Gewaltmonopols im Inneren.[27] Nichtdestotrotz gibt es mittlerweile eine beträchtliche Zahl an wissenschaftlichen Arbeiten, die sich aus soziologischer Perspektive mit der Polizei beschäftigen und die üblicherweise dem Forschungszweig der Polizeisoziologie zugeordnet werden. Die dort angesiedelten Arbeiten lassen sich nach G. ENDRUWEIT grob in vier Forschungsstränge unterteilen:[28]

---

22 Vgl. FUNK 1986, S. 13 f.
23 REINER 2010, S. 5.
24 Vgl. LEPSIUS 1997, S. 360.
25 Vgl. KNÖBL 1998, S. 11 f.
26 KNÖBL 1998, S. 11.
27 Vgl. GRUTZPALK u.a. 2009, S. 13; OHLEMACHER u.a. 2003, S. 378 ff.; LANGE 2003, S. 428.
28 Vgl. ENDRUWEIT 2003, S. 400 f.

- *organisationssoziologische Studien*, die sich mit den organisationalen Aspekten der Polizei beschäftigen, z.B. Ziele, Aufgaben oder Instrumente der Polizei,
- *politiksoziologische Studien*, die sich mit der Funktion der Polizei in der Gesellschaft und den Beziehungen zwischen Polizei und ihrer Umwelt beschäftigen,
- *berufssoziologische Studien*, die sich mit dem Polizeiberuf – z.B. mit Karrieremustern, den Arbeitsbedingungen oder der Entlohnung – auseinandersetzen, und
- *rechtssoziologische Studien*, die sich mit der Rolle der Polizei bei der Durchsetzung von rechtlichen Regelungen beschäftigen.

Die Polizeisoziologie gilt zwar als etablierter Forschungszweig, aufgrund von Mängeln bei der theoretischen Fundierung, der Systematik und beim Feldzugang jedoch nicht als eigenständige soziologische Teildisziplin. So kommt G. ENDRUWEIT in Bezug auf die Etablierung einer Polizeisoziologie als „empirische Wissenschaft über die Wechselbeziehungen zwischen Gesellschaft und Polizei mit systematisch erweiterter Theorie und darauf bezogener methodischer Überprüfung sowie einem daraus entstehenden immer vollständigeren und immer aktuelleren Wissensbestand nicht nur über die deutsche Polizei" zu der Einschätzung, dass „wir noch weit entfernt davon [sind], wohl noch nicht einmal auf dem Wege"[29]. Und H.-J. LANGE ist sogar der Ansicht, dass die Etablierung einer eigenständigen Polizeisoziologie gescheitert ist.[30]

Gleichwohl enthalten die vorliegenden polizeisoziologischen Forschungsergebnisse interessante und wertvolle Erkenntnisse. Im Folgenden sollen daher diejenigen Ansätze erörtert werden, die sich besonders gut für eine Erklärung der Rolle der Polizei in modernen Gesellschaften eignen. Orientiert man sich an der oben dargestellten Klassifizierung von G. ENDRUWEIT, dann handelt es sich dabei hauptsächlich um politiksoziologische Ansätze.

1.2.2 Zentrale theoretische Ansätze

Im Folgenden werden mit dem modernisierungstheoretischen und dem konflikttheoretischen Ansatz zunächst die beiden ‚Klassiker' der angelsächsischen Polizeisoziologie – in der Regel als ‚orthodox view' und ‚revisionist view' bezeichnet[31] – vorgestellt. Anschließend wird der auf M. WE-

---

29 ENDRUWEIT 2003, S. 408 f.

30 Vgl. LANGE 2003, S. 429 f.

31 Vgl. z.B. REINER 2010, S. 39 ff.

BER zurückgehende, im deutschsprachigen Raum wohl dominierende herrschaftstheoretische Ansatz erörtert.

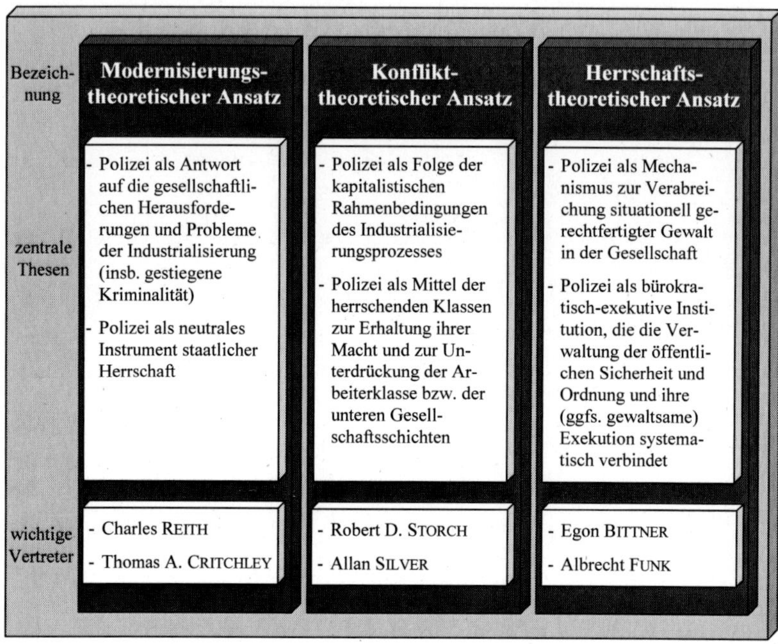

Abb. 1.1 Zentrale Ansätze der Polizeisoziologie

Auf eine Erläuterung der historisch-soziologischen Ansätze von N. ELIAS[32], M. FOUCAULT[33] und P. BOURDIEU[34], die wegen ihrer fundamentalen Rolle in den soziologischen und gesellschaftspolitischen Diskursen der 1970er und 1980er Jahre als ‚Klassiker der zweiten Generation'[35] gelten, wird jedoch verzichtet. Auch wenn diese Ansätze grundlegende Erkenntnisse in Bezug auf die Entstehung und Entwicklung von gesellschaftlichen Herrschaftsstrukturen und staatlichen Machtpraktiken enthalten, so sind sie doch aufgrund ihrer oftmals sehr abstrakten Argumentation, ihres breiten Analysefokus und der nur rudimentären Berücksichtigung von konkreten

---

32 Vgl. ELIAS 1976.

33 Vgl. FOUCAULT 1976.

34 Vgl. BOURDIEU 1976.

35 Vgl. HETTLAGE 1991, S. 385 ff. und S. 406 ff.

staatlichen Institutionen und Praktiken für eine Analyse der Rolle der Polizei in modernen Gesellschaften in einem Lehrbuch eher ungeeignet.[36]

Der modernisierungstheoretische Ansatz

Die Modernisierungstheorie umfasst eine Reihe von Ansätzen, die sich mit gesellschaftlichen Entwicklungsprozessen in der Moderne beschäftigen und dabei von einer zielgerichteten, zwangsläufigen Entwicklung von einem Zustand der Traditionalität zu industrialisierten, demokratisierten, säkularisierten und bürokratisierten Gesellschaften ausgehen.[37]

Der modernisierungstheoretische Ansatz der Polizeisoziologie – auch ‚orthodox view' genannt – überträgt diesen Grundgedanken auf die Entwicklung der Polizei und geht davon aus, dass die Entstehung der modernen Polizei in Mittel- und Westeuropa in der ersten Hälfte des 19. Jahrhunderts sowie die Aus- und Umbauprozesse in der Folgezeit die zwangsläufige Antwort auf die gesellschaftlichen Probleme und Herausforderungen der Industrialisierung waren.[38] Vor allem die Entstehung von städtischen Ballungsräumen mit hoher Bevölkerungsdichte führte zu steigender Kriminalität und zu Unruhen, die nur durch die Polizei als „inevitable and unequivocally beneficient institution"[39] und als „mehr oder minder neutrales Instrument"[40] staatlicher Herrschaft im Sinne der Allgemeinheit gesteuert werden konnten.

Die Vertreter dieses Ansatzes attestieren der Polizei dabei ein sehr erfolgreiches und für alle Gesellschaftsschichten vorteilhaftes Vorgehen, so dass Kritik an oder Widerstand gegen die Polizei nur auf mangelnde Rationalität oder Opportunismus zurückzuführen sein kann. Diese Sichtweise hat bis in die 1970er Jahre hinein die wissenschaftliche Auseinandersetzung mit der Polizei dominiert.[41]

Seit den 1970er Jahren befindet sich der modernisierungstheoretische Ansatz der Polizeisoziologie allerdings „in der Defensive"[42] und hat seine dominante Stellung bei der Erklärung der Entstehung und Entwicklung der Polizei in der Moderne und ihrer Rolle im Rahmen von staatlicher Herrschaft mittlerweile verloren. Die Ursachen hierfür sind vielfältig und im

---

36 Vgl. Knöbl 1998, S. 21 ff.; Lüdtke 1982, S. 33 ff.
37 Vgl. Berger 1996, S. 45 ff.
38 Vgl. Knöbl 1998, S. 57; Critchley 1978, S. 21.
39 Reiner 2010, S. 39.
40 Knöbl 1998, S. 57.
41 Vgl. Reiner 2010, S. 42 ff.; Critchley 1978, S. 28; Reinke 1993, S. 21.
42 Knöbl 1998, S. 370.

Wesentlichen auf die grundsätzlichen Schwächen der Modernisierungstheorie zurückzuführen, die ideologisch geprägt und nur unzureichend theoretisch fundiert ist.[43]

Als wichtigster Ansatzpunkt für Kritik hat sich die stark auf einem nicht näher erläuterten, als neutral verstandenen Effizienzbegriff basierende Argumentation modernisierungstheoretischer Arbeiten erwiesen, die Verteilungs- und Machtaspekte ausblendet oder zumindest vernachlässigt.[44] So sind innovative polizeiliche Strategien, die beispielsweise einen verstärkten Eigentumsschutz gewährleisten sollen, nicht per se besonders effiziente oder ineffiziente Herrschaftsinstrumente, sondern stets vor dem Hintergrund der Interessen und der Eigentumsverhältnisse der betroffenen Bevölkerungsschichten, die in unterschiedlichem Ausmaß davon profitieren, zu deuten.

Dass der modernisierungstheoretische Ansatz der Polizeisoziologie möglicherweise auf naiven, ideologisch ‚verbrämten' Grundannahmen beruht, die insb. mit den Erfahrungen der unteren Gesellschaftsschichten mit der Polizei inkompatibel sind, verdeutlicht nicht zuletzt die weitverbreitete Verwendung von pejorativen Bezeichnungen für die Polizei bereits im 19. Jahrhundert – wie R.D. STORCHs und F. ENGELS oft zitierte „plague of blue locusts"[45]. Die sich darin widerspiegelnde geringe Akzeptanz der Polizei in breiten Bevölkerungsschichten lässt sich kaum in Einklang bringen mit einer von einem gesamtgesellschaftlichen Konsens getragenen Polizei, die als neutrales Herrschaftsinstrument im gesamtgesellschaftlichen Interesse für Sicherheit und Ordnung sorgt.

Treffender als die im Mittelpunkt des modernisierungstheoretischen Ansatzes stehende Vorstellung einer „police history as the inevitable march towards progress" dürfte daher die für den im Folgenden zu behandelnden, konflikttheoretischen Ansatz charakteristische Einschätzung sein, dass „[t]he establishment of the police was a protracted and painful struggle, in the face of bitter resistance and smouldering hostility"[46].

Der konflikttheoretische Ansatz

Der konflikttheoretische Ansatz – auch ‚revisionist view' genannt – entstand in Laufe der 1970er Jahre, als dem stark in die Kritik geratenen ‚orthodox view' ein marxistisch geprägter Erklärungsansatz gegenübergestellt

---

43 Vgl. MERGEL 2011, Abs. 2 ff.

44 Vgl. KNÖBL 1998, S. 58.

45 STORCH/ENGELS 1975, S. 61.

46 REINER 2010, S. 39 f.

wurde, der rasch eine dominante Stellung in der Polizeisoziologie einnahm.[47] Der Grundgedanke dieses Ansatzes, der erstmals in dieser Deutlichkeit in R.D. STORCHs und F. ENGELS oben bereits erwähnten und in der herrschafts- und polizeisoziologischen Literatur oft zitierten Aufsatz aus dem Jahr 1975 geäußert wurde[48], besagt, dass die Polizei keinesfalls ein neutrales Instrument staatlicher Herrschaft ist, sondern vielmehr ein Mittel der herrschenden Klassen zur Erhaltung ihrer Macht und zur Unterdrückung der Arbeiterklasse bzw. der unteren Gesellschaftsschichten.[49]

Dementsprechend wäre die Entstehung einer modernen Polizei in der ersten Hälfte des 19. Jahrhunderts weniger auf die Industrialisierung und die steigende Kriminalität zurückzuführen als auf die kapitalistischen Rahmenbedingungen des Industrialisierungsprozesses, die Klassengegensätze verschärften und zu Klassenkonflikten führten, bei denen um die gesellschaftliche Ordnung und die Machtverteilung innerhalb dieser Ordnung gekämpft wurde.[50] Die Etablierung von kapitalistisch-marktwirtschaftlichen Produktionsbedingungen erforderte eine Rekonzeptualisierung der sozialen Beziehungen und der Arbeits- und Lebensbedingungen der Arbeiterschaft dahingehend, dass diese kompatibel mit den technisch-organisationalen Vorgaben der Industriebetriebe und mit geldwirtschaftlich organisierten Absatzmärkten sein mussten.[51]

Dies führte zu einer von der industriellen Bourgeoisie betriebenen Kriminalisierung von Verhaltensweisen, die in vorkapitalistischen Zeiten üblich und legal waren. So wurden beispielsweise aufrührerische Proteste von einer proto-demokratischen Form der Kommunikation zwischen den unteren und den oberen Gesellschaftsschichten zu einer Gefahr für die politische und öffentliche Ordnung umdefiniert, und der Einbehalt eines Teils der Produktion durch die Belegschaft war nun kein Naturallohn mehr, sondern Diebstahl.[52]

Die Errichtung der öffentlich finanzierten, bürokratisch organisierten Polizei des 19. Jahrhunderts und insb. ihre flächendeckende Präsenz werden im Rahmen dieses konflikttheoretischen Ansatzes als Versuch gesehen, diese ‚neuen' Formen der Kriminalität bzw. „die als zunehmend fremd und bedrohlich empfundenen Lebensgewohnheiten proletarischer und subproleta-

---

47 Vgl. NEWBURN 2008, S. 5; REINER 2010, S. 40.
48 Vgl. STORCH/ENGELS 1975, S. 61 ff.
49 Vgl. REINER 2010, S. 40.
50 Vgl. KNÖBL 1998, S. 58 ff.
51 Vgl. REINER 2010, S. 48.
52 Vgl. NEOCLEOUS 2006, S. 29 ff.; COHEN 1979, S. 120 f.

rischer Gruppen"[53] zu bekämpfen und ein auf relativ strenger Disziplin und konservativen Werten basierendes Verständnis von öffentlicher Ordnung durchzusetzen, das nach Ansicht von S. SPITZER und A. SCULL „a precondition of rational calculation on the part of industrial capitalists"[54] war.

Zudem lebte die industrielle Bourgeoisie in einem urbanen Umfeld und damit geografisch deutlich näher an den Unterschichten als der in der Vormoderne dominante Landadel, und auch ihr Besitz – z.B. Waren oder Maschinen – war relativ stark von Diebstahl und Zerstörung bedroht. Insofern liegt es auf der Hand, dass der Aufbau einer flächendeckend präsenten, schlagkräftigen Polizei nicht nur auf ein „*diffuse*[s] Gefühl der Bedrohung *kultureller* Standards"[55] zurückzuführen war, sondern sicherlich auch dem ganz konkreten Schutz der industriellen Oberschicht gedient haben dürfte.[56]

Der konflikttheoretische Ansatz der Polizeisoziologie hat sich aus wissenschaftlicher Sicht als sehr ergiebig erwiesen und zu einem „unequivocal advance in our understanding of the emergence of the new police"[57] geführt. Allerdings weist auch dieser Ansatz die für marxistisch geprägte Argumentationsmuster typischen Schwachstellen auf, insb. der ihm inhärente Determinismus, der die heterogene Zusammensetzung von Klassen weitgehend unberücksichtigt lässt und zu einer einseitigen Konfliktorientierung führt, die sich nur schwer mit der Tatsache in Einklang bringen lässt, dass die Polizei von einem Großteil der Bevölkerung und auch der unteren Gesellschaftsschichten durchaus akzeptiert und respektiert wurde und dass diese Akzeptanz im Laufe des 19. und 20. Jahrhunderts tendenziell zunahm.[58]

Trotz dieser Kritik hat der ‚revisionist view' ganz wesentlich zu einem besseren Verständnis der gesellschaftlichen Funktion der Polizei und ihrer Rolle im Rahmen von staatlicher Herrschaft beigetragen, indem es Klassengegensätze und Machtverteilungsfragen in den Analysefokus der Polizei- und Herrschaftssoziologie gerückt hat. „The result is a much richer history of policing arrangements, and one that is able to grasp the extraordinary story of increasing police legitimacy during the nineteenth and early

---

53 KNÖBL 1998, S. 59.
54 SPITZER/SCULL 1977, S. 277.
55 KNÖBL 1998, S. 59 (Hervorhebung im Original).
56 Vgl. REINKE 1993, S. 22.
57 REINER 2010, S. 55.
58 Vgl. KNÖBL 1998, S. 60; REINER 2010, S. 55.

twentieth centuries whilst allowing for the fact that the power of the police is always contested".[59]

Der herrschaftstheoretische Ansatz

Während die modernisierungs- und konflikttheoretischen Ansätze den polizeisoziologischen Diskurs in der angelsächsischen Welt wiedergeben, wird die deutsche Polizeiforschung vom WEBERschen Paradigma und dem darauf basierenden herrschaftstheoretischen Ansatz dominiert.[60] Den Ausgangspunkt bilden dabei zwei Postulate, die M. WEBER für historisch selbstverständlich hält[61]:

- dass Gewaltsamkeit das spezifische Mittel des Staates und dessen zentrales Definitionsmerkmal ist und
- dass der Staat über das Monopol der legitimen Ausübung von Gewalt verfügt.[62]

Entscheidend ist dabei die Untrennbarkeit von staatlicher Gewalt und Legitimität, d.h. es wird von einem fundamentalen Konsens zwischen Herrschern und Beherrschten in Bezug auf die Rechtmäßigkeit der Gewaltsamkeit des Staates ausgegangen.[63] Dieses Legitimitätseinverständnis wird nicht problematisiert, sondern als gegeben vorausgesetzt. A.W. GOULDNER drückt dies sehr anschaulich aus, indem er feststellt: „Für WEBER wird in die Herrschaft eingewilligt, *weil* sie legitim ist, anstatt daß sie legitim ist, weil sie die Einwilligung herbeiführt"[64].

Dieses Legitimitätseinverständnis ist aus herrschaftssoziologischer Sicht insofern wichtig, als ein Verzicht darauf zu einer radikalen Verkürzung des Problems staatlicher Herrschaft auf die Frage führen würde, wie man im Konfliktfall die Durchsetzung des staatlichen Gewaltmonopols bzw. die faktische Überlegenheit des Herrschers über die Beherrschten möglichst effektiv sicherstellt.[65] Auch wenn M. WEBER diese Verkürzung vermeidet, so stellt das nicht hinterfragte Legitimitätseinverständnis doch eine Schwachstelle seines Ansatzes dar, da es durchaus Grund zu der Annahme gibt, dass dies angesichts der ungleichen Verteilung der gesellschaftlichen Ressourcen sowie der entsprechenden Verfügungschancen „weit eher ein

---

59 NEWBURN 2008, S. 5.

60 Vgl. BRODEUR 2002, S. 262; KNÖBL 1998, S. 61.

61 Vgl. LÜDTKE 1982, S. 28; BRODEUR 2002, S. 262.

62 Vgl. WEBER 1922, § 17 Abs. 1 Satz 2 und Abs. 4 (Nr. 2).

63 Vgl. LÜDTKE 1982, S. 28 f.; FUNK 1986, S. 15 f.

64 GOULDNER 1971, S. 435.

65 Vgl. FUNK 1986, S. 16.

frommer Wunsch oder bestenfalls eine Illusion von Herrschenden oder von Analytikern“[66] ist.

Eine darüber hinaus gehende, direkte Bezugnahme auf die Polizei findet sich bei M. WEBER nicht, und auch in den meisten auf diesem Paradigma aufbauenden herrschaftssoziologischen Arbeiten wird die Rolle der Polizei nicht eingehend thematisiert, sondern „als bare Selbstverständlichkeit behandelt“[67]. Angesichts der Dominanz dieses Ansatzes in der deutschsprachigen polizeisoziologischen und polizeihistorischen Literatur fühlt sich J.-P. BRODEUR sogar zu der Feststellung genötigt, dass „WEBER [...] sich mehr mit dem Staat als mit der Polizei [beschäftigte]“[68]. Es gibt aber durchaus Arbeiten, die das WEBERsche Paradigma explizit auf die Polizei übertragen. Zwei dieser Ansätze werden im Folgenden vorgestellt.[69]

In der angelsächsischen Polizeisoziologie spielen die Arbeiten von E. BITTNER eine wichtige Rolle. In seinem Ansatz wird die Entstehung der Polizei in der ersten Hälfte des 19. Jahrhunderts als Versuch gesehen, den Einsatz von physischer Gewalt einzuschränken, indem das alleinige Recht zur Gewaltanwendung einer öffentlichen, von einem demokratisch gewählten Parlament kontrollierten Institution übertragen wird, nämlich der Polizei.[70] Die Polizei hat dabei die Aufgabe, Probleme zu lösen, bei denen der Einsatz von physischer Gewalt erforderlich sein kann, und ist demzufolge „nichts anderes als ein Mechanismus zur Verabreichung situationell gerechtfertigter Gewalt in der Gesellschaft“[71].

Die Tatsache, dass der Polizei ausschließlich die Zuständigkeit für die Bereinigung von potenziell gewaltsamen Konflikten zukommt, stellt trotz der erheblichen Ermessensspielräume der Polizei bei der Frage, ob der Einsatz von Gewalt erforderlich ist, gerade im Vergleich zu den oben dargestellten modernisierungs- und konflikttheoretischen Ansätzen eine nicht unbeachtliche Einschränkung ihrer Rolle in modernen Gesellschaften dar. So stellt sich beispielsweise die Frage, ob die umfassenden Tätigkeiten der Polizei auf dem Gebiet der Verkehrssicherheit angesichts des normalerweise eher geringen Ausmaßes an physischer Gewalt hier tatsächlich zweckmäßig angesiedelt sind oder ob andere Organisationen – z.B. Kommunalverwaltun-

---

66 LÜDTKE 1982, S. 29.

67 LÜDTKE 1982, S. 31.

68 BRODEUR 2002, S. 262.

69 Weitere, wichtige Ansätze, die aber aus Platzgründen nicht weiter erwähnt werden können, sind beispielsweise MANNING 1977 oder NEOCLEOUS 2000.

70 Vgl. BITTNER 1990, S. 102 ff.

71 BRODEUR 2002, S. 264.

gen oder Straßenverkehrsämter – diese Aufgaben möglicherweise effizienter erledigen könnten.

Im deutschsprachigen Raum gilt insb. A. FUNK als „[h]erausragender Vertreter“[72] einer auf dem WEBERschen Paradigma aufbauenden, aber um marxistische Elemente ergänzten, herrschaftstheoretischen Position. Dabei geht er davon aus, dass in modernen kapitalistischen Gesellschaften die gesellschaftlichen Selbstorganisierungskräfte so weit verkümmern, dass staatliche Herrschaft nur auf der Grundlage von bürokratischen Strukturen gewährleistet werden kann.[73] Dementsprechend entwickelte sich im Laufe des 19. Jahrhunderts in allen kapitalistischen Gesellschaften eine „bürokratisch-exekutive Polizei, die die Verwaltung der öffentlichen Sicherheit und Ordnung und ihre Exekution systematisch verband“, und damit „das staatliche Gewaltmonopol in den gesellschaftlichen Alltag hinein verlagert[e]“[74].

Dabei darf die bürokratische Prägung nicht darüber hinweg täuschen, dass der Einsatz von physischer Gewalt durch die Polizei weiterhin ein wesentliches Element der Polizeiarbeit blieb, für die Sicherung staatlicher Herrschaft waren allerdings die Verinnerlichung der Unterwerfung unter das staatliche Gewaltmonopol und die nicht mehr hinterfragte Akzeptanz der Legitimität der Polizeigewalt über alle Gesellschaftsschichten hinweg wesentlich bedeutsamer.[75] Aus soziologischer Sicht führt dies – gerade im Vergleich zu E. BITTNERS Ansatz – zu einer sehr umfassenden Rolle der Polizei in modernen Gesellschaften.

1.3 Fazit

Die bisherigen Ausführungen haben verdeutlicht, dass die Beantwortung der Frage, was ‚Polizei‘ eigentlich bedeutet, keinesfalls trivial ist. Vor allem die weitverbreitete Definition der Polizei als Trägerin des staatlichen Gewaltmonopols ist bei genauerer Betrachtung wenig hilfreich, da sich die Polizei dieses Monopol mit anderen Akteuren teilt und gerade unter den heutigen gesellschaftlichen Rahmenbedingungen nur in enger Zusammenarbeit mit diesen Akteuren die öffentliche Sicherheit und Ordnung erfolgreich gewährleisten kann.

---

72 KNÖBL 1998, S. 61.

73 Vgl. KNÖBL 1998, S. 62; FUNK 1986, S. 319.

74 FUNK 1986, S. 313 f.

75 Vgl. FUNK 1986, S. 314 f.

Gleichwohl stellt Gewalt ein zentrales, unverzichtbares Definitionsmerkmal der Polizei dar, so dass ein ‚entspanntes' Verhältnis der Polizei zu diesem in der heutigen Zeit sehr negativ besetzten, oftmals sogar tabuisierten Phänomens angebracht erscheint. Gewalt fällt in den originären Zuständigkeitsbereich der Polizei, so dass Polizeibeamte und Bürger lernen müssen, dass Gewalt im polizeilichen Kontext kein ‚Betriebsunfall' ist, sondern gerade der Grund, warum es Polizei überhaupt gibt.

Betrachtet man zudem die im Mittelpunkt der Polizeisoziologie stehenden Fragen nach den Ursachen für die Entstehung der Polizei sowie – damit zusammenhängend – nach ihrer Rolle und nach ihren Aufgaben in modernen Gesellschaften, dann ist zu erkennen, dass es diesbezüglich durchaus unterschiedliche, und gleichwohl gerechtfertigte, Auffassungen geben kann. Die Kenntnis dieser Ansätze ermöglicht eine fundierte und differenzierte Analyse von aktuellen, in den Medien kontrovers diskutierten polizeilichen Fragestellungen. So bieten beispielsweise die modernisierungs- und konflikttheoretischen Ansätze sicherlich einige Anhaltspunkte für die Erklärung der oftmals geringen Akzeptanz der Polizei in sozial schwachen Bevölkerungsgruppen. Und die herrschaftstheoretischen Ansätze von E. BITTNER und A. FUNK liefern zweifelsohne einige Argumente, warum die Zuständigkeit der Polizei für die Sicherheit bei Fußballspielen in Frage gestellt und die Beteiligung der Profiklubs an den dabei entstehenden Kosten in Erwägung gezogen werden kann.

Insofern dürfte deutlich geworden sein, warum eine Auseinandersetzung mit den in diesem ersten Kapitel behandelten, theoretischen Erkenntnissen der Polizeisoziologie gerade für (angehende) Führungskräfte der Polizeien des Bundes und der Länder, in deren Zuständigkeit auch strategische Fragen der Polizeiarbeit fallen, äußerst ratsam und hilfreich ist.

2 Organisation

Dem Thema „Organisation“ wurde bis weit in die 1980er und sogar 1990er Jahre in der deutschsprachigen Literatur zur Öffentlichen Betriebswirtschaftslehre bzw. zum Public Management und zum Polizeimanagement wenig Beachtung geschenkt. So behandeln z.B. GORNAS und BEYER in ihrem Public-Management-Lehrbuch unter der Überschrift „Organisationsformen“ noch ausschließlich die Rechtsformen in der öffentlichen Verwaltung.[76] Und auch in den englischsprachigen Lehrbüchern zum Polizeimanagement – deutschsprachige Lehrbücher auf akademischem Niveau hierzu gibt es leider bis heute nicht – finden sich vergleichsweise kurze Ausführungen zu Organisationsthemen. Eine Ausnahme bildet hier das Lehrbuch von ROBERG und KUYKENDALL, das diesem Thema nicht nur ein ganzes Kapitel, sondern ein weiteres zum Themenfeld Change Management widmet.[77]

Modernere Public-Management-Lehrbücher zeigen, dass sowohl die Praxis als auch die Wissenschaft die gestiegene Bedeutung des Themas „Organisation“ im öffentlichen Sektor erkannt haben, und widmen diesem Themenkomplex daher deutlich mehr Aufmerksamkeit.[78] Behandelt werden dabei insb. verschiedene Konzepte zur Gestaltung von Organisationsstrukturen und Organisationsprozessen in öffentlichen Verwaltungen sowie das hochgradig praxisrelevante Change Management.

Im Gegensatz zur englischsprachigen Literatur wurde in den entsprechenden deutschen Lehrbüchern ein wichtiger Aspekt, der einen prägenden Einfluss auf die moderne Organisationslehre gehabt hat, bisher allerdings noch nicht ausreichend berücksichtigt: die informelle Organisation. Angesichts der Bedeutung von kulturellen und mikropolitischen Phänomenen im öffentlichen Sektor im Allgemeinen und in der Polizei im Besonderen erscheint daher eine intensive Auseinandersetzung mit diesen Themen im Rahmen dieses Lehrbuchs dringend angebracht. In den folgenden Ausführungen wird daher neben der unerlässlichen Erörterung der formellen Aspekte der Organisation ein Schwerpunkt auf die informellen Prozesse und Strukturen gelegt werden.

---

76 Vgl. GORNAS/BEYER (1991).

77 Vgl. ROBERG/KUYKENDALL (1997).

78 Vgl. z.B. THOM/RITZ (2006); SCHEDLER/PRÖLLER (2006).

2.1 Grundlagen

Ziel dieses Kapitels 2.1 ist die Darstellung und Erläuterung einiger grundlegender Konzepte der Organisationslehre, die erforderlich sind, um die später folgenden weiterführenden Inhalte verstehen und einordnen zu können. Dazu gehören neben der Erörterung des Organisationsbegriffs (2.1.1) die Darstellung der Kernelemente von Organisationen (2.1.2) und die Unterscheidung zwischen formellen und informellen Regeln (2.1.3).

2.1.1 Organisationsbegriff

Der Begriff „Organisation" ist heutzutage ein selbstverständlicher Bestandteil der Umgangssprache, der sehr häufig in ganz unterschiedlichen Bedeutungszusammenhängen benutzt wird, ohne weiter reflektiert zu werden. Eine intensivere Auseinandersetzung mit dem Begriff lässt allerdings erkennen, dass es sich um einen mehrdeutigen Begriff handelt. Verwendet man den Begriff „Organisation" in einem betriebswirtschaftlichen Kontext, dann sind vor allem die folgenden drei Bedeutungen zu beachten:[79]

- *Organisation als Managementfunktion*: Organisation ist demzufolge eine Tätigkeit bzw. Funktion, die von Managern neben anderen Funktionen (z.B. Planung oder Kontrolle) in Unternehmen wahrgenommen wird. Folgt man diesem funktionalen Begriffsverständnis, dann ist Organisation gleichbedeutend mit der Tätigkeit des Organisierens.
- *Organisation als Ergebnis eines Gestaltungsprozesses*: Organisation ist demzufolge die Struktur bzw. die Konfiguration – bildlich gesprochen auch: das äußere „Skelett" – eines Unternehmen. Folgt man diesem konfigurativen Begriffsverständnis, dann hat ein Unternehmen eine Organisation.
- *Organisation als Institution*: Organisation erfasst demzufolge das gesamte Unternehmen als System bzw. als Institution. Folgt man diesem institutionellen Begriffsverständnis, dann ist ein Unternehmen eine Organisation. Damit eine Organisation in diesem Sinne vorliegt, müssen drei Voraussetzungen erfüllt sein:
    1. Die Organisation muss auf spezifische Ziele ausgerichtet sein.
    2. Die Organisation muss mehrere Personen umfassen und eine geregelte Arbeitsteilung aufweisen.

---

79 Vgl. SCHREYÖGG 2008, S. 4 ff.

3. Sie muss beständige Grenzen aufweisen, die sie von ihrer Umwelt unterscheidbar machen und ihr damit eine gewisse Stabilität verleihen.

Der institutionelle Organisationsbegriff, der im angelsächsischen Sprachraum schon immer dominant war, setzt sich mittlerweile auch in der deutschsprachigen Organisationslehre mehr und mehr durch, weil es im Vergleich zu anderen Begriffsverständnissen eine umfassendere Analyse organisatorischer Phänomene ermöglicht. Während das funktionale und das konfigurative Begriffsverständnis eher auf die „geplante Ordnung" der Organisation ausgerichtet sind, zielt der institutionelle Organisationsbegriff auf eine Erfassung des ganzen sozialen Gebildes inklusive der ungeplanten und teilweise sogar dysfunktionalen Prozesse ab. Da diese informellen Aspekte der Organisation gerade im öffentlichen Sektor eine zentrale Rolle spielen, liegt das institutionelle Begriffsverständnis auch diesem Lehrbuch zu Grunde.

2.1.2 Kernelemente einer Organisation

Um Organisationen zu beschreiben und zu analysieren, hat es sich als zweckmäßig erwiesen, die typischen Kernelemente einer Organisation zu betrachten.[80] Ein entsprechendes Schema, auf das in der Literatur häufig zurückgegriffen wird, veranschaulicht Abbildung 2.1.

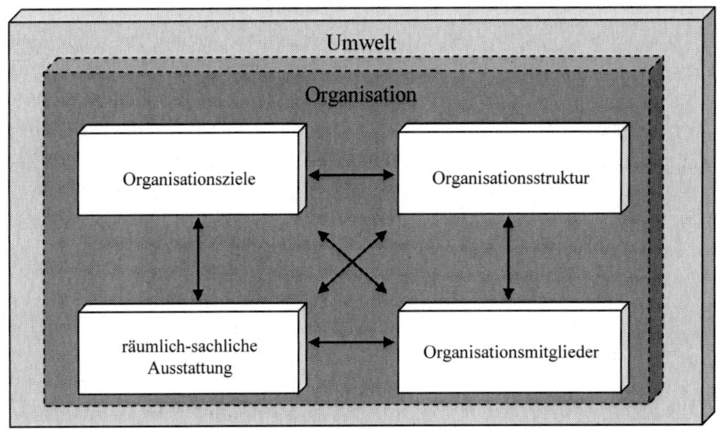

Abb. 2.1 Kernelemente einer Organisation (SCOTT 2003, S. 18)

[80] Vgl. PREISENDÖRFER 2005, S. 58 ff.

Es enthält neben vier internen Kernelementen (Organisationsziele, Organisationsmitglieder, Organisationsstruktur, räumlich-sachliche Ausstattung) noch die Umwelt als externes Kernelement. Die explizite Einbeziehung der Organisationsumwelt sowie die gestrichelte Abgrenzung zwischen Organisation und Umwelt sollen verdeutlichen, dass intensive Austauschbeziehungen zwischen diesen Kernelementen bestehen und dass eine Analyse der organisationsinternen Strukturen und Prozesse ohne Berücksichtigung der Umwelteinflüsse nicht sinnvoll ist.

Organisationsziele

Die Ziele einer Organisation spielen in der Organisationslehre traditionell eine sehr wichtige Rolle. Schon der oben dargestellte institutionelle Organisationsbegriff greift bei der Definition, was eine Organisation überhaupt ist, auf ihre spezifische Zielorientierung zurück. Und obwohl aus theoretischer Sicht eigentlich nur Personen – aber keine Organisationen – Wünsche, Bedürfnisse und somit Ziele haben können, erscheint eine Beschäftigung mit den Organisationszielen als Ausgangspunkt jeder organisatorischen Analyse unverzichtbar, weil sie in der Praxis wichtige Funktionen erfüllen. Sie dienen insb. der Messung des Organisationserfolgs, der Motivation der Organisationsmitglieder sowie der Legitimation im Außenverhältnis.

Organisationen verfolgen normalerweise mehrere Ziele, die zueinander in Beziehung stehen, so dass man von einem Zielbündel oder einem Zielsystem sprechen kann. Während bei privaten Unternehmen normalerweise ökonomische Zielgrößen, wie z.B. Gewinnerzielung, Umsatz oder Marktanteil, im Vordergrund stehen, geht es bei öffentlichen Organisation vielmehr um gemeinwohlorientierte Ziele, wie z.B. Schutz vor Straftaten, Vermittlung von Bildung oder Versorgung mit medizinischen Leistungen. Da die Ziele von Organisationen oftmals sehr vage und unbestimmt formuliert werden, ist ihre konkrete (empirische) Erfassung nicht einfach. Erfolgversprechend dürfte die Befragung der Organisationsleitung sein, insb. wenn sie um eine Analyse von geeigneten schriftlichen Dokumenten (z.B. Leitbildbroschüre) ergänzt wird.

Organisationsstruktur

Die (formelle) Organisationsstruktur enthält die Vorgaben der Organisationsleitung, wie die Organisation aufgebaut sein und funktionieren soll, d.h.

sie stellt den „Bauplan“ der Organisation dar. Bei der Beschreibung der Organisationsstruktur sind die folgenden fünf Dimensionen zu beachten:[81]

- *Spezialisierung*: insb. Ausmaß und Art der Arbeitsteilung
- *Koordination*: z.B. durch persönliche Weisungen, Pläne oder interne Märkte
- *Konfiguration*: insb. Hierarchietiefe, Leitungsspanne, Ein- bzw. Mehrliniensystem, Stäbe
- *Delegation*: insb. Entscheidungsbefugnisse, (De-)Zentralisierung
- *Formalisierung*: Verschriftlichung von Strukturen und Informationsflüssen

Die üblichste Darstellungsform der Organisationsstruktur ist das Organigramm. Ein Beispiel hierfür ist das in Abbildung 2.2 dargestellte Beispielorganigramm eines Polizeipräsidiums, das eine klassische funktionale Arbeitsteilung enthält. Angesichts der Vielzahl an Beschreibungsdimensionen müssen Organigramme zwangsläufig Vereinfachungen enthalten. Daher enthalten sie hauptsächlich Informationen über Hierarchieebenen, Zuständigkeiten und Weisungsrechte, während Arbeitsabläufe bzw. Prozesse i.d.R. nicht abgebildet werden.

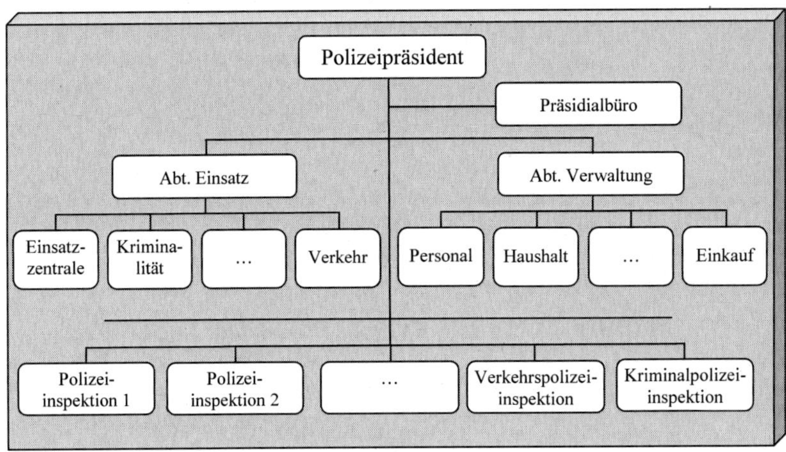

Abb. 2.2 Organigramm eines Polizeipräsidiums

[81] Vgl. KIESER/WALGENBACH 2003, S. 71 ff.

Organisationsmitglieder

Die Identifikation der relevanten Akteure bzw. Akteursgruppen in einer Organisation ist oftmals schwierig. Unstrittig ist der Mitgliedsstatus der Organisationsleitung und der Mitarbeiter. Wesentlich strittiger ist hingegen der Status von Eigenkapitalgebern bzw. im öffentlichen Bereich von Trägern, Ministerien, usw. Diese sind zwar formal außerhalb der Organisation – d.h. in der Umwelt – angesiedelt, ihr Einfluss kann aber so direkt und intensiv sein, dass eine Berücksichtigung als (internes) Organisationsmitglied angebracht erscheint. Neben der Identifikation der relevanten Akteure erfordert eine umfassende Beschreibung einer Organisation außerdem die Erfassung der Interessen dieser Akteure sowie ihrer Möglichkeiten zur Durchsetzung dieser Interessen.

Räumlich-sachliche Ausstattung

Eine umfassende Beschreibung einer Organisation muss selbstverständlich auch die zur Verfügung stehenden Immobilien bzw. Räumlichkeiten sowie die Ausstattung mit Mobiliar berücksichtigen, da diese Faktoren den Rahmen bilden, in dem die Organisationsmitglieder ihren Aufgaben normalerweise nachgehen. Einen zentralen Einfluss auf die Zielerreichung hat auch die technologische Ausrüstung der Organisation, wobei im öffentlichen Bereich i.d.R. die Ausstattung mit Informationstechnologie im Vordergrund steht.

Umwelt

Da die organisationale Umwelt grundsätzlich alles umfasst, was nicht innerhalb der Organisation enthalten ist, setzt ihre Beschreibung voraus, dass man diese Fülle an Umweltfaktoren und -einflüssen systematisch reduziert.[82] Eine bewährte Vorgehensweise ist dabei die Unterscheidung von mehreren Umweltebenen, wie z.B. in Abbildung 2.3 veranschaulicht.

Dabei erstreckt sich die Aufgabenumwelt auf die direkte Umgebung der Organisation, d.h. auf die Akteure mit direkten Austauschbeziehungen zur Organisation. Die Domäne greift etwas weiter in die Umwelt hinaus und umfasst den Umweltausschnitt, den man in Bezug auf private Unternehmen üblicherweise als Wirtschaftszweig oder Branche bezeichnet. Bei öffentlichen Organisationen, z.B. Parteien oder Polizeibehörden, erscheint die Bezeichnung „Branche" allerdings unpassend. Die globale Umwelt erstreckt sich schließlich auf die gesamtwirtschaftlichen und gesamtgesellschaftli-

---

82 Vgl. PREISENDÖRFER 2005, S. 73 ff.

chen Rahmenbedingungen der Organisation. Zwar sind für die meisten öffentlichen Organisationen immer noch die nationalen Aspekte besonders relevant, allerdings gewinnen im Zuge der zunehmenden Globalisierung nahezu aller Gesellschaftsbereiche auch hier die internationalen Aspekte an Bedeutung.

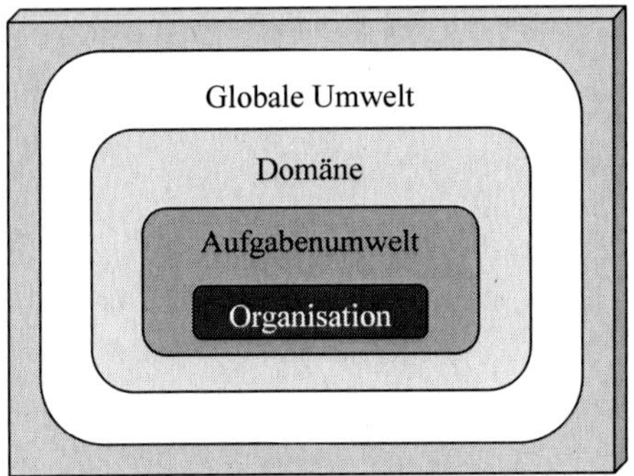

Abb. 2.3 Umweltebenen einer Organisation

In inhaltlicher Hinsicht müssen Organisationen verschiedene Eigenschaften der für sie relevanten Umwelt beachten. Dazu zählen neben der Umweltdynamik, d.h. die Geschwindigkeit und Vorhersehbarkeit, mit der sich die relevante Umwelt verändert, auch der Umweltdruck, d.h. die Dringlichkeit einer Reaktion auf die Umweltveränderungen, sowie die Umweltkomplexität, d.h. die Vielschichtigkeit und Heterogenität der Umweltanforderungen sowie die Breite des Spektrums an relevanten Umweltereignissen. Dabei gilt die lange Zeit verbreitete Ansicht, dass öffentliche Organisationen im Vergleich zu privaten Unternehmen in einer relativ einfachen und stabilen Umwelt agieren, mittlerweile als überholt. Polizeibehörden sehen sich vielmehr einer komplexen und hochdynamischen Umwelt mit unerwarteten und rasant voranschreitenden politischen und technologischen Entwicklungen gegenüber, die aufgrund von überschaubaren Wahlperioden einen enormen Umweltdruck erzeugen können.[83]

2.1.3 Formelle und informelle Regeln

Organisieren beinhaltet die Schaffung von Regeln.[84] Diese Regeln haben meistens generellen Charakter und können sich z.B. auf die Aufgabenverteilung, auf Weisungsrechte oder auf Kompetenzabgrenzungen innerhalb

---

83 Vgl. BOYNE 2002.

84 Vgl. SCHREYÖGG 2008, S. 12 ff.

einer Organisation erstrecken. Der Zweck von organisatorischen Regeln ist die Einschränkung des Handlungsspielraums der Organisationsmitglieder, um ihr Verhalten zu steuern und vorhersagbar zu machen und dadurch einen effizienten Aufgabenvollzug sicherzustellen. Organisatorische Regeln können formellen und informellen (häufig auch: formalen und informalen) Charakter haben.

Formelle Regeln

Formelle Regeln werden i.d.R. von der Organisationsleitung offiziell eingeführt und explizit autorisiert. Sanktionen sollen sicherstellen, dass die formellen Regeln eingehalten werden. Eine solche durch formelle, generelle Regeln geschaffene Ordnung eines sozialen Systems nennt man auch Organisationsstruktur.

Obwohl die Organisationsleitung davon ausgeht, dass die formellen Regeln eingehalten werden, kommt es dennoch oftmals vor, dass sie nicht befolgt werden. Mögliche Gründe für Regelverletzungen können die fehlende Kenntnis über einzelne Regeln oder Widersprüche zwischen mehreren Regeln sein, was angesichts der Vielzahl an existierenden Regeln in großen öffentlichen Organisationen nicht verwunderlich ist. Denkbar ist aber auch, dass einzelne Organisationsmitglieder formelle Regeln aus Opportunismus nicht einhalten, z.B. weil sie davon ausgehen, dass sie den entsprechenden Sanktionsmechanismen ausweichen können.

Interessanterweise kommt es in Organisationen aber oftmals auch vor, dass Organisationsmitglieder formelle Regeln im Interesse der Organisation bewusst missachten. Die Regelverletzung geht also nicht zu Lasten, sondern zu Gunsten der Organisationsziele. Dies ist z.B. dann der Fall, wenn die idealtypische Situation, die der Regel zu Grunde liegt, nicht mit der vorgefundenen Lage übereinstimmt und die Regeleinhaltung Schaden anrichten würde. In solchen Situationen dient die Regelverletzung der Kompensation von Mängeln in der Organisationsstruktur, die angesichts der Grenzen der generellen Regelbarkeit des komplexen Geschehens in Organisationen unvermeidbar sind.

Informelle Regeln

Dementsprechend ist es auch unvermeidbar, dass in einer Organisation neben den formellen Regeln auch zahlreiche informelle Regeln existieren. Diese sind weder von der Organisationsleitung offiziell eingeführt noch autorisiert worden und werden dennoch wie selbstverständlich von den Organisationsmitgliedern verfolgt.

Dazu gehören z.B. spontan entstehende Regeln, die sich bei der täglichen Arbeit bewähren und daher auf Dauer beibehalten werden. Oftmals sind es aber auch branchenspezifische oder berufsgruppenspezifische Regeln, wie z.B. die sich im „Eid des Hippokrates“ widerspiegelnden Normen und Werte, die Ärzte mit einer umfassenden Fürsorge- und Schweigepflicht belegen und verlangen, dass ärztliche Entscheidungen sich ungeachtet der wirtschaftlichen Konsequenzen stets am Wohl des einzelnen Patienten orientieren sollen. Für den Polizeibereich existieren ebenfalls zahlreiche informelle Regeln, die insb. die Zusammenarbeit zwischen den Polizeibeamten und das Verhalten gegenüber dem Bürger betreffen. Typische Beispiele sind die folgenden, der weiter unten noch genauer zu erläuternden Street Cop Culture zuzuordnenden Regeln:

1. „Take care of your partner first, then the other officers.
2. Don't 'give up' [inform on] another cop; be secretive about the behavior of other cops.
3. 'Show balls'; take control of a situation and don't back down.
4. [...]“[85]

Dass diese informellen Regeln mit den formellen Regeln der Organisation konfligieren können, ist offensichtlich.

Informelle Regeln galten lange Zeit ausschließlich als „Störungen“ der geplanten Ordnung in Organisationen, die offizielle Regeln außer Kraft setzen und daher zu Lasten der Organisationsziele gehen. Mittlerweile hat man aber erkannt, dass informelle Regeln auch vorteilhaft sein können, z.B. indem sie eine rasche und unkomplizierte Kommunikation ermöglichen oder – wie das Beispiel des Hippokratischen Eids zeigt – gewisse Qualitätsstandards sicherstellen. Zudem können sie die Eigeninitiative der Organisationsmitglieder stärken und zu einer Stabilisierung der Organisation beitragen, weil sie den Bedürfnissen und Wünschen der Mitarbeiter nach Freiräumen und kollegialer Vertrautheit entgegen kommen.

Allerdings darf dabei nicht übersehen werden, dass es zweifellos auch dysfunktionale bzw. kontraproduktive informelle Regeln gibt. Gerade im öffentlichen Sektor sind in zahlreichen Organisationen informelle „Freiräume“ entstanden (z.B. Pausenregelungen), die zwar sicherlich das Betriebsklima positiv beeinflusst haben, die aber zum Teil massive Effizienzeinbußen darstellen (z.B. Verlust an effektiver Arbeitszeit). Hier ist es Aufgabe

---

85 ROBERG/KUYKENDALL (1997), S. 104 f.

der Organisationsleitung, die Vor- und Nachteile solcher informellen Regeln abzuwägen und gegebenenfalls mit formellen Regeln einzuschreiten.

Die bisherigen Ausführungen haben gezeigt, dass gerade in öffentlichen Organisationen wie der Polizei nicht nur formelle, sondern auch informelle Regeln eine wichtige Rolle spielen. Um die Funktionsweise von Polizeibehörden zu verstehen, ist es daher unerlässlich, sich intensiv mit beiden Aspekten zu beschäftigen. Die folgenden Ausführungen zum Thema Organisation in diesem Lehrbuch tragen dieser Erkenntnis folgendermaßen Rechnung. So behandelt das folgende Kapitel 2.2 die formelle Gestaltung von Organisationen, während die darauf folgenden Kapitel 2.3 und 2.4 sich mit informellen Phänomenen in Organisationen – nämlich Organisationskultur und Mikropolitik – beschäftigen. Kapitel 2.5 zum Thema Organisationsentwicklung behandelt wiederum eher formelle Aspekte der Organisation, allerdings werden dort auch einige informelle Phänomene, die bei Veränderungsprozessen zu beachten sind, angesprochen werden.

2.2 *Organisationsgestaltung*

Das folgende Kapitel 2.2 beschäftigt sich mit der formellen Organisationsgestaltung, d.h. mit der Frage, wie die Aufgaben in öffentlichen Organisationen strukturiert werden können. Dabei werden ausgehend von der klassischen bürokratischen Organisation und ihrer Defizite (2.2.1) drei organisatorische Ansätze bzw. Konzepte vorgestellt, die geeignet erscheinen, unter den gegenwärtigen Rahmenbedingungen im öffentlichen Sektor eine möglichst effektive und effiziente Erreichung der Organisationsziele zu gewährleisten. Dies sind im Einzelnen die motivationsorientierte Organisationsgestaltung (2.2.2), die prozessorientierte Organisationsgestaltung (2.2.3) und die dezentrale Organisationsgestaltung (2.2.4).

2.2.1 *Ausgangspunkt: Bürokratische Organisation*

Das von Max WEBER (1864-1920) entwickelte Bürokratiemodell hat einen so tiefgehenden und prägenden Einfluss auf die Organisationstheorie und Organisationslehre gehabt, dass WEBER heutzutage als Begründer dieser wissenschaftlichen Disziplin gilt. Dabei zielte er in seinem zentralen wissenschaftlichem Werk[86] weniger auf die Organisationsgestaltung an sich ab, sondern vielmehr auf die Erklärung der zu Beginn des 20. Jahrhunderts rapide zunehmenden ökonomischen und gesellschaftlichen Bedeutung von großen Organisationen. Dabei bezieht er sich keinesfalls ausschließlich auf

---

86 Vgl. WEBER 1922.

den öffentlichen Verwaltungsapparat, sondern explizit auch auf kapitalistisch organisierte Großunternehmen.

WEBERs Bürokratiemodell stellt eine Form der „legalen Herrschaft“ dar, die berechenbare, beherrschbare und effiziente Arbeitsabläufe gewährleisten soll. Technisch gesehen soll sie sogar die rationalste Form der Herrschaftsausübung bzw. die effizienteste Form der Gestaltung von großen Organisationen sein, die allen anderen bis dahin bekannten Organisationsformen überlegen ist.[87] Dabei ist allerdings zu berücksichtigen, dass WEBER sein Bürokratiemodell als Idealtypus konzipiert hat, d.h. nicht als realistische Abbildung, sondern als übersteigerte Darstellung der Charakteristika von entsprechenden Organisationen. Die Vorzüge von bürokratischen Organisationen werden auf die folgenden fünf Merkmale zurückgeführt:[88]

- *Geregelte Arbeitsteilung*: Jedes Organisationsmitglied hat genau festgelegte Aufgaben, Verantwortungsbereiche, Entscheidungs- und Weisungsbefugnisse.
- *Amtshierarchie*: Es gibt ein festes System von Über- und Unterordnung mit genau umschriebener Befehlsgewalt.
- *Qualifikation*: Es werden ausschließlich Fachleute mit der für das vorgegebene Aufgabenfeld erforderlichen Ausbildung beschäftigt.
- *Aktenmäßigkeit*: Aufgabenerfüllung wird schriftlich festgehalten.
- *Neutralität*: Amtsführung erfolgt nach sachlichen, personenunabhängigen Kriterien.

In anderen Worten: wenn die Organisationsmitglieder in einer Bürokratie die hierarchische Ordnung akzeptieren und die sie betreffenden Regeln kennen, dann muss die Organisationsleitung in der Tat lediglich kompetente Mitarbeiter einstellen und die Regeleinhaltung kontrollieren bzw. bei Regelverstößen den Mitarbeiter sanktionieren oder ersetzen, um effiziente Ergebnisse zu erzielen. Der Bewegungs- und Entscheidungsspielraum der Mitarbeiter wäre so weit eingeschränkt, dass eine Beschäftigung mit ihren Wünschen, Erwartungen, Stimmungen oder Ideen überflüssig erscheint.

Gerade dieser Aspekt der Bürokratie hat in der Folgezeit und verstärkt in der zweiten Hälfte des 20. Jahrhunderts zu massiver Kritik an diesem Konzept und ähnlichen Ansätzen wie z.B. dem Taylorismus, die als „klassische Ansätze“ oder „rational systems view“ bezeichnet werden, geführt. In der Praxis wurde immer deutlicher, dass es in bürokratischen Organisationen

---

87 Vgl. SCHREYÖGG 2008, S. 29 ff.

88 Vgl. KIESER/WALGENBACH 2003, S. 38 ff.

aus verschiedenen Gründen oftmals zu einem „Herrschaftsversagen" kam, der sich negativ auf die Motivation – d.h. auf die Leistungsbereitschaft – der Mitarbeiter auswirkte. Angezweifelt wurde darüber hinaus, ob eine solche nach dem „Befehls- und Gehorsamsprinzip" funktionierende Organisation auch angesichts der dynamischen und unvorhersehbaren Umweltbedingungen in modernen Volkswirtschaften zu effizienten Ergebnissen führen kann.

Die Erkenntnis, dass die Motivation, Kreativität, Eigeninitiative und Kooperationsbereitschaft der Mitarbeiter von zentraler Bedeutung für den Organisationserfolg sind, führte daher zu der Entwicklung von neuen Organisationsansätzen, die als „natural systems view" bezeichnet werden und darauf abzielen, die Defizite von WEBERs Bürokratiemodell zu vermeiden. Nichtsdestotrotz spielen die oben dargestellten Merkmale von WEBERs Bürokratiemodell – trotz der berechtigten Kritik – auch heutzutage noch eine wichtige Rolle bei der Gestaltung von großen Organisationen. Gerade in öffentlichen Organisationen, wie z.B. Ministerien oder Finanzämtern, sind sie normalerweise besonders stark ausgeprägt. Die bürokratische Organisation stellt auch in der Polizei noch immer das organisatorische Referenzmodell dar – allerdings ergänzt um zahlreiche Elemente, die auf den Erkenntnissen der im Folgenden dargestellten, moderneren Organisationsansätze basieren.

2.2.2 Motivationsorientierte Organisationsgestaltung

Hawthorne-Studien

Den historischen Ausgangspunkt für die aus dem „natural systems view" hervorgehenden motivationsorientierten Organisationsmodelle, die in der Literatur i.d.R. als Human-Relations- oder Human-Ressourcen-Schule bezeichnet werden, bilden die „Hawthorne-Studien", die ab 1924 von F. ROETHLISBERGER, W. DICKSON und später auch von E. MAYO bei der Western Electric Company in Chicago durchgeführt wurden.[89] Die wichtigsten Ergebnisse dieser Studien waren

- die Entdeckung des „*Hawthorne-Effekts*", der besagt, dass bereits die experimentelle Zuwendung bei den Probanden zu einer Leistungsverbesserung führte,
- die Entdeckung der Existenz von *informellen Arbeitsgruppen* mit eigenen Standards, Regeln und Normen, die die formalen Strukturen

---

89 Vgl. PREISENDÖRFER 2005, S. 118 ff.

und Prozesse in Organisationen unterstützen oder behindern können, und

- die Entdeckung der produktivitätssteigernden Wirkung eines guten *Betriebsklimas* und einer hohen *Arbeitszufriedenheit.*

Gerade der letztgenannte Aspekt, der ganz im Gegensatz zu den klassischen, rationalen Organisationsansätzen die zentrale Bedeutung der Arbeitszufriedenheit, d.h. der Wünsche, Stimmungen, Ideen und Erwartungen der Mitarbeiter, sowie der zwischenmenschlichen Beziehungen für die Arbeitsleistung hervorhebt, rückte die menschlichen Bedürfnisse in den Fokus der Organisationslehre. Dies hatte auch Auswirkungen auf den unterstellten Sinn und Zweck von Arbeit. Gemäß der von WEBERs Bürokratiemodell geprägten klassischen Sichtweise empfinden Menschen Arbeit als „Leid". Daher verkaufen sie ihre Arbeitsleistung und erwerben mit dem Verkaufserlös Waren, die ihre Bedürfnisse befriedigen. Die Human-Relations-Schule geht hingegen davon aus, dass Arbeit durchaus als „Freude" empfunden werden kann, die direkt der Bedürfnisbefriedigung dient.

Bedürfnisse

Der in den Hawthorne-Studien festgestellte positive Zusammenhang zwischen Arbeitszufriedenheit und Arbeitsleistung führte zu der Entwicklung von Organisationskonzepten, die darauf abzielten, die individuellen Bedürfnisse der Organisationsmitglieder mit den (formellen) Organisationsstrukturen in Einklang zu bringen. Dies setzt voraus, dass man die Bedürfnisse der Mitarbeiter kennt bzw. ermitteln kann. In der Literatur wird i.d.R. davon ausgegangen, dass es einen festen Kanon universeller menschlicher Bedürfnisse gibt. Die bekannteste Kategorisierung der menschlichen Bedürfnisse ist sicherlich die in Abbildung 2.4 dargestellte MASLOWsche Bedürfnispyramide, die zwischen fünf hinsichtlich ihrer Dringlichkeit hierarchisch geordneten Bedürfnissen unterscheidet.

Diese Darstellung ist zwar sicherlich korrekt, sie ist aber so allgemeiner Natur, dass ihr direkter Nutzen für konkrete organisatorische Gestaltungsmaßnahmen eher gering ist. Schließlich geht es in Organisationen weniger um Bedürfnisbefriedigung schlechthin, sondern vielmehr um die Befriedigung arbeitsbezogener Bedürfnisse.

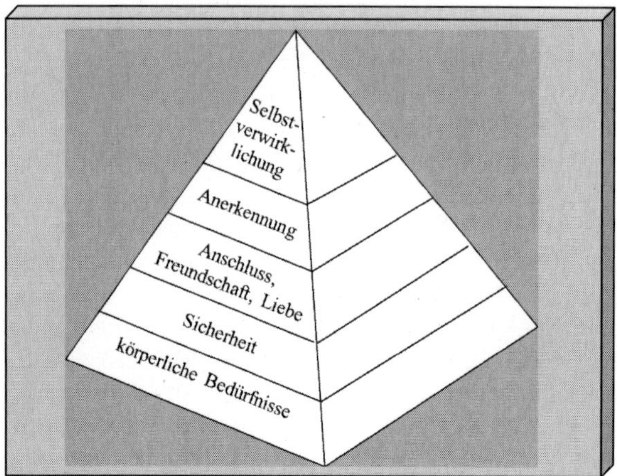

Abb. 2.4 MASLOWs Bedürfnispyramide

MCGREGORs Theorie X und Theorie Y

Eine gelungene Übertragung der MASLOWschen Bedürfnispyramide in ein Organisationskonzept stellt MCGREGORs Theorie X und Theorie Y dar.[90] Dieser Ansatz bestreitet nicht, dass es in der Organisationspraxis viele Mitarbeiter gibt, die wenig Ehrgeiz besitzen, die sich vor Verantwortung drücken möchten und die die von Ihnen erwartete Arbeitsleistung oftmals nicht erbringen, es sei denn sie werden gezwungen oder mit Strafe bedroht. MCGREGOR bezeichnet dieses Verhaltensmuster als Theorie X.

Allerdings geht er davon aus, dass die fehlende Leistungsbereitschaft der Mitarbeiter nicht die Ursache, sondern die Folge der klassischen Organisationsgestaltung im Sinne von WEBERs Bürokratieansatz ist. Es handelt sich folglich nicht um eine naturgegebene Abneigung der Mitarbeiter gegen Arbeit und Verantwortung, sondern – wie Abbildung 2.5 verdeutlicht – um eine „self-fulfilling prophecy" bzw. um einen Negativ-Kreislauf, der auf die bürokratischen Strukturen in großen Organisationen zurückzuführen ist. Diese Strukturen bewirken, dass viele Mitarbeiter für ihre sozialen Bedürfnisse, ihre Statusbedürfnisse und ihre Selbstverwirklichungswünsche – d.h. die oberen drei Ebenen in der Maslowschen Bedürfnispyramide – im Rahmen ihrer Arbeit keine Erfüllungschance sehen. Mangel an Ehrgeiz und Flucht vor Verantwortung sind nicht angeboren, sondern Folgen schlechter Erfahrungen in der Organisation.

---

90 Vgl. MCGREGOR (1960).

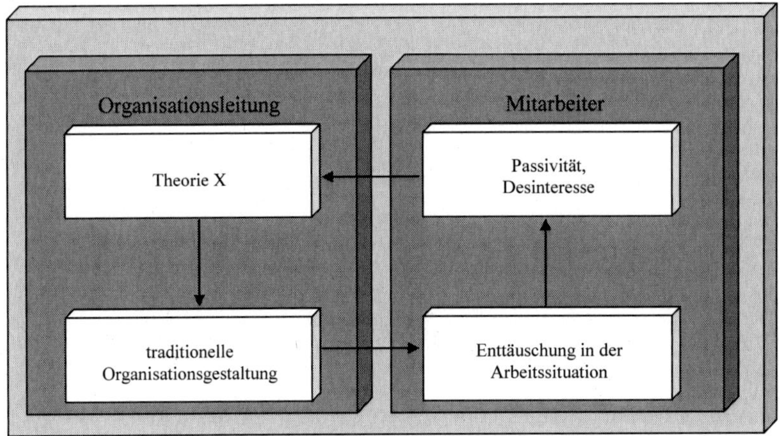

Abb. 2.5 McGregors Theorie-X-Kreislauf (Schreyögg 2008, S. 194)

Um diesen Negativ-Kreislauf zu durchbrechen oder zu vermeiden, ist es daher erforderlich, die Organisation so zu gestalten, dass die persönlichen Entwicklungsbedürfnisse der Mitarbeiter mit den Organisationszielen in Einklang gebracht werden. Motivierende Organisationsmodelle billigen den Mitarbeitern im Vergleich zu bürokratisch geprägten Organisationen mehr Selbstverantwortlichkeit zu, bieten ihnen eine größere Aufgabenvielfalt an und lassen mehr Kontrolle über das eigene Arbeitsfeld zu. Typische organisatorische Maßnahmen in diesem Zusammenhang sind insb. die Dezentralisation und Delegation von Aufgaben und Entscheidungskompetenzen.

Mitarbeiter müssen unter solchen Bedingungen nicht überwacht und mit Strafe bedroht werden, um sich für die Ziele des Unternehmens einzusetzen. Stattdessen können sich Mitarbeiter bei der Arbeit selbst verwirklichen und entfalten, was sich wiederum positiv auf die Arbeitszufriedenheit, das Engagement und damit auf die Leistungsbereitschaft auswirken sollte. Das zu Grunde liegende Verhaltensmuster bezeichnet McGregor als Theorie Y. Abbildung 2.6 veranschaulicht, wie dieses Verhaltensmuster im Zusammenspiel mit einer bedürfnisorientierten Organisationsgestaltung einen Positiv-Kreislauf initiiert, der sich nicht nur auf die Leistungsbereitschaft des Mitarbeiters, sondern auch auf den Organisationserfolg positiv auswirken dürfte. Diese Erkenntnisse haben die Organisationsgestaltung in der Praxis sowohl auf der Mikroebene, d.h. auf der Arbeitsplatzebene, als auch auf der Makroebene, d.h. auf der Ebene der Gesamtorganisation, beeinflusst.[91]

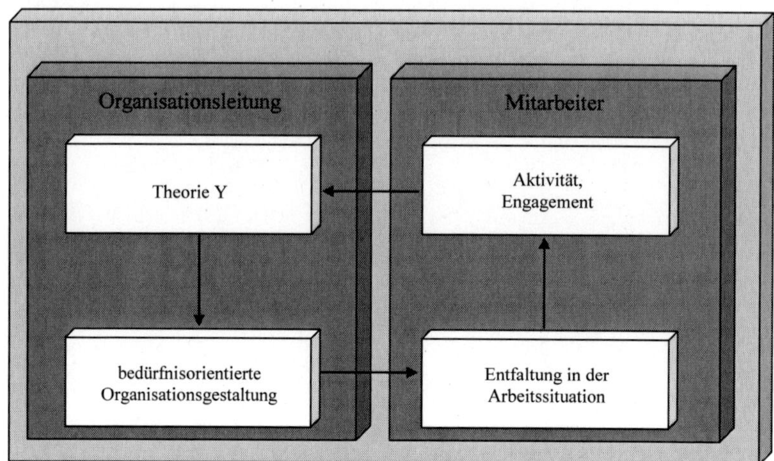

Abb. 2.6 McGregors Theorie-Y-Kreislauf (Schreyögg 2008, S.196)

Bedürfnisorientierte Organisationsgestaltung auf der Makroebene

Auf der Makroebene war der Einfluss allerdings relativ gering. Es existieren zwar einige Modelle wie z.B. das „System 4" von Likert (1967), die in hohem Maße dezentrale, partizipative Elemente enthalten, allerdings ist die tatsächliche Umsetzung solcher Modelle in der Praxis äußerst problematisch. Letztlich ist in großen Organisationen ein gewisses Maß an formalen Organisationsstrukturen mit Weisungs- und Kontrollrechten und -pflichten, die die individuelle Entfaltung der Mitarbeiter beeinträchtigen, unentbehrlich. Die existierenden motivationsorientierten Organisationsmodelle auf der Makroebene sind daher eher als Orientierungsmodelle zu verstehen, die Empfehlungen enthalten, wie man eine bürokratische Organisation motivationsorientiert umgestalten kann. Ein vollständiger Aufbau einer Organisation nach diesen Grundsätzen ist wohl nicht möglich.

Bedürfnisorientierte Organisationsgestaltung auf der Mikroebene

Diese Erkenntnisse der Human-Relations- bzw. Human-Ressourcen-Schule haben aber vor allem die Organisationsgestaltung auf der Mikroebene, d.h.

---

[91] Vgl. Schreyögg 2008, S. 205 ff.

auf der Arbeitsplatzebene, beeinflusst. Im Mittelpunkt der daraus resultierenden Konzepte steht stets eine „Anreicherung“ der Arbeit, d.h. die Abkehr von extremer Arbeitsteilung und monotoner Arbeitsrhythmen sowie die Hinwendung zu einer Arbeitsorganisation, die den Mitarbeiter fordert und seinen Bedürfnissen entspricht. Im Ergebnis führt dies dann zu Maßnahmen auf der Individualebene wie Job Enlargement, Job Rotation oder Job Enrichment, die in der betriebswirtschaftlichen Literatur normalerweise nicht von der Organisationslehre thematisiert, sondern dem Personalmanagement bzw. der Personalentwicklung zugerechnet werden. Aus diesem Grund werden sie auch in diesem Lehrbuch erst im folgenden Kapitel 3 erläutert werden.

Ebenfalls auf der Mikro- bzw. Arbeitsplatzebene angesiedelt sind zudem einige motivationsorientierte Organisationskonzepte, die eine Arbeitsanreicherung auf der Gruppenebene vorsehen. Wegen ihrer hohen Praxisrelevanz besonders hervorzuheben ist hier die teilautonome Arbeitsgruppe. Dieser Ansatz beinhaltet die Schaffung von Kleingruppen bzw. Teams innerhalb einer Organisation, deren Mitglieder ganzheitliche Aufgabenvollzüge gemeinsam eigenverantwortlich zu erfüllen haben und die über entsprechende stark ausgeprägte Entscheidungs- und Kontrollkompetenzen verfügen. Teilautonome Arbeitsgruppen wurden erstmalig Anfang der 1970er Jahre bei Volvo umgesetzt, sie setzten sich großflächig aber erst in den 1980er und 1990er Jahren nach der erfolgreichen Umsetzung des Konzepts bei Toyota und anderen japanischen Automobilunternehmen unter dem Schlagwort „lean production“ durch.

Dabei werden z.B. bei Toyota Teams gebildet, die aus 5-10 Mitarbeitern bestehen und für einen bestimmten zusammenhängenden Aufgabenbereich, z.B. die Endmontage eines Fahrzeugs, zuständig sind. Die konkrete individuelle Aufgabenverteilung findet im Team statt. Es gibt keinen formellen Teamleiter – allerdings einen Vorarbeiter. Die Teammitglieder müssen nach einer gewissen Einarbeitungszeit in der Lage sein, alle Teilaufgaben des betreffenden Aufgabenbereichs zu übernehmen. Diese klassischen Merkmale von teilautonomen Arbeitsgruppen werden allerdings bei Toyota mit zwei Elementen kombiniert, die eigentlich nichts mit dem Grundgedanken dieses Konzepts zu tun haben. So wird zum einen die eben dargestellte flexible Teamstruktur in einem starren Fertigungsfluss mit sehr kurzen Taktzeiten (ca. 1 Minute) und hochstandardisierten Einzelaufgaben eingebettet. Zum anderen wird die Qualitätssicherung und die kontinuierliche Prozessverbesserung als eine zentrale Teilaufgabe aller Teammitglieder gesehen.

Die Umsetzung dieses Konzepts bei Toyota und anderen japanischen Automobilunternehmen führte nicht nur zu spektakulären ökonomischen Erfolgen, sondern hatte auch eine hervorragende Produktqualität zur Folge. Allerdings bleibt unklar, ob diese Erfolge auf die Einführung von Teamarbeit oder auf den starren Fertigungsfluss und die starke Qualitätsorientierung zurückzuführen sind. Nichtsdestotrotz gelten teilautonome Arbeitsgruppen zweifelsohne als ein organisatorisches Erfolgsmodell, das nicht nur weltweit die Art und Weise, wie Automobile hergestellt werden, maßgeblich geprägt hat, sondern das mittlerweile auch in Dienstleistungsbranchen, insb. in Unternehmensberatungen, Banken und Ingenieurbüros, sowie im Forschungs- und Entwicklungsbereich vielfach umgesetzt worden ist.

Im öffentlichen Sektor existieren verschiedene Formen von Team- bzw. Gruppenarbeit.[92] So findet man in fast allen großen öffentlichen Organisationen und damit auch in der Polizei neben zeitlich befristeten Projektgruppen auch auf Dauer eingerichtete Teams, die als Kommissionen, Ausschüsse, Kollegien, Arbeitsgruppen oder Beiräte bezeichnet werden. Diese Teams umfassen i.d.R. mehrere Experten oder Führungskräfte aus verschiedenen Ressorts und haben eine koordinierende, beratende oder entscheidende Funktion. Allerdings sind bei diesen Teams normalerweise nicht alle Voraussetzungen für das Vorliegen einer teilautonomen Arbeitsgruppe gegeben. Die in der Polizei üblicherweise stark ausgeprägte Amtshierarchie und auch die relativ strikt geregelte Arbeitsteilung finden sich auch in solchen Teams wieder, so dass man nicht von ganzheitlichen Aufgabenvollzügen, die gemeinsam und eigenverantwortlich erfüllt werden, sprechen kann. Insgesamt muss man daher konstatieren, dass das Konzept der teilautonomen Arbeitsgruppen in der Polizei bedauerlicherweise nur selten eingesetzt wird. Angesichts der Vorzüge dieses Ansatzes und der in anderen Branchen nachgewiesenen Erfolge erscheint eine verstärkte Umsetzung in der Polizei somit angebracht.

Grenzen einer bedürfnisorientierten Organisationsgestaltung

Motivationsorientierte Organisationsmodelle gelten sowohl aus theoretischer Sicht wie aus der Sicht der Praxis als zweckmäßig und erfolgreich. Allerdings gibt es auch Einwände gegen diese Modelle. So wird insb. kritisiert, dass sie die sehr unterschiedlichen Bedürfnisbefriedigungswünsche der Mitarbeiter nicht ausreichend berücksichtigen. Zudem stellt man in der Praxis fest, dass eine motivations- und bedürfnisorientierte Organisationsgestaltung daran scheitern kann, dass Individual- und Organisationsziele

---

92 Vgl. BREDE 2005, S. 92 f.

kaum kompatibel sind und dass Manager oftmals nicht freiwillig bereit sind, Teile ihrer Macht aufzugeben. Diese Einwände ändern aber nichts an der generellen Vorteilhaftigkeit dieser Konzepte, sondern verdeutlichen vielmehr, dass die Umsetzung einer motivationsorientierten Organisationsgestaltung nicht trivial ist und eine enorme Herausforderung für die Organisationsleitung darstellt.

2.2.3 Prozessorientierte Organisationsgestaltung

Dass die eben dargestellten Erkenntnisse zur motivationsorientierten Organisationsgestaltung nicht spurlos am öffentlichen Sektor und auch der Polizei vorbei gegangen sind, zeigt sich, wenn man die Ziele der seit den 1990er Jahren diskutierten und implementierten Reformansätze im öffentlichen Sektor – insb. New Public Management (NPM) – betrachtet.[93] Diese sehen nämlich u.a. eine wesentlich stärker ausgeprägte Dezentralisierung der Verwaltungsstrukturen und insb. die Übertragung von Verantwortung an untere Hierarchieebenen sowie die Einräumung von mehr Handlungsspielraum vor, was zweifelsohne zumindest zu großen Teilen der Erhöhung der Leistungsbereitschaft der Mitarbeiter dient. Zusätzlich sind aber noch weitere Reformziele zu beachten, vor allem ein stärker ausgeprägtes Kostenbewusstsein, eine stärkere Kundenorientierung, Qualitätsverbesserungen und Prozessbeschleunigungen.[94] Ein Organisationsansatz, der geeignet erscheint, zu einer besseren Zielerreichung in Bezug auf alle diese Reformziele beizutragen, ist die im folgenden dargestellte prozessorientierte Organisation.[95]

Grundgedanken des Prozessansatzes

Der Grundgedanke der prozessorientierten Organisation lässt sich mit „Structure follows Process" umschreiben, d.h. die Organisationsgestaltung wird dominiert von bereichsübergreifenden Geschäftsprozessen.[96] Allerdings muss – um ein weitverbreitetes Missverständnis auszuschließen – sofort klargestellt werden, dass dieser Ansatz kein eigenständiges, geschlossenes organisatorisches Konzept wie z.B. das oben erörterte Bürokratiemodell darstellt, sondern lediglich eine Ergänzung von bestehenden Konzepten um die Prozessperspektive. Es ist folglich eher ein *Re*organisationskonzept als ein Organisationsmodell. Eine konsequente Umsetzung

---

93 Vgl. SCHEDLER/PROELLER (2006), S. 37 ff.

94 Vgl. THOM/RITZ 2006, S. 268

95 Vgl. z.B. VERA/KUNTZ 2007, S. 175 ff.

96 Vgl. HAMMER/CHAMPY 1993.

der Prozessorientierung in einer Organisation hat zwar einschneidende und nachhaltige Auswirkungen auf ihre Strukturen und Prozesse, es ist aber nicht möglich, die Organisation ausschließlich auf der Grundlage dieses Konzepts zu gestalten. Folglich geht es nicht darum, ob ein Unternehmen prozessorientiert organisiert ist oder nicht, sondern um das Ausmaß oder den Grad der Prozessorientierung.

Im Mittelpunkt des Ansatzes steht der Begriff des Geschäftsprozesses. Hierunter versteht man ein Aktivitätenbündel, das aus Inputfaktoren einen für den Kunden werthaltigen Output erzeugt. Im Rahmen einer prozessorientierten Reorganisation – i.d.R. bezeichnet als Business Process Reengineering – gilt es, diese Geschäftsprozesse zu optimieren. Dies kann z.B. dadurch geschehen, dass einzelne Prozessschritte standardisiert werden, dass ihre Reihenfolge geändert oder sogar ihre Notwendigkeit insgesamt hinterfragt wird. Normalerweise werden zwei Arten von Prozessen unterschieden, die bei Bedarf in Teilprozesse unterteilt werden können:

- *Kernprozesse* haben eine hohe strategische Bedeutung und sind normalerweise auf externe Kunden ausgerichtet. Dabei wird davon ausgegangen, dass eine Organisation nur einige wenige solcher Kernprozesse hat.
- *Supportprozesse* erzeugen hingegen Leistungen für andere Geschäftsprozesse und sind daher nicht auf externe, sondern auf interne Kunden ausgerichtet.

Im Rahmen einer prozessorientierten Organisationsgestaltung werden organisatorische Einheiten gebildet, die einen Geschäftsprozess möglichst umfassend bearbeiten und dadurch möglichst wenige Interdependenzen zu anderen Organisationseinheiten aufweisen. Dadurch sollen Schnittstellen abgebaut, der Koordinationsaufwand reduziert und die Durchlaufzeiten verringert werden. Wie in Abbildung 2.7 veranschaulicht wird, werden innerhalb dieser Organisationseinheiten die Vorgänge ganzheitlich und integrativ durch Teams bzw. durch die oben erläuterten teilautonomen Arbeitsgruppen bearbeitet.

Demensprechend müssen die Teammitglieder in einer prozessorientierten Organisation im Vergleich zu einer bürokratischen Organisation i.d.R. vielfältigere Aufgaben wahrnehmen. Bei komplexen Prozessen kann es durchaus zweckmäßig sein, wenn innerhalb des Teams die klassische spezialisierte Arbeitsteilung beibehalten wird. Durch die Abschaffung der Abteilungsgrenzen zwischen den Mitgliedern eines solchen Teams wird die Abstimmung innerhalb der Gruppe dennoch wesentlich erleichtert.

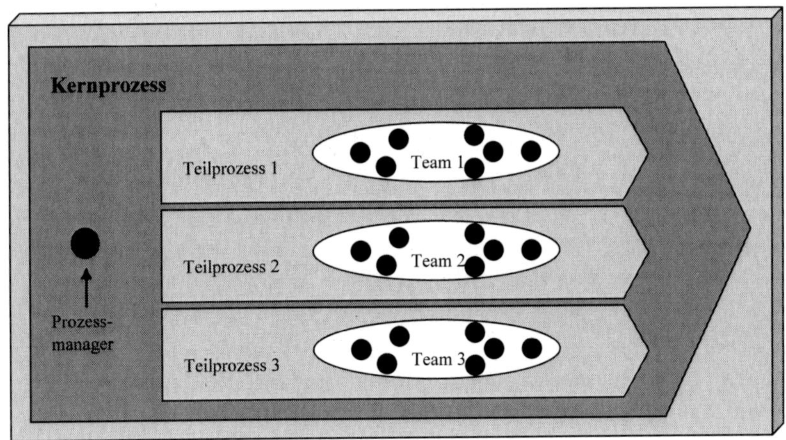

Abb. 2.7 Teams im Rahmen einer prozessorientierten Organisation (THOM/RITZ 2006, S. 293)

Ein weiteres wichtiges Element einer prozessorientierten Organisation ist darüber hinaus die ausgeprägte Kundenorientierung, die sich aus der konsequenten Ausrichtung der Geschäftsprozesse auf interne und externe Kunden ergibt. Dabei wird die Zweckmäßigkeit der Prozesse ausschließlich am geschaffenen Kundennutzen gemessen, was im Ergebnis oftmals deutliche Verbesserungen der Servicequalität zur Folge hat. Gerade diese Perspektive ist für die Organisationsgestaltung im öffentlichen Sektor und damit auch in der Polizei besonders wichtig, weil hier die existierenden Organisationsformen traditionell auf die klare Zuordnung von politischer Verantwortung und die Kontrolle der Verwaltung abzielen, während die Kundenanforderungen und die Leistungsqualität eher vernachlässigt werden.

Unverzichtbar im Rahmen einer prozessorientierten Organisationsgestaltung ist schließlich die Schaffung von möglichst flachen Hierarchien sowie die umfassende Verlagerung von Entscheidungskompetenzen von oben nach unten, d.h. von der Organisationsleitung bzw. vom Topmanagement auf untere Hierarchieebenen. Diese Dezentralisierung, die beispielsweise durch die Ausgestaltung der prozessorientiert gebildeten Organisationseinheiten als Profitcenter o.ä. erfolgen kann, ermöglicht eine schnellere Reaktion auf Kundenwünsche, da auf die Einschaltung von übergeordneten Hierarchieebenen verzichtet werden kann. Darüber hinaus wirkt sich die Ausweitung der Handlungsspielräume der einzelnen Mitarbeiter i.d.R. positiv auf das Betriebsklima und die Motivation aus.

Prozessorientierte Organisation in der Polizei

Eine Übertragung des Prozessansatzes auf die Polizei[97] besteht – wie bei allen Organisationen – zunächst einmal darin, alle Kernprozesse und zumindest die wichtigsten Supportprozesse zu identifizieren. Angesichts der Vielzahl an in der Polizeipraxis vorzufindenden Prozessen und des überaus großen Spielraums bei der genauen Abgrenzung und Bezeichnung dieser Prozesse kann dies an dieser Stelle – d.h. im Rahmen eines Lehrbuchs – nur sehr oberflächlich erfolgen. Daher wird im Folgenden nur eine kurze grafische Darstellung einer möglichen prozessorientierten Organisation in einer Polizeibehörde gegeben.

Aus didaktischer Perspektive unerfreulich ist allerdings die Tatsache, dass die grafische Darstellung einer prozessorientierten Organisation äußerst problematisch ist. Während Organisationsstrukturen einigermaßen anschaulich in Organigrammen abgebildet werden können, gelingt dies bei Organisationsprozessen aus verschiedenen Gründen normalerweise nicht. So gibt es bei großen Organisationen i.d.R. so viele Kern- und Supportprozesse, dass sie nicht alle in einer Grafik anschaulich dargestellt werden können. Zudem ist die Unterscheidung zwischen den Teilprozessen der Kernprozesse und den Supportprozessen oft sehr schwierig. Schließlich ist noch zu bedenken, dass – wie oben bereits dargestellt wurde – eine Organisation nicht ausschließlich auf der Grundlage des Konzepts der prozessorientierten Organisation gestaltet werden kann, sondern dass auch im Fall einer sehr stark ausgeprägten Prozessorientierung weiterhin z.B. funktional oder divisional ausgerichtete Organisationseinheiten bestehen bleiben müssen. Dieses Nebeneinander von prozessorientierten und nicht-prozessorientierten Elementen erschwert die grafische Veranschaulichung dieses Konzepts noch zusätzlich. Nichtsdestotrotz wird in Abbildung 2.8 versucht, eine prozessorientierte Organisationsgestaltung in einer Polizeibehörde abzubilden.

Im Mittelpunkt stehen drei Kernprozesse, nämlich die Untersuchung von möglichen Regelverstößen sowie die anlassbezogene und anlassunabhängige Gefahrenabwehr, denen jeweils eine Informationsaufnahme vorausgeht. Zudem werden einige Supportprozesse dargestellt, die allerdings so zahlreich und vielfältig sind, dass sie den Rahmen jeder Abbildung sprengen würden.

---

97 Vgl. RITSERT 2004, S. 134 ff.

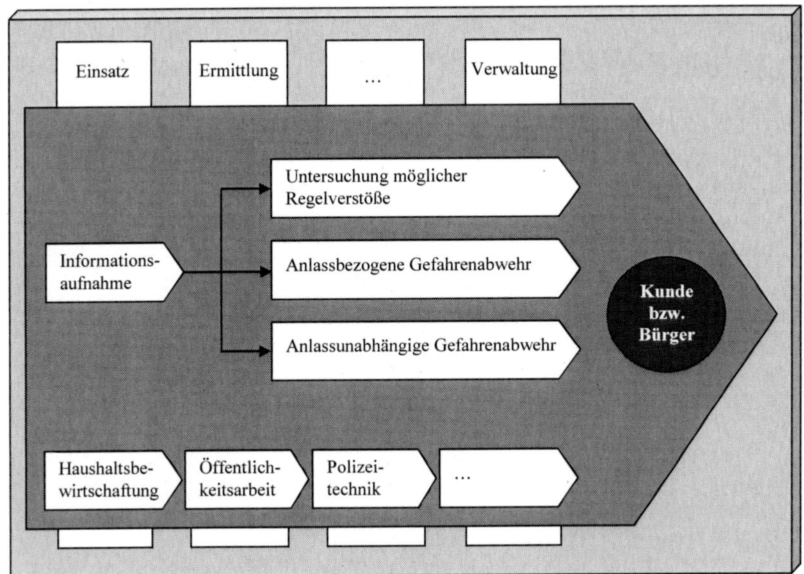

Abb. 2.8 Prozessorientierte Organisation in einer Polizeibehörde (RITSERT 2004, S. 136)

Zudem bestehen die Kern- und Supportprozesse wiederum aus zahlreichen Teilprozessen, so dass je nach Analysetiefe sehr feingliedrige Prozessstrukturen entstehen. Abbildung 2.9 veranschaulicht z.B. einige aufeinander folgende, teilweise aber auch parallel ablaufende Teilprozesse, aus denen sich die anlassbezogene Gefahrenabwehr zusammensetzt.

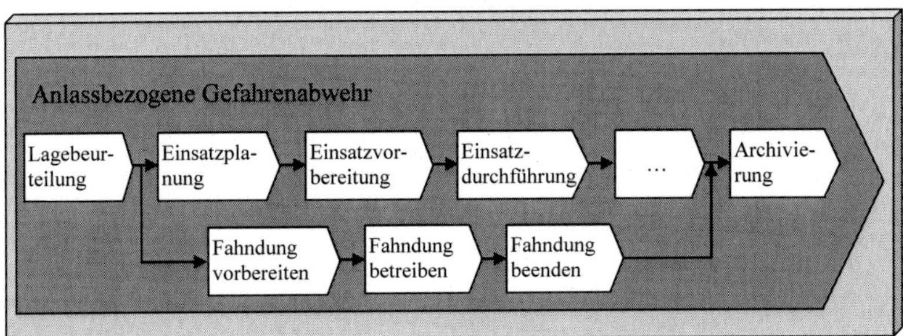

Abb. 2.9 Kernprozess „Anlassbezogene Gefahrenabwehr" (RITSERT 2004, S. 136)

Diese Kern- und Supportprozesse gilt es zu analysieren, zu optimieren und von prozessverantwortlichen Teams zu steuern und zu gestalten. Dabei müssen sämtliche Maßnahmen stets auf die Optimierung des geschaffenen Kunden- bzw. Bürgernutzens ausgerichtet sein.

Grenzen der Prozessorientierung

Abbildung 2.8 verdeutlicht aber auch die Grenzen einer prozessorientierten Organisationsgestaltung in der Polizei als öffentliche Organisation. So führt auch eine sehr stark ausgeprägte Prozessorientierung normalerweise nicht zu einer Auflösung der „klassischen“ Abteilungen. Die Fachabteilungen oder Inspektionen sowie die Abteilungen der Verwaltung (z.B. Personal, Technik oder EDV) bleiben weiterhin bestehen, allerdings wird diese Abteilungsstruktur zu großen Teilen durch prozessorientierte Elemente überlagert.

Zurückzuführen ist dieses Nebeneinander von prozessorientierten und nicht-prozessorientierten Organisationseinheiten darauf, dass es Bereiche innerhalb von Organisationen gibt, die sich kaum in solche Prozessstrukturen zweckmäßig einbinden lassen, z.B. Personalmanagement oder Rechnungswesen. Öffentliche Organisationen wie die Polizei unterliegen zudem noch besonderen politischen Restriktionen bei der Prozessoptimierung. Während private, gewinnorientierte Unternehmen im Rahmen einer prozessorientierten Organisationsgestaltung i.d.R. eine Fokussierung auf wenige, strategisch wichtige, besonders profitablen Kernprozesse anstreben, müssen öffentliche Organisationen einen politischen Auftrag – bei der Polizei die flächendeckende Gewährleistung von Sicherheit und Ordnung – erfüllen, der normalerweise eine solche Fokussierung verhindert. Daher dürften das Leistungsspektrum und damit die Anzahl an potenziellen Kernprozessen in öffentlichen Organisationen im Vergleich zu Unternehmen anderer Branchen sehr groß sein. In der Praxis läuft es daher i.d.R. darauf hinaus, dass lediglich die aus strategischer Sicht wichtigsten Kernprozesse identifiziert und optimiert werden. Eine Vielzahl an Leistungen entzieht sich allerdings einer prozessorientierten Organisation und muss von funktional organisierten Organisationseinheiten bearbeitet werden.

Kundenorientierung als zentrales Element

Das wichtigste Element in Abbildung 2.8 bzw. grundsätzlich bei der prozessorientierten Organisationsgestaltung ist allerdings der Kunde bzw. Bürger, auf den die Kernprozesse auszurichten sind. Sämtliche Maßnahmen bei der Prozesssteuerung und -optimierung sind daran zu messen, in welchem Ausmaß sie dazu beitragen, den Kundennutzen zu steigern. Voraussetzung für eine prozessorientierte Organisationsgestaltung ist folglich eine stark ausgeprägte Kundenorientierung. Hierzu ist es erforderlich, zunächst die relevanten Kundensegmente und ihre legitimen Ansprüche an die Organisation zu identifizieren, bevor in einem zweiten Schritt Organisationseinheiten (Teams oder Abteilungen) gebildet werden können, die für die entsprechenden Geschäftsprozesse zuständig sind.

Die konkrete Umsetzung einer solchen Kundenorientierung in öffentlichen Organisationen kann unterschiedliche Ausprägungen annehmen.[98] Eine sehr stark ausgeprägte Kundenorientierung liegt vor, wenn eine kundensegment-orientierte Abteilungsbildung stattfindet, z.B. wenn ein Umweltamt separate Abteilungen für die Kundensegmente Umweltorganisationen, Gewerbe, Verwaltungen und Gemeinden bildet. Eine weniger stark ausgeprägte, aber dennoch beachtliche Kundenorientierung spiegelt sich im One-Stop-Konzept wider, bei dem sämtliche Leistungen einer öffentlichen Organisation an einem geografischen Ort angeboten werden, so dass die Kunden alle ihre Geschäfte mit der betreffenden Organisation zumindest in einem Gebäude – möglichst aber sogar in einem Raum – erledigen können. Ein Beispiel für diese Form der Kundenorientierung sind auf kommunaler Ebene die sogenannten Bürgerämter, die in Deutschland, Großbritannien und anderen Ländern existieren und dem Bürger die rasche und unkomplizierte Erledigung von Angelegenheiten wie An- und Ummeldungen, Eheschließungen, Einbürgerungen, usw. an einem Ort ermöglichen.

Denkbar sind aber auch zahlreiche andere Maßnahmen, die die Kundenorientierung von öffentlichen Organisationen erhöhen und mit einer prozessorientierten Organisationsgestaltung kompatibel sind. Die traditionelle, bürokratisch geprägte Organisation, die zwar die klare Zuordnung von politischer Verantwortung und die Kontrolle der Verwaltung ermöglicht, die allerdings ihre Kunden vernachlässigt und zu der Entstehung von Begriffen wie „Behördenrallye" geführt hat, ist mit einer prozessorientierten Organisationsgestaltung allerdings nicht vereinbar.

2.2.4 Dezentrale Organisationsgestaltung

Abschließend soll in diesem Kapitel zur Organisationsgestaltung noch das Thema Dezentralisierung, das bereits in den beiden vorhergehenden Abschnitten zur motivationsorientierten Organisation und zur Prozessorientierung eine wichtige Rolle gespielt hat, vertieft behandelt werden. Die Schaffung von dezentralen Organisationsstrukturen in öffentlichen Organisationen ist nämlich nicht nur aus theoretischer Sicht zweckmäßig, sie ist zudem auch ein elementarer Bestandteil der aktuellen NPM-Reformansätze im öf-

---

[98] Vgl. SCHEDLER/PROELLER 2006, S. 121 ff.

fentlichen Sektor und daher von enormer Praxisrelevanz. Die Dezentralisierung in öffentlichen Organisationen wie der Polizei spielt sich dabei auf mehreren Ebenen ab. Im Folgenden wird zwischen der interorganisationalen und der intraorganisationalen Dezentralisierung unterschieden.

Interorganisationale Dezentralisierung

Auf der höchsten Ebene beinhaltet sie eine Neudefinition des traditionellen Rollenverständnisses von Politik und Verwaltung.[99] Die politischen Organe beschränken sich auf strategisch-normative Funktionen – insb. die Vorgabe von Zielen, die Überwachung der Zielerreichung und bei einer Verfehlung von Zielen die Durchsetzung von geeigneten Gegenmaßnahmen – und verzichten möglichst weitgehend auf Eingriffe in die operativen Abläufe und Entscheidungen. Im Gegenzug erhält die Verwaltung bzw. die Verwaltungsleitung wesentlich mehr Autonomie in Bezug auf ihre operativen Angelegenheiten, sie ist allerdings auch in wesentlich stärkerem Ausmaß verantwortlich für die Erreichung der von der Politik vorgegebenen Ziele, d.h. für den Erfolg.

Dass ein solches Rollenverständnis nicht vollumfänglich mit den im politischen System dominierenden demokratischen Repräsentationsmechanismen in Einklang steht und daher an der Schnittstelle zwischen der politischen und der administrativen Ebene zu Spannungen und Konflikten führen kann, ist offensichtlich. Zu befürchten ist vor allem ein Einflussverlust der Politik auf das Verwaltungshandeln. In der Praxis hat sich aber in verschiedenen Projekten gezeigt, dass die politischen Entscheidungsträger trotz der Beschränkung auf strategische Vorgaben insgesamt sogar mehr Einfluss auf die Leistungen der Verwaltung nehmen konnten als zuvor – allerdings nur, wenn ein geeignetes und leistungsfähiges Controllingsystem zur Verfügung steht.

Zur Umsetzung einer solchen Dezentralisierung bietet sich die Konzern-Organisation bzw. (genauer) die Management-Holding-Organisation an.[100] Im privatwirtschaftlichen Bereich beinhaltet eine solche Organisationsform, dass eine rechtlich selbstständige Gesellschaft – die Holding-Leitung – an mehreren anderen rechtlich selbstständigen Gesellschaften – den Tochtergesellschaften – mehrheitlich beteiligt ist und diese strategisch steuert, ohne in ihre operativen Geschäfte einzugreifen. Die Holding-Leitung ist für die strategische Ausrichtung und den Erfolg des gesamten Konzerns zuständig, die Tochtergesellschaften für das operative Geschäft.

---

99 Vgl. SCHEDLER/PROELLER 2006, S. 87 ff.

100 Vgl. THOM/RITZ 2006, S. 241 ff.

Abbildung 2.10 veranschaulicht die Übertragung dieses Kerngedankens auf den öffentlichen Sektor. Dabei wird die Trennung von Politik und Verwaltung dadurch realisiert, dass die Regierung bzw. die Minister als Holding-Leitung fungieren, die für eine Vielzahl an Verwaltungseinheiten die strategische Gesamtverantwortung trägt und diese entsprechend des politischen Auftrags steuert. Erforderlich ist allerdings, dass die Verwaltungseinheiten mit einer sehr weitgehenden Autonomie ausgestattet werden, damit sie auch tatsächlich ähnlich wie die rechtlich selbstständigen Tochtergesellschaften in einem Konzern eigenverantwortlich und ohne direkte politische Einflussnahme ihr operatives Geschäft gestalten können. Wichtige Steuerungsinstrumente der Holding-Leitung sind daher Leistungskontrakte und Globalbudgets.

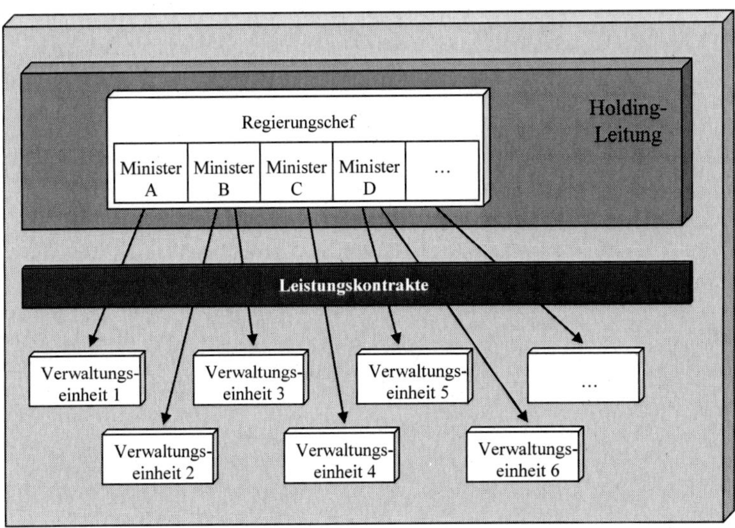

Abb. 2.10 Holding-Organisation im öffentlichen Bereich (THOM/RITZ 2006, S. 262)

Ein in den öffentlichen Sektoren verschiedener Länder in den letzten Jahren zunehmend umgesetztes Dezentralisierungskonzept beinhaltet die in Abbildung 2.11 veranschaulichte Aufspaltung der Verwaltung als politisch-administrative Gesamtheit, die monopolistisch öffentliche Leistungen finanziert und erbringt, in drei organisatorisch voneinander getrennte Akteure, nämlich Leistungsfinanzierer, Leistungskäufer und Leistungserbringer.[101] Da die Beziehungen zwischen diesen drei separaten Organisationen auf Auftraggeber-Auftragnehmer-Basis gestaltet werden, werden auf diese Weise Markt- und Wettbewerbsmechanismen unter Einbeziehung von internen und gegebenenfalls sogar von externen Leistungsanbietern initiiert, die nicht nur eine klare Abgrenzung zwischen politischer, strategischer und operativer Ebene ermöglichen, sondern zudem das Kostenbewusstsein der Mitarbeiter verbessern, die Transparenz der Leistungserbringung erhöhen und dabei Ineffizienzen aufdecken können.

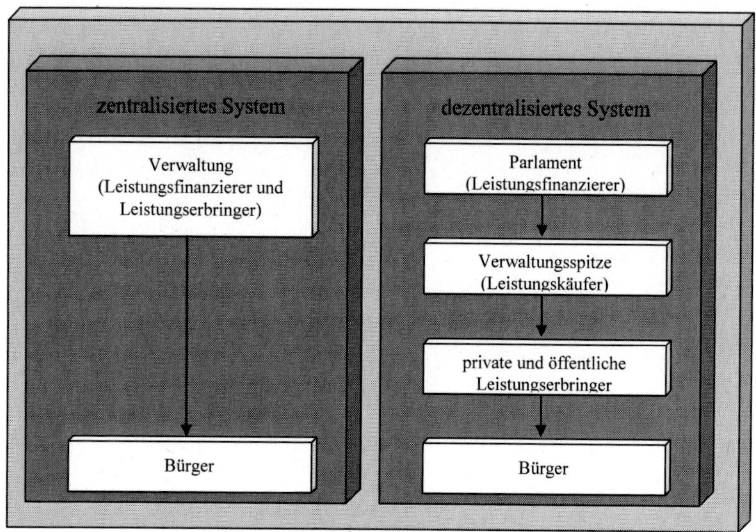

Abb. 2.11 Leistungsfinanzierer, Leistungskäufer und Leistungserbringer (SCHEDLER/PROELLER 2006, S. 97)

Ein Beispiel für diese Form der Dezentralisierung ist das englische öffentliche Krankenhauswesen, bei dem eine steuerfinanzierte Gesundheitsbehörde – das National Health Service (NHS) – für die kostenlose Versorgung der Bevölkerung mit Krankenhausleistungen zuständig ist. Dabei wird das vom Parlament als Leistungsfinanzierer bewilligte Budget zunächst auf ca. 300 lokale NHS-Behörden – die Primary Care Trusts – als Leistungskäufer verteilt. Diese kaufen dann wiederum stationäre Krankenhausleistungen von entsprechenden Leistungserbringern ein, wobei dies fast ausschließlich öffentliche Krankenhäuser – sogenannte Acute Trusts – sind, in geringem Umfang allerdings auch private Krankenhäuser.

101 Vgl. SCHEDLER/PROELLER 2006, S. 95 ff.

Im Ergebnis führt diese Struktur dazu, dass sich englische Krankenhäuser weitgehend autonom auf ihr Kerngeschäft konzentrieren können, nämlich die effiziente Erbringung von qualitativ hochwertigen stationären Krankenhausleistungen, um auf diese Weise attraktiv für ihren jeweiligen lokalen Primary Care Trust zu bleiben. Dieser kann sich wiederum in seiner Rolle als Leistungskäufer auf die Vorgabe von finanziellen und qualitativen Zielen und die Überwachung der Zielerreichung konzentrieren, ohne sich mit den operativen Details des Krankenhausgeschehens befassen zu müssen. Bei einer deutlichen und dauerhaften Verfehlung der gesetzten Ziele hätte der Primary Care Trust grundsätzlich die Möglichkeit, die erforderlichen Krankenhausleistungen ganz oder zumindest teilweise von anderen Anbietern, insb. von privaten Krankenhäusern, einzukaufen, so dass ein gewisser Wettbewerbsdruck erzeugt wird. Angesichts der Kapazitätsengpässe im englischen Gesundheitswesen, die sich vor allem in langen Wartezeiten bei chirurgischen Eingriffen widerspiegelt, ist dieser Wettbewerbsdruck allerdings eher schwach ausgeprägt.

Eine Übertragung dieses Modells auf die Polizei ist allerdings äußerst schwierig, da es im Kern auf einem Preismechanismus basiert und es für polizeiliche Leistungen bisher keine umfassenden, annähernd realistischen Preissysteme gibt. Gleichwohl ist zu bedenken, dass dies für stationäre Gesundheitsleistungen bis in die 1980er Jahre hinein ebenfalls der Fall war, während es heutzutage in nahezu allen entwickelten Volkswirtschaften das Standardverfahren bei der Vergütung bzw. Finanzierung von öffentlichen Krankenhäusern darstellt. Insofern erscheint es nicht abwegig davon auszugehen, dass auch die Finanzierung der Polizei in Zukunft stärker auf der Grundlage von Wettbewerbs- und Preismechanismen erfolgen wird.

Intraorganisationale Dezentralisierung

Dezentralisierung ist aber nicht nur ein interorganisationales Phänomen, sondern auch ein intraorganisationales. Wie die vorhergehenden Ausführungen zur prozessorientierten Organisationsgestaltung gezeigt haben, können auch innerhalb einer Organisation dezentrale Strukturen geschaffen werden, z.B. wenn prozessverantwortliche Teams gebildet werden, die möglichst autonom und eigenverantwortlich für die Optimierung und Steuerung der entsprechenden Prozesse zuständig sind. Eine sehr weitgehende intraorganisationale Dezentralisierung lässt sich durch die Implementierung von Verantwortungszentren erreichen.[102]

---

[102] Vgl. BREDE 2005, S. 91

Ein Verantwortungszentrum ist eine Organisationseinheit, für die ein eigener ökonomischer Periodenerfolg ermittelt wird, der die Grundlage für die Beurteilung der Organisationseinheit bildet. Dabei kann die Leitung des Verantwortungszentrums bei der Steuerung der Organisationseinheit – insb. in Bezug auf Einnahmen und Ausgaben – weitgehend autonom agieren, sie wird aber auch für den ökonomischen Erfolg bzw. Misserfolg verantwortlich gemacht. Damit ein realistischer Bereichserfolg ermittelt werden kann, sind die Leistungsbeziehungen zu anderen Organisationseinheiten möglichst umfassend über nicht-hierarchische, marktähnliche Mechanismen – insb. über Verrechnungspreise – zu koordinieren. Auf diese Weise werden Wettbewerbsprozesse initiiert und „Unternehmen im Unternehmen“ simuliert, die sich nicht nur positiv auf die Transparenz der internen Leistungsbeziehungen und die Motivation der Mitarbeiter, sondern insgesamt vorteilhaft auf die Effizienz der Organisation auswirken dürften.

Gleichzeitig dürfen aber auch die Schwächen dieses Konzepts nicht übersehen werden. So ist vor allem zu bedenken, dass die Koordination über nicht-hierarchische, marktähnliche Mechanismen im öffentlichen Sektor im Allgemeinen und in der Polizei im Besonderen oftmals sehr schwierig ist. Da für öffentliche Organisationen in Bezug auf bestimmte Leistungen manchmal weder ein direkter noch ein indirekter Marktzugang besteht, ist die Festlegung von angemessenen Verrechnungspreisen sehr problematisch und die Ermittlung eines realistischen Bereichserfolgs fehleranfällig. Darüber hinaus besteht sowohl bei öffentlichen wie bei privaten Organisationen die Gefahr, dass sich eine zu starke Fokussierung der Mitarbeiter auf die Ziele des Verantwortungszentrums negativ auf die Zielerreichung der Gesamtorganisation auswirkt. Daher muss an dieser Stelle erneut die Bedeutung eines leistungsfähigen Controllingsystems hervorgehoben werden.

2.3 Organisationskultur

In den folgenden beiden Kapiteln rücken nun die informellen Aspekte der Polizei in den Vordergrund. „Harte“ organisatorische Themen wie formelle Regeln, Hierarchien, Abteilungsstrukturen, Prozesse, usw. spielen in den folgenden Ausführungen lediglich eine untergeordnete Rolle im Vergleich zu eher „weichen“ Themen wie Werten, Symbolen oder Macht. Den Anfang macht zunächst dieses Kapitel 2.3, das sich mit dem Organisationskulturansatz beschäftigt und Organisationen als Sinn-Systeme betrachtet, d.h. als Systeme mit ganz bestimmten, organisationsspezifischen Überzeugungen, Werten und Symbolen. Obwohl das Thema Organisationskultur als wenig konkret oder greifbar gilt und daher bis weit in die 1980er Jahre hinein von den meisten Führungskräften vernachlässigt worden ist, hat sich mittlerweile zunehmend die Erkenntnis durchgesetzt, dass organisationskulturelle Aspekte sowohl im privaten wie auch im öffentlichen Sektor einen enormen Einfluss auf das Verhalten der Organisationsmitglieder und damit auch auf den Erfolg von Organisationen haben. Infolgedessen hat sich seit den 1990er Jahren das Interesse sowohl der Organisationstheorie als auch der Organisationspraxis an diesem Themengebiet deutlich erhöht.

In den folgenden Ausführungen wird zunächst erörtert, was eine Organisationskultur ist und wie man sie beschreiben kann (2.3.1), bevor auf die Frage eingegangen wird, wie die Organisationskultur der Polizei ausgestaltet ist (2.3.2). Schließlich wird noch betrachtet, wie eine Organisationskultur verändert werden kann (2.3.3).

2.3.1 Grundlagen der Organisationskultur

Begriff und Bedeutung der Organisationskultur

Obwohl der Kulturbegriff in der Alltagssprache durchaus häufig verwendet wird, haben die meisten Menschen nur eine abstrakte Vorstellung davon, was Kultur bedeutet. Normalerweise verbindet man damit die Vorstellung, dass bestimmte Einstellungen in einer Gruppe von ihren Mitgliedern gemeinsam vertreten werden. Der in diesem Sinne verwendete Kulturbegriff geht zurück auf den Ethnologen EDWARD TYLOR (1832-1917) und bezeichnet normalerweise die speziellen, historisch entstandenen, zu einer komplexen Gesamtheit geronnenen Merkmale eines Volkes bzw. einer Volksgruppe.[103] Die Kultur einer Volksgruppe umfasst folglich eine Vielzahl von impliziten und expliziten, tief verankerten Wert-, Denk- und Handlungsmustern, die über lange Zeiträume entstanden sind und das Denken, Fühlen und Handeln innerhalb der Gruppe vereinheitlichen. Dazu können z.B. Sitten, Traditionen, Rituale, Umgangsformen, Symbole, Kunst, Moral, Religion, Recht, Wissen, usw. gehören. Diese Kulturaspekte werden von den Gruppenmitgliedern gelernt, verinnerlicht, angewendet und an neue Mitglieder weitergegeben.

Die Organisationsforschung überträgt diesen Kulturbegriff auf Organisationen, d.h. es wird angenommen, dass Organisationen – ähnlich wie Volksgruppen – spezifische Vorstellungs- und Orientierungsmuster entwickeln, die einen starken und nachhaltigen Einfluss auf das Verhalten ihrer Mitglieder haben.[104] Da diese Muster im Laufe der einzigartigen historischen

---

[103] Vgl. SCHMITZ 1963, S. 32.
[104] Vgl. SCHREYÖGG 2008, S. 363 ff.; SACKMANN 2002, S. 24 ff.

Entwicklung einer Organisation entstehen, entwickelt jede Organisation eine eigene, unverwechselbare Organisationskultur. Die Werte und Normen, die die Organisationskultur ausmachen, werden von Organisationsmitgliedern verinnerlicht und von (fast) allen geteilt. Werden diese kollektiven Orientierungsmuster nun verwendet, um Situationen zu erklären und Probleme zu lösen, ergibt sich dadurch „automatisch" – d.h. ohne formelle Regeln – eine Koordination der organisatorischen Aktivitäten. Weitere Funktionen einer Organisationskultur sind zum einen die Erhöhung der Stabilität der Organisation und zum anderen die Vermittlung der Sinnhaftigkeit der Arbeit, die wiederum Auswirkungen auf die Motivation und die Produktivität haben kann.

Zusammenfassend lassen sich als Kernmerkmale von so verstandenen Organisationskulturen anführen:

- Organisationskulturen sind *kollektive Phänomene*, die das individuelle Verhalten von Organisationsmitgliedern weitgehend vereinheitlichen.
- Organisationskulturen werden von den Organisationsmitgliedern als *selbstverständlich* empfunden und – wenn überhaupt – nur selten reflektiert.
- Organisationskulturen vermitteln *Orientierung* im komplexen Organisationsalltag, indem sie Vorgaben bezüglich der Interpretation von und der Reaktion auf Ereignisse machen.
- Organisationskulturen spielen sich nicht nur auf der kognitiven Ebene, sondern in hohem Maße auch auf der *emotionalen Ebene* der Organisationsmitglieder ab.
- Organisationskulturen entstehen durch *historische Lernprozesse* im Umgang mit Problemen, so dass sie sich stets im Wandel befinden.
- Organisationskulturen werden normalerweise nicht bewusst von den Organisationsmitgliedern gelernt, sondern in einem *Sozialisationsprozess* vermittelt.

Bestandteile der Organisationskultur

Die bisherigen Ausführungen haben gezeigt, dass Organisationskultur ein schwer greifbares Konzept ist, das in erheblichem Maße unbewusste, unsichtbare, selbstverständliche und schwer entschlüsselbare Phänomene umfasst. Dementsprechend schwierig gestaltet es sich, die Organisationskultur einer konkreten Organisation zu erfassen. Um dieses Ziel zu erreichen, ist es zweckmäßig, die Organisationskultur in verschiedene Bestandteile bzw.

Ebenen zu zerlegen, die für Analysezwecke zunächst einzeln betrachtet werden. Die simultane Betrachtung aller Ebenen gibt dann die Organisationskultur als Ganzes wieder. Der in der Literatur mit großem Abstand am häufigsten angeführte Ansatz ist das 3-Ebenen-Modell von EDGAR SCHEIN, das in Abbildung 2.12 veranschaulicht wird.

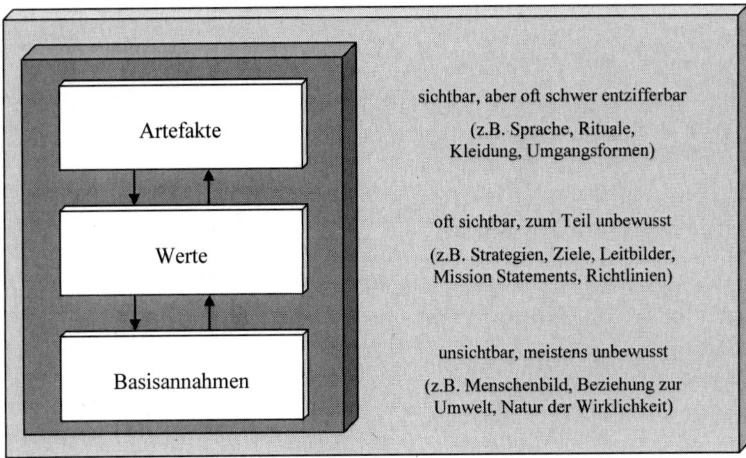

Abb. 2.12 Ebenen der Organisationskultur (SCHEIN 2003, S. 31)

Nach diesem Ansatz bilden die Basisannahmen den Kern der Organisationskultur.[105] Diese bestimmen, wie eine Organisation sich selbst und ihre Umwelt sieht, und betreffen die grundlegenden Annahmen der Organisationsmitglieder bezüglich der Natur des Menschen, der zwischenmenschlichen Beziehungen, der Beziehungen zur Organisationsumwelt, usw. Sie werden im Laufe der Zeit von den Organisationsmitgliedern erlernt und zu Selbstverständlichkeiten, die ihnen oftmals gar nicht bewusst sind.

Diese Basisannahmen schlagen sich dann nieder in organisationalen Werten, d.h. in überindividuellen Präferenzen, die bestimmen, was die Organisationsmitglieder als gut und wichtig einschätzen. Diese werden oftmals ganz offen – z.B. in Leitbildern oder Mission Statements – kommuniziert, zum Teil sind sie den Beteiligten aber auch nicht bewusst – z.B. der übliche oder gewünschte Umgang mit Geschlechterdifferenzen. Damit bilden die Werte die Schnittstelle zwischen dem einzelnen Organisationsmitglied und der Gesamtorganisation. Werden die organisationalen Werte von den Mit-

105 Vgl. SCHEIN 2003, S. 31 ff.; NERDINGER u.a. 2008, S. 155 ff.

gliedern akzeptiert, orientieren sie sich daran und richten ihr Verhalten daran aus.

Die organisationalen Werte schlagen sich schließlich in sichtbaren Artefakten oder Symbolen nieder. Diese haben die Aufgabe, die wenig greifbaren und teilweise unbewussten Werte gegenüber den Organisationsmitgliedern und der Umwelt zu verkörpern und an neue Mitglieder weiterzugeben. Zu den Artefakten gehören insb. Legenden oder Anekdoten (insb. über ehemalige Führungskräfte), Rituale (z.B. Abschiedsriten, Weihnachtsfeiern oder Begrüßungsrituale), Organisationslogos, Kleidungsstil, sprachliche Besonderheiten, usw. Wichtig ist in diesem Zusammenhang der Hinweis, dass die sichtbaren Artefakte aber kein direktes Abbild der Organisationskultur darstellen, sondern dass erst ihre Interpretation vor dem Hintergrund der unsichtbaren Werte und Basisannahmen Rückschlüsse auf die Organisationskultur erlaubt.

Die in beide Richtungen deutenden Pfeile in Abbildung 2.12 verdeutlichen, dass es keine einheitliche Einflussrichtung in der Form gibt, dass stets veränderte Basisannahmen die Ursache für veränderte Werte und/oder Artefakten sind. Obwohl dies die übliche Wirkungsrichtung ist, kann es in selteneren Fällen auch umgekehrte Wirkungen geben, z.B. dass Umweltveränderungen (z.B. neue gesetzliche Regelungen zur Vermeidung von Diskriminierungen) direkt auf die Artefakte oder Werte Einfluss nehmen, die sich langfristig dann in veränderten Basisannahmen niederschlagen.

Versucht man nun die Organisationskultur einer bestimmten Organisation zu erfassen, dann bietet es sich an, zunächst die sichtbaren Artefakte zu sammeln und vor dem Hintergrund der offen kommunizierten Werte zu interpretieren bzw. zu entschlüsseln, um auf diese Weise Rückschlüsse auf die zugrundeliegenden Basisannahmen ziehen zu können. Allerdings sind diese Interpretationen fehleranfällig und die identifizierten Basisannahmen mit viel Unsicherheit behaftet. Da das komplette System an geltenden Basisannahmen keinem Organisationsmitglied hinlänglich bewusst sein dürfte, ist davon auszugehen, dass es wohl nicht möglich ist, die Organisationskultur einer bestimmten Organisation zweifelsfrei zu bestimmen. Eine recht gute Annäherung an die Organisationskultur dürfte allerdings im Rahmen einer umfassenden und sorgfältigen Analyse sehr wohl gelingen.

Organisationskultur-Typologien

Die bisherigen Ausführungen dürften verdeutlicht haben, dass jede Organisationskultur im Prinzip einzigartig ist. Nichtsdestotrotz kann man im Rahmen einer Fokussierung auf einige als besonders wichtig geltenden Merkmale durchaus Gemeinsamkeit zwischen einer Vielzahl von Organisationskulturen feststellen. Diese Gemeinsamkeiten können dann zu Organisationskultur-Typologien verdichtet werden.

Die bekannteste Organisationskultur-Typologie geht auf TERRENCE DEAL und ALLAN KENNEDY zurück und basiert auf zwei Kriterien: (1) die Höhe der Risiken und (2) die Geschwindigkeit, mit der ein Feedback über Erfolge oder Misserfolge erfolgt.[106] Wie in Abbildung 2.13 veranschaulicht wird, ergeben sich auf diese Weise vier Kulturtypen:

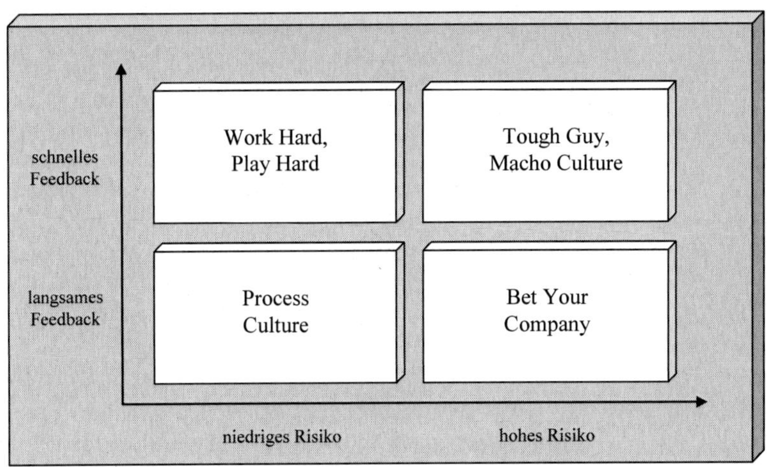

Abb. 2.13 Organisationskultur-Typologie nach DEAL/KENNEDY (2000)

- *Macho-Kulturen* zeichnen sich durch hohe Risiken und ein schnelles Erfolgs-Feedback aus und sind typisch für Unternehmensberatungen und die Entertainment-Branche. Von Mitarbeitern wird ein extrem hohes Engagement erwartet, so dass harte, zähe, ausdauernde und risikofreudige Leistungsträger mit einer eher kurzfristigen Karriereperspektive das Organisationsgeschehen prägen. Typische Rituale sind z.B. extrem lange Arbeitzeiten.
- *Work-Hard-Play-Hard-Kulturen* weisen ebenfalls ein schnelles Erfolgs-Feedback auf, allerdings sind die Risiken deutlich geringer. Typische Vertreter einer solchen Kultur sind Verkaufsorganisationen, insb. in den Bereichen Immobilien oder Gebrauchtwagen, aber auch Restaurants. Geprägt wird sie durch gute Verkäufer, die den

[106] Vgl. DEAL/KENNEDY 2000, S. 107 f.

Absatz maximieren und ihre Kunden zufriedenstellen. Verbreitete Rituale sind interne Wettbewerbe.

- *Bet-Your-Company-Kulturen* weisen zwar hohe Risiken auf, allerdings laufen die Feedbacks über Erfolge und Misserfolge eher langsam ab. Verbreitet ist diese Organisationskultur insb. bei Flugzeugbauern, Pharmaunternehmen oder Rüstungsfirmen. Typische Mitarbeiter sind selbstgesteuerte und ausdauernde Experten mit Charakter, Selbstsicherheit und hoher Fachkompetenz, die aber eher risikoscheu sind und eine langfristige Karriereperspektive haben. Typische Rituale sind lange Besprechungen und die häufige Überprüfung von Entscheidungen.
- *Prozess-Kulturen* zeichnen sich durch niedrige Risiken und ein langsames Erfolgs-Feedback aus und sind typisch für Banken, Versicherungen sowie für öffentliche Verwaltungen. Typische Mitarbeiter sind risikoscheue Personen, die selbst unter stärkstem Druck noch fehlerfrei arbeiten und auf einen perfekten und diskreten Arbeitsvollzug sowie eine genaue Dokumentation Wert legen. Zu den verbreiteten Ritualen gehören Gerüchte und Intrigen sowie die häufige Hervorhebung der Bedeutung von Pünktlichkeit und Genauigkeit.

Außer dieser Organisationskultur-Typologie von DEAL und KENNEDY existiert noch eine Vielzahl von weiteren Typologien, die sich an anderen Merkmalen orientieren und daher zu anderen Einteilungen kommen. einen hohen Bekanntheitsgrad haben z.B. die Typologie von KETS DE VRIES und MILLER, die zwischen paranoiden, zwanghaften, dramatischen, depressiven und schizoiden Organisationskulturen unterscheiden[107], sowie die Typologie von GOFFEE und JONES, die zwischen Netzwerk-Kulturen, fragmentierten Kulturen, Söldner-Kulturen und gemeinschaftlichen Kulturen unterscheiden.[108]

Die Einteilung in eine begrenzte Anzahl von Kategorien stellt natürlich eine sehr grobe Vereinfachung dar, so dass sicherlich kaum eine Organisation sich genau in einer solchen Typologie wiederfinden dürfte. Dennoch stellen Organisationskultur-Typologien durchaus ein nützliches Hilfsmittel dar, um Organisationskulturen zu sortieren und um zu zeigen, wie man die verschiedenen Facetten einer Organisationskultur zu einem kommunizierbaren Ganzen verdichten kann. Sie sind allerdings wenig hilfreich, um die Organisationskultur einer bestimmten Organisation im Detail zu verstehen.

---

107 Vgl. KETS DE VRIES/MILLER (1986).

108 Vgl. GOFFEE/JONES (1998).

Subkulturen

Obwohl Organisationskulturen kollektive Phänomene sind, die eine Organisation als Ganzes betreffen, darf nicht übersehen werden, dass es innerhalb von großen Organisationen eine große Vielfalt an kulturellen Orientierungsmustern gibt, die in unterschiedlichem Ausmaß von den einzelnen Organisationsmitgliedern verinnerlicht worden sind.[109] Daher ist davon auszugehen, dass es zum einen eine dominante Organisationskultur gibt, die auf der Makroebene gilt und von den meisten Organisationsmitgliedern geteilt wird, und eine ganze Reihe von Subkulturen, die nur für einen Teil der Organisationsmitglieder relevant sind.

Die Bildung von Subkulturen wird begünstigt durch eine Vielzahl von Faktoren, insb. durch Organisationsstrukturen, einen gemeinsamen professionellen Hintergrund, Alter, Geschlecht, Nationalität, usw. Typische Beispiele für Subkulturen sind die berufsgruppenspezifische Unterscheidung von Arbeiter-, Angestellten- und Manager- bzw. Führungskultur oder die abteilungsorientierte Unterscheidung von Marketing-, Buchhaltungs-, F&E-Kultur, usw. Die einzelnen Subkulturen können die dominante Kultur unterstützen, sie können aber in wesentlichen Aspekten durchaus auch gegen die Gesamtkultur gerichtet sein, z.B. nach Fusionen oder Übernahmen. Allerdings haben Subkulturen trotz aller Unterschiedlichkeiten einige Elemente mit der dominanten Organisationskultur gemeinsam und werden in mehr oder weniger starkem Maße von dieser überformt und zusammengebunden.

2.3.2 Organisationskultur der Polizei

Wie die bisherigen Ausführungen gezeigt haben, hängt die Ausgestaltung einer spezifischen Organisationskultur von einer Vielzahl von Faktoren ab, insb. von der geschichtlichen Entwicklung der betreffenden Organisation, so dass davon auszugehen ist, dass jede Organisation eine eigene, einzigartige und unverwechselbare Kultur aufweist. Da dies auch für die vielen verschiedenen existierenden Polizeien gilt, macht die Suche nach einer bzw. die Beschäftigung mit einer besonderen Organisationskultur der Polizei nur dann Sinn, wenn sie eine drastische Vereinfachung der Realität in Kauf nimmt. Eine Polizeikultur in diesem Sinne würde sich folglich nur auf diejenigen kulturellen Merkmale konzentrieren, die in einer hohen Zahl an Polizeiorganisationen in ähnlicher Form vorliegen, während sie in anderen Organisationen nur selten vorkommen. Einen ersten Anhaltspunkt dafür,

---

109 Vgl. ROBBINS 2001, S. 511 ff.; SCHREYÖGG 2008, S. 378 ff.

wie eine solche Organisationskultur der Polizei ausgestaltet sein könnte, bietet die Organisationskultur der öffentlichen Verwaltung bzw. die Verwaltungskultur.

Verwaltungskultur

Da die Polizei als zentrales Instrument staatlicher Herrschaft und Trägerin des staatlichen Gewaltmonopols ein wesentlicher Bestandteil des öffentlichen Sektors darstellt, muss ihre Organisationskultur zweifelsohne gewisse Parallelen zur Organisationskultur der öffentlichen Verwaltung aufweisen. Dementsprechend erscheint eine Betrachtung der Verwaltungskultur an dieser Stelle zweckmäßig.

Einen ersten Anhaltspunkt, was eine Verwaltungskultur ausmachen dürfte, findet man in der oben in Abb. 2.13 veranschaulichten Organisationskultur-Typologie nach DEAL und KENNEDY.[110] Die dort enthaltene Prozess-Kultur gilt explizit als typisch für öffentliche Verwaltungen. Daher ist davon auszugehen, dass eine Verwaltungskultur sich durch niedrige Risiken, ein langsames Erfolgs-Feedback, risikoscheue, pünktliche Mitarbeiter, die auf einen perfekten und diskreten Arbeitsvollzug sowie eine genaue Dokumentation Wert legen, sowie einer relativ hohen Anzahl an Gerüchten und Intrigen auszeichnen sollte. Allerdings liefert diese Typologie nur ein ungenaues Bild, was schon daran zu erkennen ist, dass diese Kulturmerkmale auch für andere Organisationen mit niedrigen Risiken und langsamem Erfolgs-Feedback gelten, wie z.B. Banken und Versicherungen, die sich in vielerlei Hinsicht sehr deutlich von öffentlichen Organisationen unterscheiden.

Eine sehr aufschlussreiche Beschreibung der Merkmale einer Verwaltungskultur enthält die folgende Charakterisierung von Bürokratien bei SCHEDLER und PROELLER:

„Die Bürokratie ist ein gutmütiges System. Sie korrigiert menschliches Verhalten durch einen systemimmanenten Ausgleich; denn sie wurde konzipiert, um die Verwaltung und ihre Entscheide zu versachlichen und menschlichen Einflüssen zu entziehen. Gute Vorgesetzte entfalten genauso wenig positive Wirkung wie schlechte Vorgesetzte negative. Verfahren sind vorgegeben und werden kontrolliert. Recht erhält, wer die Vorschriften einhält. Überleben kann, wer Misserfolge vermeidet, denn diese können den politischen Vorgesetzten zur Last gelegt werden, was wiederum zurückschlägt. Mitarbeiterinnen und Mitarbeiter werden über Weisungen ge-

---

110 Vgl. DEAL/KENNEDY 2000, S. 107 f.

führt, und Informationen finden sich bestenfalls auf dem Anschlagbrett. Mit Lob wird gespart, Kritik – vor allem von unten nach oben – ist eher ungewohnt."[111]

Eine präzisere Beschreibung liefert SCHEDLER, der im Rahmen der Erläuterung einer modernen, wirkungsorientierten Verwaltungskultur auch auf die traditionelle, bürokratische Verwaltungskultur eingeht und diese anhand der folgenden sieben Dimensionen beschreibt:[112]

- *Legalität vs. Wirksamkeit*: Der Aspekt der Legalität dominiert das Denken und Handeln der Verwaltungsmitarbeiter, während Effektivität und die Effizienz eine untergeordnete Rolle spielen.
- *Standesvorgaben vs. Management*: Professionelle Standards werden intern durch die jeweiligen Berufsangehörigen gesetzt und sind kaum von der Verwaltungsleitung beeinflussbar.
- *Gleichheit vs. Diversität der Problemlösung*: Bei der Lösung von Problemen werden gleichartige Lösungsansätze bevorzugt – auch für unterschiedliche Probleme.
- *Verwaltungszentrierung vs. Kundenorientierung*: Strukturen und Prozesse sind primär auf die Belange der Verwaltung ausgerichtet, während die Belange der Kunden bzw. Bürger sekundär sind.
- *Bürokratische Kontrolle vs. integrierendes Controlling*: Die Steuerung der Organisation erfolgt durch systematische, mehrfache Detailkontrolle.
- *Vermischung vs. Trennung von Politik und Management*: Die Abgrenzung der Rollen von Politik und Verwaltung ist insofern unklar, als politische Entscheidungsträger oftmals in operative Belange der Verwaltung eingreifen, während strategische Entscheidungen durch Verwaltung getroffen werden.
- *Misstrauen vs. Vertrauen*: Das Organisationsgeschehen ist geprägt durch Misstrauen aufgrund von fehlender Transparenz und unklarer Vorgaben durch die Verwaltungsleitung.

Eine ähnliche, sehr aufschlussreiche Erläuterung der Verwaltungskultur liefert NAGEL, der ebenfalls die hohe Gewichtung von Legalität und Regelbindung sowie von Fehlerfreiheit und der Vermeidung von Misserfolgen betont.[113] Öffentliche Organisationen sind darüber hinaus durch ein gerin-

---

111 SCHEDLER/PROELLER 2006, S. 232.

112 Vgl. SCHEDLER 1996, S. 14 ff..

113 Vgl. NAGEL 2001, S. 68 ff.

ges Maß an Verantwortungsdelegation, eine hohe Kontrollintensität und eine weitgehende Ablehnung von persönlicher Verantwortlichkeit geprägt. Die Führungsbeziehungen werden als stark asymmetrisch erlebt. Führungskräfte legitimieren sich nur über ihre hierarchische Position, nicht aber über ihre fachliche oder soziale Führungsleistung. Zudem spielen persönliche Beziehungen, informelle Netzwerke und „Machtspiele" eine wichtige Rolle im Verwaltungsalltag.

Besonders bedenklich sind die Einstellungen der Verwaltung in Bezug auf den Bürger, der nicht ernst genommen wird, sowie auf die Öffentlichkeit, die als überkritisch und ungerecht empfunden wird, so dass sich die Verwaltung deutlich davon abgrenzt. Verwaltungsmitarbeiter empfinden ihre Arbeit als minderwertig und sehen einen gewissen Rechtfertigungsdruck in Bezug auf ihre Berufswahl. Bei dieser stehen i.d.R. Sicherheitsaspekte im Vordergrund, während attraktive Aufgaben oder ein besonderes arbeitsbezogenes Interesse eine geringe Rolle spielen. Da diese Erwartungen auch den tatsächlichen Arbeitsbedingungen im öffentlichen Sektor entsprechen, findet eine Selbstselektion statt, die einen hohen Anpassungsdruck auf neue Organisationsmitglieder ausübt. Insgesamt führt die Verwaltungskultur zu einer weitgehenden Immunität gegen Lernimpulse sowie zu einer geringen Innovations- und Lernfähigkeit von öffentlichen Organisationen.

Diese beiden Charakterisierungen einer Verwaltungskultur sind idealtypisch und enthalten daher bewusst drastische Vereinfachungen und „überspitzte" Formulierungen, um die Unterschiede zu anderen Organisationskulturen und vor allem zu einer modernen, wirkungsorientierten Verwaltungskultur zu betonen. Nichtsdestotrotz ist davon auszugehen, dass die angeführten Aspekte in der Verwaltungspraxis durchaus eine gewichtige Rolle spielen und dazu beigetragen haben dürften, dass die Organisationskultur im öffentlichen Sektor i.d.R. nicht gerade als vorbildlich gilt und für Ineffizienzen in der Leistungserbringung verantwortlich gemacht wird.[114]

Organisationskultur der Polizei

Dass eine so verstandene Verwaltungskultur nur eine sehr oberflächliche Charakterisierung der kulturellen Phänomene in öffentlichen Organisationen darstellt, erkennt man vor allem, wenn man eine konkrete öffentliche Organisation wie die Polizei herausgreift und ihre kulturellen Besonderheiten betrachtet. Allerdings muss schon im Vorfeld einschränkend angemerkt werden, dass trotz einer Vielzahl an Gemeinsamkeiten auch markante Unterschiede zwischen den Polizeikulturen von unterschiedlichen Staaten be-

---

114 Vgl. SCHEDLER/PRÖLLER 2006, S. 270.

stehen, und dass selbst innerhalb des deutschen föderalen Systems die Polizeien der einzelnen Bundesländer und des Bundes keinesfalls ein einheitliches kulturelles Profil aufweisen. Nichtsdestotrotz bestehen ausreichend Gemeinsamkeiten, um berechtigterweise von einer Polizeikultur sprechen zu können.[115]

Nach AHLF umfasst die Organisationskultur der Polizei typische polizeiliche Handlungsweisen, Zeremonien, Symbole und Rituale. Diese seien von der spezifischen Struktur der Organisation und den praktizierten Werthaltungen, Orientierungsmustern, Normen und Leitbildern abhängig.[116] Die Polizei als Exekutivorgan des staatlichen Gewaltmonopols verfügt aber über eine ganz spezielle, stark ausgeprägte Organisationskultur, die besonders stark durch die militärische Tradition der Polizei in der Geschichte, die aktive und passive Konfrontation mit Gewalt, aber auch durch die Zugehörigkeit zur öffentlichen Verwaltung geprägt worden ist. Dabei ist eine Kultur entstanden, die bestimmt ist von Männlichkeitsritualen, bestimmten Gruppenprozessen – insb. Verschwiegenheit und Konformität – sowie einer gewissen sozialen Isolation, in der aber auch bürokratische Elemente enthalten sind. In der Literatur wird i.d.R. von einer deutlichen Zweiteilung der Organisationskultur der Polizei in eine offizielle Polizeikultur und eine inoffizielle, alltagspraktische Cop Culture ausgegangen, die durchaus als „kultureller Graben" innerhalb der Organisation interpretiert werden kann. Abbildung 2.14 veranschaulicht das Spannungsverhältnis zwischen diesen beiden Subkulturen und ihre zentralen Merkmale.[117]

Cop Culture entspricht dem „Konzentrat" des polizeilichen Alltagswissens, ist nicht immer mit Legalitätsgrundsätzen vereinbar und versucht, den Polizisten und hier vor allem den „handarbeitenden" Streifenbeamten – d.h. den Street Cops – eine kollektive Identität und einen Sinn in der täglichen Gratwanderung zwischen „heiler Welt" auf der einen Seite und Gewalt bzw. Verbrechen auf der anderen Seite zu vermitteln. So sind die von einem Polizeibeamten zu erfüllenden Aufgaben zwar gesetzlich definiert, die Art und Weise, wie im Einzelfall zu agieren ist, kann allerdings insb. für den Polizeibeamten „auf der Straße" nicht verwaltungstechnisch organisiert werden. In der Praxis bewegen sich „Street Cops" immer wieder in Situationen, die den Einsatz von Gewalt erfordern, über deren Ausmaß individuell entschieden werden muss. Sie beschäftigen sich mit den „Schattenseiten"

---

115 Vgl. VERA/KÖLLING 2012, S. 15 ff.; VERA/KÖLLING 2013, S. 67 ff.; VERA/KÖLLING 2014, S. 26 ff.

116 Vgl. AHLF 2000, S. 98.

117 Vgl. CALDERO/CRANK 2010, S. 205; BEHR 2008, S. 17 f.

der Gesellschaft und müssen dabei den Erwartungen der Vorgesetzten, Kollegen und Gesellschaft gerecht werden. Dabei ergeben sich Gruppenprozesse, die spezifische Männlichkeitsrituale hervorbringen, die von einer Polizistengeneration zur nächsten weitergegeben werden.[118]

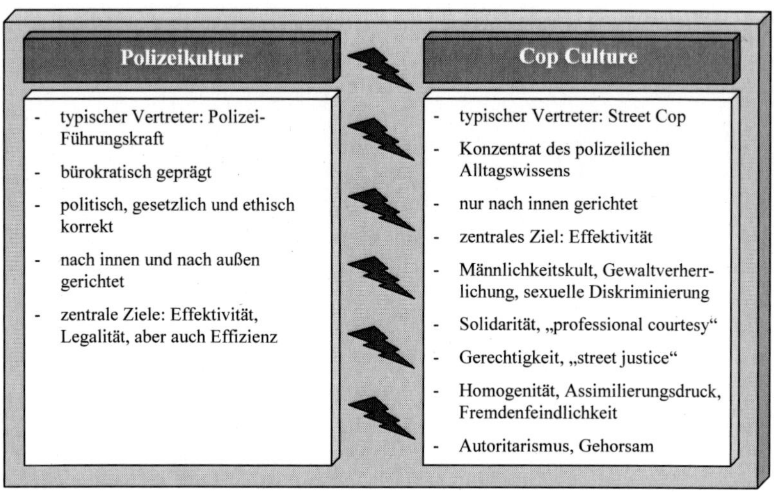

Abb. 2.14 Polizeikultur vs. Cop Culture

Dazu gehört einerseits die Bereitschaft, Zwang und Gewalt auszuüben, aber andererseits auch das Bewusstsein, dass man im Dienst regelmäßig mit Gewalt konfrontiert und selber Opfer von Gewalt werden kann. Cop Culture begegnet Menschen, die Fremdheitsmerkmale (z.B. andere Hautfarbe) aufweisen, mit Vorbehalten und ist von patriarchalen Männlichkeitskonstruktionen geprägt. Darüber hinaus ist sie ausgesprochen institutionspatriotisch und verlangt von ihren Mitgliedern ein hohes Maß an Assimilationsbereitschaft und Homogenität, aber auch an Verschwiegenheit und Konformität. Stärke, Gerechtigkeit, Ehre, Solidarität und Treue stellen zentrale Werte dar.[119]

Vor allem die Streifenpolizisten verstehen sich als Solidar- und Gefahrengemeinschaft.[120] Eine „professionalisierte" Gefahrengemeinschaft dient dazu, die Handlungsfähigkeit der Organisation aufrecht zu erhalten, indem

---

118 Vgl. DOLATA 2011, S. 139 f.

119 Vgl. VERA/KÖLLING 2013, S. 68 f.

120 Vgl. BEHR 2008, S. 209 f.

instinktive Verhaltensweisen durch bewusstes und routiniertes Handeln ersetzt werden.[121] Grundsätzlich ist eine solche Gemeinschaft durch die Orientierung an den folgenden zwei Leitsätzen gekennzeichnet[122]:

- Es kann jederzeit etwas Unerwartetes, eventuell Risikobehaftetes passieren.
- Wenn dies eintritt, ist diese Situation in der Regel nicht souverän lösbar.

Die Cop Culture bietet in diesem Zusammenhang Möglichkeiten an, mit der permanenten Unsicherheit umzugehen und auf diese Weise die Angst vor einer potenziellen Überforderung und der daraus resultierenden Folgen in Ausnahmeeinsätzen abzufangen.[123] Durch Rituale, Traditionen und die mündliche Weitergabe von Erzählungen werden die spezifischen Konfliktmöglichkeiten, die sich vor allem im Kernbereich polizeilicher Tätigkeit ergeben können, aufgearbeitet.[124] Dies gilt vor allem auf der Ebene von Dienstgruppen, die aufgrund ihrer Aufgabenwahrnehmung und Arbeitszeiten eng und relativ isoliert vom Rest der Organisation arbeiten. Dies bietet den optimalen Nährboden für die Entstehung interner subkultureller Ausprägungen.[125] Zusammenfassend lässt sich festhalten, dass die Cop Culture die zentrale, dominante Komponente der Organisationskultur der Polizei darstellt und zur Folge hat, dass diese in der Literatur mit den Begriffen „ethnozentrisch“, „androzentrisch“ und „institutionspatriotisch“ umschrieben wird und als „Homogenitäts- und Dominanzkultur“ bezeichnet wird.[126]

Die offizielle Polizeikultur ist hingegen direkt an die bürokratischen Rahmenbedingungen der Polizei im Rechtsstaat gekoppelt und deutlich weniger maskulin geprägt als die Cop Culture. Sie findet sich in expliziter Form in den offiziellen Leitbildern der Polizei wieder, ist Ausdruck einer modernen Polizei und betont die gemeinsame Identität aller Angehörigen der Polizei. Dementsprechend steht hier weniger der „Street Cop“ im Mittelpunkt als der „Managing Cop“, d.h. der politisch, gesetzlich und ethisch korrekte Polizeibeamte. Rechtlichkeit, Zuverlässigkeit und Disziplin werden als zentrale Werte gesehen.

Dieser Zweiteilung in Polizeikultur und Cop Culture entspricht auch die in der Literatur häufig vorgenommene Differenzierung der Organisationskul-

121 Vgl. BEHR 2010b, S. 71.
122 Vgl. CALDERO/CRANK 2010, S. 209; BEHR 2010a, S. 318.
123 Vgl. CHAN/DEVERY/DORAN 2003, S. 34.
124 Vgl. CRANK 2004, S. 3 f.; BEHR 2010a, S. 318.
125 Vgl. CAMERON/QUINN 2006, S. 17 f.; HERRNKIND 2003, S. 140.
126 Vgl. HEIJES 2007, S. 562; BEHR 2006a, S. 40 f.; DUDEK 2009, S. 89 ff.

tur der Polizei in Anlehnung an einen „first code“, der an die rechtlichen Rahmenbedingungen der Polizeiarbeit gekoppelt ist, und einen „second code“, der sich im praktischen Berufsalltag der handarbeitenden „Street Cops“ ergibt.[127] Der „second code“ dient den „Street Cops“ dazu, die Handlungsfähigkeit der Polizei aufrechtzuhalten, wenn formale Regelungen dies in der Praxis nicht leisten können. Abweichungen vom „first code“ werden somit als Handeln außerhalb des gesetzlichen Rahmens betrachtet, das jedoch auf die Herstellung von Legalität abzielt.[128] Während sich die Polizeikultur in offiziellen Leitbildern, die sich an der bürokratischen Organisation orientieren, manifestiert, zeigt sich demzufolge die Cop Culture in der ausgelebten Kultur des Polizisten „auf der Straße“.[129]

Cop Culture richtet sich demnach ausschließlich an die Mitglieder der Organisation und besteht und reproduziert sich durch ihre eigenen subkulturellen Werte. Die Polizeikultur dient hingegen nicht nur der Selbstverständigung der Polizeiführung, vielmehr stellt sie auch mithilfe der offiziellen Leitbilder ein Kommunikationsangebot an die Öffentlichkeit dar.[130] Die Entwicklung einer einheitlichen Kultur, die Leitbilder und Lebenswirklichkeit in Einklang bringt, ist im Grunde aber weder sinnvoll noch möglich. Leitbilder bilden Ideale ab und sind keine Zielvorgaben oder Orientierungen, die tatsächlich verwirklicht werden können. Die Leitbilder der Polizeikultur kommunizieren eine Grundhaltung, die es den Polizisten „auf der Straße“ oftmals nicht ermöglicht, ihren „Job zu machen“. Das trifft vor allem dann zu, wenn es sich um gesellschaftlich prekäre Handlungsfelder handelt. Leitbilder können demnach polizeiliches Handeln oftmals nicht anleiten, werden jedoch nach außen vermittelt, während das tatsächliche Verhalten durch Handlungsmuster geprägt wird, welche nicht publiziert werden dürfen.[131]

Offensichtlich entspricht die offizielle Polizeikultur weitgehend den oben angeführten Merkmalen der traditionellen, bürokratischen Verwaltungskultur, während die Cop Culture diesen Merkmalen gar nicht entspricht. Vor dem Hintergrund der oben in Abb. 2.12 dargestellten Organisationskultur-Typologie nach DEAL und KENNEDY sind deutliche Parallelen zwischen der offiziellen Polizeikultur und der Prozess-Kultur einerseits sowie zwischen der Cop Culture und der Macho-Kultur andererseits erkennbar. Insgesamt kann man aber vor allem erkennen, dass die Polizei eine eigene, einzigarti-

---

127 Vgl. ZDUN 2010, S. 265; BEHR 2008, S. 259.

128 Vgl. SCHWEER/STRASSER 2008, S. 18 f.

129 Vgl. BEHR 2008, S. 25.

130 Vgl. BEHR 2006b, S. 235.

131 Vgl. SCHWEER/STRASSER 2008, S. 19; BEHR 2008, S. 257.

ge und unverwechselbare Organisationskultur aufweist, die es zu erfassen und zu analysieren gilt, um die Organisation „Polizei" und das Handeln ihrer Mitglieder verstehen zu können.

2.3.3 Veränderung der Organisationskultur

Organisationskulturwandel

Dass Organisationskulturen einem Wandel unterliegen, ist unstrittig.[132] Wie schon oben bei der Erläuterung der Bestandteile einer Organisationskultur angedeutet wurde, dürften vor allem Umweltveränderungen oftmals Auswirkungen auf die Basisannahmen, Werte und Artefakte von Organisationen haben, die zu einem langsamen, aber beständigen, mehr oder minder starken Organisationskulturwandel führen. Die üblicherweise dabei ablaufenden Prozesse werden in Abbildung 2.15 veranschaulicht.

Den Ausgangspunkt bilden Defizite der bisherigen Orientierungsmuster bei der Bewältigung von Problemen, die zu einer allgemeinen Verunsicherung und einer Infragestellung der bisherigen Basisannahmen und kollektiven Werte führen. Diese Defizite können das Ergebnis von langwierigen, kleinen, oft unmerklichen Veränderungsprozessen, aber auch von abrupten, fundamentalen Veränderungen – z.B. bei Fusionen oder Reorganisationen – sein. In einem solchen Umfeld können bisher nicht dominante Subkulturen an Zuspruch gewinnen oder auch völlig neue Orientierungsmuster in das Organisationsgeschehen Eingang finden. Diese damit verbundenen Basisannahmen und Werte treten in einen Wettbewerb zur bisherigen Organisationskultur. Wenn sich diese neuen Orientierungsmuster als erfolgreicher bei der Bewältigung der organisationalen Aufgaben als die traditionellen Orientierungen erweisen, dann findet eine Verdrängung der alten, erfolglosen Organisationskultur durch die neue, erfolgreichere statt.

Ein solcher Kulturwandel hat einen spontanen, emergenten Charakter, d.h. er wird nicht – oder zumindest kaum – bewusst von der Organisationsleitung gesteuert und führt daher zu nicht vorhersehbaren Ergebnissen. Eine wesentliche Frage, die sich in diesem Zusammenhang stellt, ist daher, ob und auf welche Art und Weise eine Organisationskultur bewusst und gezielt durch die Organisation bzw. die Organisationsleitung verändert werden kann, z.B. als Reaktion auf Defizite der bisherigen Organisationskultur.

---

132 Vgl. SCHREYÖGG 2008, S. 389 ff.

Positive und negative Wirkungen von Organisationskultur

Organisationskulturen haben zweifelsohne beachtliche positive Effekte.[133] Dazu zählt vor allem die Vermittlung von Sinn, Identität und Orientierung im unübersichtlichen Organisationsalltag, die sich positiv auf die Motivation und das Zusammengehörigkeitsgefühl auswirkt und die Stabilität der Organisation erhöht. Die kollektiven Normen und Werte führen zudem zu einer informellen Koordination der Organisationsmitglieder, die mit einem relativ geringen formellen Kontrollaufwand einhergeht. Hinzu kommt die Erleichterung der Kommunikation – insb. über informelle Kanäle – sowie der Entscheidungsfindung, die dazu führt, dass beschlossene Pläne oder Projekte, die mit der Organisationskultur in Einklang stehen, vergleichsweise schnell und effektiv umgesetzt werden können.

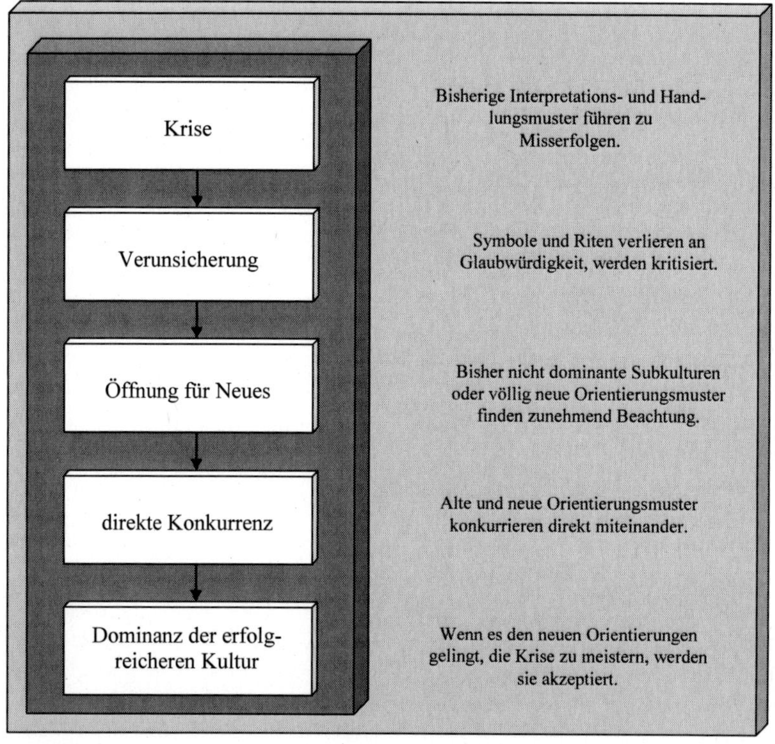

Abb. 2.15 Organisationskulturwandelprozess (SCHREYÖGG 2008, S. 390)

133 Vgl. ROBBINS 2001, S. 515 ff.

Neben diesen positiven Wirkungen können Organisationskulturen aber auch einige negative Wirkungen haben. Als zentrales Problem gilt die Erschwerung von organisationalem Wandel, insb. aufgrund der Angst vor einem Verlust der Sicherheit, die durch die gewohnten und eingespielten Orientierungsmuster vermittelt wird. Organisationen mit einer starken Kultur tendieren außerdem dazu, Kritik und Warnsignale zu ignorieren, und sind stark auf traditionelle Erfolgsmuster fixiert. Problematisch ist zudem der normalerweise stark ausgeprägte interne Zwang zur Konformität sowie die Neigung, neue Orientierungen grundsätzlich abzulehnen – und zwar unabhängig davon, ob sie für die Organisation und ihre Mitglieder schädlich oder förderlich sind.

Folglich lässt sich festhalten, dass die Wirkungspfade von Organisationskulturen komplex und ambivalent sind. Organisationskulturen haben beachtliche positive Wirkungen bei der Bewältigung vertrauter Situationen, allerdings führen sie auch zu einer gewissen organisationalen Starrheit und zu mangelnder Anpassungsfähigkeit, die vor allem bei dynamischen Umweltbedingungen problematisch sein können und somit die Notwendigkeit verdeutlichen, sich mit den Möglichkeiten einer gezielten Veränderung der Organisationskultur auseinanderzusetzen.

Gezielte Veränderung von Organisationskulturen

Die Frage, ob Organisationskulturen bewusst gestaltet bzw. gezielt verändert werden können, ist in der Literatur durchaus umstritten.[134] Die eine Extremposition hält nicht nur die gezielte, schrittweise Veränderung einer existierenden Organisationskultur für machbar, sondern sogar den systematischen und geplanten Neuentwurf einer Organisationskultur nebst anschließender Implementierung. Einem solchen „Kulturmanagement" bzw. „Kulturengineering" hält die andere Extremposition – der „Kulturalismus" – entgegen, dass die historisch gewachsenen, i.d.R. unbewussten kulturellen Orientierungsmuster sich überhaupt nicht systematisch und planmäßig verändern lassen und dass die Einflussnahme auf die kollektiven Werte einer Organisation nicht nur zu völlig unvorhersehbaren Ergebnissen führe, sondern zudem aus normativer Sicht höchst bedenklich sei.

Eine weniger radikale, dafür aber realistischere Perspektive lässt sich als „Kulturentwicklung" umschreiben und positioniert sich zwischen „Kulturengineering" und „Kulturalismus", indem sie die gezielte Veränderung einer Organisationskultur zwar als grundsätzlich möglich, aber als äußerst schwierig erachtet. Veränderungen der Organisationskultur berühren nicht

---

[134] Vgl. NAGEL 2001, S. 26 ff.; SCHREYÖGG 2008, S. 391 ff.

bloß die über Jahre und Jahrzehnte gewachsenen Strukturen und eingespielten Abläufe innerhalb einer Organisation, deren Veränderung – wie weiter unten im Kapitel zum Change Management und zur Organisationsentwicklung noch genauer gezeigt werden wird – für sich genommen schon auf massive Widerstände stößt, sondern zudem die sogenannte kulturelle „Tiefenprogrammierung“, die sich auf einer weitgehend unbewussten in hohem Maße emotionalen Ebene abspielt. Die Möglichkeiten der gezielten Einflussnahme auf die Organisationskultur dürften infolgedessen eingeschränkt sein. Allerdings werden gezielte Interventionen der Organisationsleitung mit dem Ziel, negative Aspekte der Organisationskultur in einem grundsätzlich offenen Prozess zu korrigieren, für möglich gehalten. Eine solche Entwicklung der Organisationskultur lässt sich grundsätzlich in drei Umsetzungsschritte gliedern:

- *Umfassende Analyse der bisherigen Organisationskultur*, um die relevanten Elemente und positiven sowie negativen Wirkungen reflektieren zu können.
- *Verdeutlichung der Defizite der bisherigen Organisationskultur*, um Einsicht in die Notwendigkeit der Veränderungen zu schaffen und die Veränderungsbereitschaft zu erhöhen.
- *Anstöße zur Anpassung der Organisationskultur*, insb. das dauerhafte und nachhaltige Angebot von neuen Orientierungsmustern und die explizite Abschaffung und wiederholte Durchbrechung der alten Symbole, Rituale, Routinen, usw.

Die Auswirkungen einer solchen Organisationskulturentwicklung sind allerdings hochgradig unsicher und von den spezifischen Umständen des Einzelfalls abhängig. Zudem dürfte der Erfolg solcher Maßnahmen erst nach einem langen – u.U. mehrjährigen – Zeitraum erkennbar werden, da Organisationskulturen nicht einfach nur beschlossen und akzeptiert werden, sondern in einem langwierigen Prozess von den Organisationsmitgliedern gelernt werden müssen. Die in der Praxis häufig anzutreffenden Kulturwandelprojekte, die sich lediglich in der Formulierung eines neuen Leitbildes erschöpfen, der anschließend als verbindlich für alle Organisationsmitglieder erklärt wird, dürfte nur in den seltensten Fällen erfolgreich sein.

Gerade bei großen öffentlichen Organisationen wie der Polizei mit einer langen Geschichte und einer tief verankerten Kultur ist davon auszugehen, dass die letzten beiden Umsetzungsschritte massive Widerstände, Konflikte sowie Ängste bis hin zur Verzweiflung innerhalb der Organisation auslösen werden. Angesichts der begrenzten Steuerbarkeit von Organisationskulturen und der erforderlichen langfristigen Perspektive dürften sich zudem oftmals überraschende, ungeplante und womöglich sogar unerwünschte

Wirkungen ergeben. Solche Fehlentwicklungen gilt es dann schnellstmöglich zu identifizieren, zu erörtern und gegebenenfalls zu korrigieren. Letztlich verdeutlichen die bisherigen Ausführungen, dass Interventionen, die auf eine gezielte Einflussnahme auf die Organisationskultur abzielen, angesichts der durchaus beachtlichen Gefahren, die damit verbunden sind, nur mit großer Sorgfalt umgesetzt werden.

Kulturwandel in der Polizei

Die angesprochenen Schwierigkeiten bei der gezielten Einflussnahme auf die Organisationskultur dürften in besonderem Maße für den öffentlichen Sektor im Allgemeinen und die Polizei im Besonderen gelten. So kann die Polizei auf eine lange, traditionsreiche Geschichte verweisen, die die Entstehung einer sehr prägnanten, von einem hohen Anteil der Mitarbeiter verinnerlichten, tief verankerten und somit schwer veränderbaren Organisationskultur begünstigt. Darüber hinaus sprechen die oben bei der Erläuterung von Verwaltungskulturen herausgestellte geringe Innovationsfähigkeit und -bereitschaft von öffentlichen Organisationen und die weitgehende Immunität gegen Lernimpulse ebenfalls für eine hohe Resistenz gegen Veränderungen der Organisationskultur. Zudem haben einige arbeitsrechtliche Spezifika des öffentlichen Sektors – insb. die hohe Arbeitsplatzsicherheit und die geringe Bedeutung von leistungsorientierten Anreizstrukturen – zur Folge, dass Polizeibeamte über besonders gute Möglichkeiten verfügen, Widerstand gegen Veränderungen auszuüben, ohne ernsthafte negative Konsequenzen befürchten zu müssen.

Trotz dieser Schwierigkeiten ist ein Kulturwandel bzw. eine Kulturentwicklung in öffentlichen Organisationen wie der Polizei möglich und in hohem Maße auch erforderlich.[135] Der Erfolg der bereits aktuellen Reformansätze im öffentlichen Sektor – insb. New Public Management (NPM) – dürfte ganz entscheidend davon abhängen, ob es gelingt, den besonderen Merkmalen der Verwaltungs- und Polizeikultur angemessen Rechnung zu tragen. Die zentrale Bedeutung der Organisationskultur im Zusammenhang mit NPM ist zwar in der Fachliteratur unbestritten, allerdings stellt man in der Verwaltungspraxis oftmals fest, dass es im Rahmen solcher Reformprojekte nur ein schwach ausgeprägtes Bewusstsein für kulturelle Aspekte gibt. Insofern dürften die Sensibilisierung der Entscheidungsträger bezüglich der Rolle von Organisationskultur bei Veränderungsprozessen und die Vermittlung von entsprechendem Know-how eine vorrangige Aufgabe im Rahmen von Modernisierungsprojekten sein.

---

135 Vgl. SCHEDLER/PROELLER 2006, S. 265 ff.

Darüber hinaus ist zu klären, in welche Richtung sich die Organisationskultur der Polizei entwickeln sollte, um den zukünftigen Anforderungen gerecht zu werden. Abbildung 2.16 enthält sechs Kulturdimensionen, die eine wandlungsfähige und innovative Verwaltungskultur auszeichnen, die effizientes und effektives staatliches Handeln ermöglicht und langfristig sichert und die daher auch für die Polizei wünschenswert erscheint.[136]

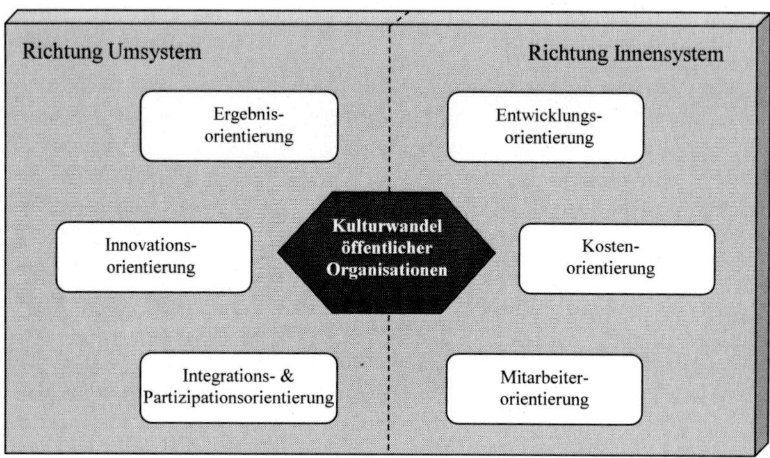

Abb. 2.16 Dimensionen des Kulturwandels öffentlicher Organisationen (THOM/RITZ 2006, S. 81)

Drei dieser Dimensionen – Ergebnisorientierung, Innovationsorientierung sowie Integrations- und Partizipationsorientierung – beziehen sich eher auf das externe Umfeld von öffentlichen Organisationen, während die übrigen drei Dimensionen – Entwicklungsorientierung, Kostenorientierung und Mitarbeiterorientierung – eher einen organisationsinternen Bezug aufweisen.

- *Ergebnisorientierung*: Angesichts des von der Gesellschaft erwarteten effizienten Ressourceneinsatzes ist es zweckmäßig, die Wertschöpfung des öffentlichen Sektors zu verdeutlichen, indem die öffentlichen Leistungen sowie die damit erzielten Wirkungen transparent ermittelt und bekanntgegeben werden.

---

136 Vgl. THOM/RITZ 2006, S. 76 ff.

- *Innovationsorientierung*: Die hohe Umweltdynamik erfordert von öffentlichen Organisationen die Fähigkeit, innerhalb kurzer Zeiträume neuartige Produkte und Verfahren sowie neue Lösungen für gesellschaftliche Probleme zu entwickeln, d.h. eine hohe Lernbereitschaft, Veränderungsfähigkeit und Flexibilität.
- *Integrations- und Partizipationsorientierung*: Die effektive Bewältigung von zahlreichen komplexen öffentlichen Aufgaben erfordert eine Abkehr von der Vorstellung, dass die Verwaltung ihre Aufgaben vollkommen autonom erledigen kann, zu Gunsten von Problemlösungsstrategien, die die Integration von und die Zusammenarbeit mit unterschiedlichen gesellschaftlichen Gruppierungen – insb. Bürger, Verbände, Parteien, internationale Organisationen und privatwirtschaftliche Unternehmen – beinhalten.
- *Mitarbeiterorientierung*: Um den zukünftigen Anforderungen genügen zu können, ist die bisher dominierende, bis ins Detail gesetzlich geregelte Personalarbeit durch ein modernes, integriertes Personalmanagement-Konzept zu ersetzen, das die Arbeitszufriedenheit und die Loyalität der Mitarbeiter als zentrale Bestimmungsfaktoren der Arbeitsleistung in den Mittelpunkt des angestrebten Kulturwandels rückt.
- *Kostenorientierung*: Die sich aus der klassischen Inputsteuerung ergebende schwach ausgeprägte Kostenorientierung der öffentlichen Verwaltung ist mit den Transparenz- und Effizienzanforderungen von NPM nicht vereinbar und erfordert nicht nur ein zeitgemäßes Finanz- und Rechnungswesen, sondern auch einen Mentalitätswechsel, der Wirtschaftlichkeitskriterien höher gewichtet und den sparsamen Umgang mit den von der Gesellschaft zur Verfügung gestellten Ressourcen beinhaltet.
- *Entwicklungsorientierung*: Die bereits angesprochene hohe Umweltdynamik erfordert auch organisationsintern, dass sich die Verwaltung als lernende Organisation versteht und dass sich dieser permanente Lernprozess auch auf individueller Ebene im Rahmen einer Personalentwicklung widerspiegelt, die neben den Organisationszielen auch die Entwicklungswünsche und -bedürfnisse der Mitarbeiter miteinander in Einklang bringt.

Die in Abbildung 2.16 dargestellten Dimensionen des Kulturwandels öffentlicher Organisationen stellen ein „Wunschbild“ der Verwaltungskultur dar, das gegenwärtig sicherlich nicht typisch weder für den öffentlichen Sektor im Allgemeinen noch für die Polizei im Besonderen ist. Vielmehr deuten diese Dimensionen auf die zentralen Defizite der bürokratischen

Verwaltungskultur sowie der Polizeikultur und damit auf wichtige Veränderungsnotwendigkeiten bei anstehenden Reformvorhaben hin. Ein wichtiger Aspekt, der bei solchen Veränderungsprojekten zu berücksichtigen ist, ist die im nun folgenden Kapitel behandelte Mikropolitik.

2.4 Mikropolitik

Der mikropolitische Ansatz – z.T. auch als politischer Prozessansatz bezeichnet – betrifft ähnlich wie die oben erörterte Organisationskultur die informellen Aspekte von Organisationen. Mikropolitik beschäftigt sich mit den informellen Methoden und Techniken, die Organisationsmitglieder einsetzen, um Macht aufzubauen und eigene Interessen zu verfolgen. Typische mikropolitische Taktiken sind z.B. die Bildung von informellen Koalitionen, das Einschüchtern von Konkurrenten oder der Aufbau von Informationsmonopolen. Der mikropolitische Ansatz gehört zu den Teilbereichen der Organisationslehre, die in der näheren Vergangenheit eine besonders hohe Aufmerksamkeit auf sich gezogen haben – und zwar nicht nur von der wissenschaftlichen Seite, sondern wegen der hohen Praxisrelevanz von mikropolitischen Phänomenen auch von der Praxis. Insofern erscheint eine Beschäftigung mit diesem Thema im Rahmen dieses Lehrbuchs geboten.

Dabei wird im Folgenden zunächst auf den Begriff, die Bedingungen und die Bedeutung von Mikropolitik eingegangen (2.4.1), bevor das im Mittelpunkt jedes mikropolitischen Phänomens stehende Thema „Macht“ sowie die Möglichkeiten zum Aufbau von Macht und die Interpretation von Mikropolitik als Machtspiel (2.4.2) behandelt werden. Anschließend werden die wichtigsten mikropolitischen Taktiken vorgestellt (2.4.3), bevor schließlich die positiven und negativen Auswirkungen von mikropolitischen Aktivitäten (2.4.4.) und die Möglichkeiten zur Veränderung von Machtspielen betrachtet werden (2.4.5).

2.4.1 Begriff, Bedingungen und Bedeutung

Begriff und Bedingungen

Mikropolitik bezeichnet das Arsenal an informellen Methoden und Techniken, mit denen die Mitglieder einer Organisation Macht aufbauen und einsetzen, um die eigenen Handlungsspielräume zu erweitern und sich fremder Kontrolle zu entziehen, d.h. um eigene Interessen zu verfolgen.[137] Mikropolitik erklärt somit das Geschehen in Organisationen als Resultat einer spezi-

---

137 Vgl. NEUBERGER 2001, S. 685 ff.

fischen, schwer vorhersagbaren Dynamik zwischen Personen und/oder Gruppen.[138] Insofern ist Mikropolitik ein alltägliches Phänomen in jeder Organisation, das aus dem Vorhandensein von divergierenden Interessen, der daraus resultierenden Entstehung von Konflikten, und dem Aufbau von Macht, um die eigenen Interessen durchsetzen zu können, besteht.

Dass das Verhalten von Personen im Organisationsalltag oftmals mikropolitisch geprägt ist und deutlich von der formalen Organisation abweicht, lässt sich auf mehrere Faktoren zurückführen, die in der Organisationslehre lange Zeit nur unzureichend berücksichtigt wurden.

- *Begrenzte Rationalität:* Aufgrund von Einschränkungen der menschlichen kognitiven Fähigkeiten, Zeitmangel, unvollständiger Information, inkonsistenter Zielsysteme, usw. treffen die Organisationsmitglieder Entscheidungen, die suboptimal in Bezug auf den daraus resultierenden Nutzen sind.
- *Zielkonflikte:* Die Interessen und Ziele der Organisation und der Organisationsmitglieder sind nicht aufeinander abgestimmt und widersprechen sich teilweise.
- *Opportunismus:* Die Organisationsmitglieder verhalten sich nicht nur nutzenmaximierend, sie versuchen darüber hinaus ihre Interessen auch zu Ungunsten anderer Akteure durchzusetzen und nehmen dabei auch List, Tücke und Täuschung in Kauf.
- *Nichtdeterminierter Entscheidungsverlauf:* Das Verhalten der Organisationsmitglieder ist nicht vollständig durch die formale Organisation festgelegt. Vielmehr haben sie aufgrund der Intransparenz und Komplexität des organisationalen Geschehens Handlungsspielräume, die für andere Beteiligte Ungewissheitszonen darstellen.
- *Interdependenz:* Die Entscheidungen der Organisationsmitglieder sind nicht unabhängig voneinander, sondern auf vielfältige Art und Weise miteinander verknüpft. Es gibt dabei keine unilaterale Einflussrichtung (z.B. top-down), sondern multiple vernetzte Einflussquellen. Die dadurch entstehenden komplexen Entscheidungssituationen können von begrenzt rationalen Personen i.d.R. nicht vollständig erfasst werden.
- *Zeitabhängigkeit:* Entscheidungen in Organisationen haben immer eine zeitliche Dimension. Daher können die Kenntnis der Zeitpunkte und der zeitlichen Reihenfolge von Ereignissen und Entscheidungen

---

138 Vgl. SCHREYÖGG 2008, S. 348 ff.

sowie die Möglichkeit der Einflussnahme darauf einen massiven Einfluss auf das Verhalten der Organisationsmitglieder haben.

Die bisherigen Ausführungen verdeutlichen, dass eine enorme Vielzahl von Phänomenen und Verhaltensweisen unter Mikropolitik fallen kann. So kann z.B. das Einschüchtern von Konkurrenten durch dominantes oder aggressives Auftreten mikropolitisch begründet sein, dies kann aber auch für ein schwaches und hilfloses Auftreten mit dem Ziel der Manipulation eines anderen Organisationsmitglieds gelten. Auch kann das Eingehen einer informellen Koalition („Networking") zwar durchaus Mikropolitik darstellen, allerdings muss dies nicht zwangsläufig der Fall sein. Insofern ist stets zu bedenken, dass Mikropolitik keine Beobachtungs-, sondern eine Deutungskategorie ist, d.h. jedes Verhalten kann als mikropolitisch motiviert interpretiert werden – unabhängig davon, ob sachliche oder opportunistische Aspekte tatsächlich im Vordergrund stehen.

Bedeutung

Trotz dieser Schwierigkeiten beim Nachweis von Mikropolitik gilt es mittlerweile als unstrittig, dass ein Großteil der Entscheidungen, die in Organisationen getroffen werden, mikropolitisch geprägt ist. Insofern spielt Mikropolitik sowohl aus theoretischer wie auch aus praktischer Sicht eine zentrale Rolle bei der Erklärung oder zumindest beim Verstehen organisatorischen Handelns. Daher dürften Führungskräfte, die mikropolitische Phänomene leugnen oder diese bei ihren Entscheidungen unberücksichtigt lassen, oftmals kaum in der Lage sein, die Organisation zielorientiert zu steuern.

Diese hohe Bedeutung von mikropolitischen Phänomenen gilt zwar für alle Arten von Organisationen, im öffentlichen Sektor im Allgemeinen und in der Polizei im Besonderen scheint das Thema allerdings besonders relevant zu sein. Faktoren wie z.B. der stark ausgeprägte Kündigungsschutz, die relativ geringe Personalfluktuation, das weitgehende Fehlen von externem Markt- oder Wettbewerbsdruck und Schwierigkeiten bei der Messung des Organisationserfolgs und der Zurechnung von Erfolg und Misserfolg an einzelne Organisationsmitglieder haben zur Folge, dass gerade in der Polizei mikropolitische Taktiken oftmals ein solches Ausmaß erreichen, dass die Führung und Steuerung solcher Organisationen dadurch enorm erschwert wird.

Diese mikropolitisch bedingte mangelnde „Beherrschbarkeit" der Polizei geht mit einer von Führungskräften ebenfalls oft beklagten „Verflüssigung" von öffentlichen Organisationen einher. Dieses Phänomen wird meistens auf die häufigen und langwierigen NPM-Reformen zurückgeführt, die in den letzten Jahrzehnten zu einer Vielzahl an Reorganisationsprojekten geführt haben. Dies hat zur Folge gehabt, dass die formalen Organisationsstrukturen in der Polizei oftmals durch eine informelle, reorganisationsbedingte Parallelorganisation überlagert werden, die in hohem Maße durch permanente und intensive Machtkämpfe um Positionen, Karriere und Einfluss – d.h. durch Mikropolitik – geprägt ist.

2.4.2 Macht, Machtquellen und Machtspiele

Macht

Macht ist ein Kernbestandteil der Mikropolitik und lässt sich in Anlehnung an Max WEBER allgemein definieren als Möglichkeit, in den Handlungsraum anderer zur Erreichung eigener Ziele einzugreifen – auch gegen deren Widerstreben.[139] Im Kontext von Mikropolitik bedeutet Macht folglich die Möglichkeit eines Organisationsmitglieds, den eigenen Interessen in der Organisation Gehör zu verschaffen und Nachdruck zu verleihen. Sie beinhaltet sowohl formale Autorität als auch inoffizielle Autorität. Macht kann einerseits darin bestehen, eine andere Person zu einem bestimmten Verhalten bewegen zu können, andererseits aber auch darin, sich den Ansinnen oder Weisungen von anderen Personen widersetzen zu können.

Jeder Mensch – und damit auch jedes Organisationsmitglied – verfügt über Macht. Dies bedeutet in mikropolitischer Hinsicht, dass Macht stets wechselseitig ist, d.h. dass bei Interaktionen innerhalb einer Organisation alle beteiligten Organisationsmitglieder über die Möglichkeit verfügen, ihren Interessen in einem gewissen Ausmaß Nachdruck zu verleihen. Allerdings ist Macht im Regelfall asymmetrisch verteilt, so dass die Interessen einiger Beteiligter in stärkerem Maße Berücksichtigung finden werden. Zudem ist Macht in dem Sinne stochastisch, dass sie die Durchsetzung der Interessen von bestimmten Akteuren zwar wahrscheinlicher macht, dass der Ausgang von mikropolitischen Prozessen aber dennoch stets unsicher bleibt.

Machtquellen

Macht in Organisationen resultiert aus verschiedenen Quellen.[140] Die wichtigsten Machtquellen werden in Abb. 2.17 veranschaulicht.

Eine wichtige Machtquelle stellt selbstverständlich die formale Organisation dar, die offiziell die Weisungsbefugnisse in Bezug auf bestimmte Ent-

---

139 Vgl. SCHREYÖGG 2008, S. 351 ff.
140 Vgl. ROBBINS 2001, S. 353 ff.

scheidungen festlegt. Zudem ergibt sich aus den formalen Regeln, wer in einer Organisation über die Möglichkeit verfügt, andere Organisationsmitglieder zu belohnen (z.B. Beförderungen) oder zu bestrafen (z.B. Kündigungen), so dass insb. davon ausgegangen werden kann, dass Vorgesetzte über mehr formale Macht verfügen als ihre Mitarbeiter. Neben dieser offiziellen Macht existieren aber weitere, informelle Machtquellen, die die formale Macht unterstützen können, die dieser aber auch entgegenwirken und diese begrenzen können.

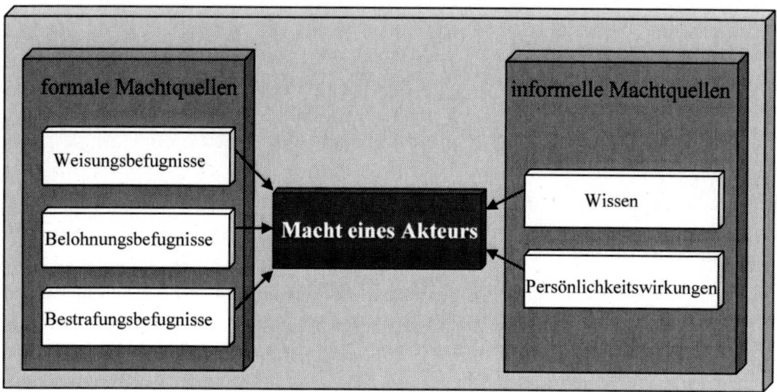

Abb. 2.17 Machtquellen

So kann Wissen – vor allem Fachwissen – eine wichtige Machtquelle darstellen. Verfügt ein Akteur exklusiv über für die Organisation wichtiges Know-how, so kann der Wissensträger relativ autonom entscheiden, ob, wann und auf welche Art und Weise er dieses Fachwissen der Organisation zur Verfügung stellt. Dieser Handlungsspielraum kann andere Akteure vom Wissensträger abhängig machen und ihn in die Lage versetzen, für die Herausgabe des Know-hows Gegenleistungen zu verlangen.

Eine weitere Machtquelle, die allerdings nur schwer objektiv und zuverlässig zu erfassen ist, stellen Persönlichkeitswirkungen dar. Personen, die nach Ansicht von anderen Organisationsmitgliedern über bestimmte, besonders erstrebens- oder begehrenswerte Fähigkeiten oder Eigenschaften verfügen, können aufgrund der ihnen entgegengebrachten Bewunderung Macht über diesen Personenkreis ausüben. Die hiermit gemeinten Persönlichkeitsmerkmale – z.B. attraktives Aussehen, ein imposanter Körperbau oder Redegewandtheit – werden i.d.R. unter dem Begriff „Charisma" gefasst. In der (Makro-)Politik finden sich zahlreiche Beispiele für solche charismatischen Persönlichkeiten, die man auch „politische Naturtalente" bezeichnet. Allerdings verdeutlicht die Tatsache, dass so völlig unterschiedliche Menschen wie Adolf Hitler, Nelson Mandela, Fidel Castro oder Barack Obama als äußerst charismatisch gelten, wie schwierig eine einigermaßen zuverlässige Erfassung dieser zweifelsohne äußerst wichtigen Machtquelle ist.

Machtspiele

Sowohl in der Literatur als auch in der Praxis werden mikropolitische Aktivitäten häufig als „Spiele" bzw. als „Machtspiele" interpretiert.[141] Diese Sichtweise ist allerdings nicht darauf zurückzuführen, dass Mikropolitik „spielerisch" oder „verspielt" im Sinne von „unernst" ist, sondern dass mikropolitische Prozesse einige Merkmale aufweisen, die typisch für Spielsituationen sind.

So treten mikropolitische Akteure miteinander in einen Wettbewerb mit dem Ziel, dabei erfolgreicher als die Konkurrenten zu sein, d.h. „zu gewinnen" bzw. „die Mitspieler zu schlagen". Darüber hinaus ist der Ausgang von mikropolitisch geprägten Entscheidungen stets ungewiss, weil die Organisationsmitglieder gewisse Handlungsspielräume haben, d.h. weder die „Spielzüge" noch ihr Erfolg stehen a priori fest. Zudem ist Mikropolitik an bestimmte formale und informelle Regeln gebunden, d.h. es gibt explizite und implizite „Spielregeln", die den Rahmen für mikropolitische Taktiken abstecken. Die Elemente eines solchen Machtspiels werden in Abbildung 2.18 veranschaulicht und im Folgenden erörtert.[142]

- *Mitspieler:* Mikropolitische Phänomene beruhen auf kollektiven Entscheidungen, die eine Vielzahl von Akteuren innerhalb und außerhalb der Organisation betreffen können. Dies sind zum einen natürlich die Akteure mit formaler Entscheidungskompetenz, d.h. die direkt betroffenen und offiziell für die Entscheidung zuständigen Personen. Darüber hinaus sind i.d.R. aber auch einige Akteure, die nur inoffiziell zu der Entscheidung gehört werden (z.B. Assistenten), sowie Akteure, die mit der Entscheidungsvorbereitung betraut sind (z.B. Stabsstellen), zu berücksichtigen. Außerdem kann es Mitspieler geben, die einen Rechtsanspruch auf Beteiligung haben (z.B. Betriebs- oder Personalrat). Zu den Mitspielern gehören zudem meistens Organisationsmitglieder, die zwar auf den ersten Blick nicht unmittelbar an der Entscheidung beteiligt sind, die aber mittelbar betroffen sind und daher auf eigene Initiative in das Spiel drängen, da-

141 Vgl. CROZIER/FRIEDBERG 1979.

142 Vgl. SCHREYÖGG 2008, S. 351 ff.

mit ihre Interessen angemessen berücksichtigt werden. Eine wichtige Rolle können schließlich auch externe Akteure spielen, deren Interessen auf dem Spiel stehen (z.B. Banken) oder die anderweitig betroffen sind (z.B. Presse).

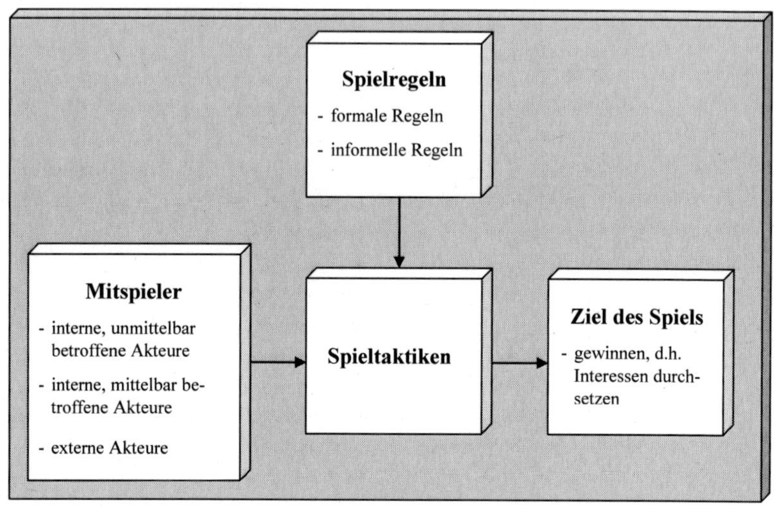

Abb. 2.18 Struktur von Machtspielen

- *Spieltaktiken:* Die mikropolitischen Taktiken bzw. „Spielzüge" stellen die konkreten Handlungsoptionen der an Machtspielen beteiligten Akteure dar, z.B. eine informelle Koalition einzugehen oder einen Konkurrenten durch die Verbreitung von Gerüchten zu isolieren. Wegen der Vielzahl an möglichen Taktiken werden diese im folgenden Abschnitt separat behandelt werden.
- *Spielregeln:* Mikropolitische Prozesse spielen sich keinesfalls in einem regellosen, chaotischen Raum ab. Sie unterliegen vielmehr einer Vielzahl an Regeln, die teilweise aus der formalen Organisation resultieren (z.B. Hierarchie), die sich zu großen Teilen aber aus informellen Konventionen ergeben – insb. aus der Organisationskultur. Dabei gelten für die Mitspieler normalerweise oftmals unterschiedliche Regeln, so dass sich z.B. ein Vorgesetzter durchaus an andere Regeln halten muss als die ihm unterstellten Mitarbeiter. Da die impliziten, informellen Spielregeln interpretationsbedürftig sind, schaffen sie Handlungsspielräume für die beteiligten Akteure und machen

den Ablauf und den Ausgang eines Machtspiels schwer vorhersehbar.

- *Ziel des Spiels:* Auf einer abstrakten Ebene lautet das Ziel solcher Machtspiele „gewinnen". Allerdings unterscheidet sich die Bedeutung des „Gewinnens" für die beteiligten Akteure sehr deutlich in Abhängigkeit der jeweiligen individuellen Interessen. Diese Interessen hängen zum einen natürlich von der Stellung des Akteurs in der formalen Organisation ab, insb. in der Hierarchie sowie in einer bestimmten Abteilung. Zum anderen sind aber auch die persönlichen Motive der Beteiligten zu berücksichtigen, die z.B. auf Karrierestreben, Rivalitäten oder Animositäten zurückzuführen sind.

Die Struktur solcher Machtspiele lässt sich folglich erfassen, indem man die Mitspieler, ihre Ziele und die gültigen Spielregeln identifiziert. Allerdings muss man dabei bedenken, dass mikropolitische Prozesse i.d.R. hochdynamisch sind, so dass die beschriebenen Elemente von Machtspielen sich oft und schnell ändern können. Außerdem sind Machtspiele keine singulären Ereignisse, sondern in Organisationen permanent stattfindende Prozesse, so dass Gewinnen und Verlieren temporäre Zustände sind. Da zudem meistens mehrere Machtspiele gleichzeitig gespielt werden, ist es ratsam, die langfristigen Konsequenzen eines Siegs bzw. einer Niederlage auf andere Spiele abzuschätzen.

Gerade dieser dynamische Charakter von Machtspielen führt im Organisationsalltag dazu, dass Spiele in den meisten Fällen nicht mit einem „totalen" Sieg oder einer „vernichtenden" Niederlage für eine beteiligte Partei enden, sondern im Rahmen von Verhandlungen entschieden werden und zu Kompromissen führen. Solche Kompromisslösungen kommen den Interessen aller beteiligten Akteure zumindest teilweise entgegen und erlauben diesen somit, „das Gesicht zu wahren" und weiter am Spielgeschehen teilzunehmen.

2.4.3 Mikropolitische Taktiken

Nachdem bisher auf einer relativ allgemeinen Ebene erläutert worden ist, was Mikropolitik ist und wie Machtspiele funktionieren, kann nun eine weitere Konkretisierung dieser Thematik erfolgen, indem konkrete mikropolitische Handlungsoptionen bzw. Taktiken dargestellt werden. Allerdings kann eine solche Unmenge an Verhaltensweisen und Phänomenen als Ergebnis von Mikropolitik gesehen werden, dass eine lückenlose oder zumindest erschöpfende Aufzählung möglicher mikropolitischer Taktiken kaum möglich ist. Zur Illustration der bisherigen Ausführungen erscheint eine kurze und skizzenhafte Darstellung der wichtigsten bzw. der am häufigsten verwendeten mikropolitischen Taktiken zweckmäßig.[143]

- *Interessenkonflikte nutzen:* Die Ziele und Interessen der Organisationsmitglieder sind nicht aufeinander abgestimmt, so dass eine mikropolitische Taktik darin bestehen kann, diese Interessenunterschiede zu nutzen und zu lenken. Die wohl am häufigsten verwendete daraus angeleitete Taktik besteht darin, im Rahmen von Verhandlungsprozessen zu Ergebnissen zu finden, die den eigenen Interessen möglichst weitgehend entsprechen, indem z.B. „geblufft“ oder gedroht wird, indem Versprechungen gemacht oder Kompromisse geschlossen werden, bei denen Gegenleistungen für das Entgegenkommen von anderen Akteuren angeboten oder eingefordert werden („Don-Corleone-Prinzip“). Weitere Taktiken können sein: der Aufbau von künstlichen Differenzen bzw. die Verhinderung einer Solidarisierung zwischen Konkurrenten, das Aufzeigen von sog. „Win-Win-Strategien“ und der Appell an „höhere“ verbindende Werte mit der Absicht, bestehende Interessenkonflikte zu überwinden oder zu verschleiern.
- *Macht bündeln:* Die Wahrscheinlichkeit, die eigenen Interessen durchzusetzen, steigt nicht nur durch die Akkumulation von Macht, sondern auch dadurch, dass man sich die Macht anderer Akteure aneignet. Eine zentrale mikropolitische Taktik besteht folglich darin, Koalitionen mit Akteuren mit gleicher oder zumindest ähnlicher Interessenlage einzugehen. In der Praxis besteht dies z.B. darin, Netzwerke zu knüpfen, solidarisch zu handeln, Unterstützung zu vergelten, „Hausmacht“ aufzubauen, indem vor allem Schlüsselpositionen mit Gefolgsleuten besetzt werden, andere Akteure durch gemeinsame Gegner oder gemeinsame Not „zum Schulterschluss bewegen“ oder (bisher) unbeteiligte Akteure (z.B. Personalrat oder Medien) für eigene Anliegen zu gewinnen und in die mikropolitischen Prozesse einzubinden.
- *Macht demonstrieren:* Um die eigenen Interessen durchzusetzen, kommt es nicht nur darauf an, Macht zu besitzen, sondern auch mächtig zu wirken. Daher kann eine erfolgversprechende mikropolitische Taktik darin bestehen, Selbstsicherheit und Durchsetzungsstärke zu signalisieren, dominant aufzutreten und andere Akteure öffentlich herauszufordern, um Stärke und Konfliktbereitschaft zu de-

143 Vgl. NEUBERGER 2001, S. 694 ff.; SCHREYÖGG 2008, S. 355 ff.; ROBBINS 2001, S. 358 ff.

monstrieren und andere zu verunsichern oder sogar einzuschüchtern. Interessanterweise kann aber auch eine genau entgegenlaufende Taktik zum Erfolg führen – nämlich schwach und hilflos zu wirken, um bei anderen Akteuren das „Helfersyndrom" auszulösen.

- *Intransparenz nutzen:* Mikropolitische Taktiken bestehen manchmal darin, die in jeder Organisation existierenden Unsicherheitszonen und die Informationsdefizite der beteiligten Akteure zu lenken und zu nutzen. Eine in der Praxis oft verwendete Taktik besteht darin, Informationskontrolle zu praktizieren, z.B. indem Informationen manipuliert oder gefiltert und Konkurrenten „ausgetrocknet" werden. Intransparente Verhältnisse in einer Organisation ermöglichen es aber auch, Gerüchte, Halbwahrheiten oder sogar Lügen zu verbreiten, um Konkurrenten zu isolieren, auszugrenzen, einzuschüchtern oder um eigene Leistungen besonders positiv darzustellen. Manchmal kann es auch nützlich sein, die Intransparenz bewusst zu erhöhen, indem z.B. Fachjargon, Spezialausdrücke oder Fremdsprachen eingesetzt werden. Auch das „sich dumm Stellen" bzw. der gerade im Kontext von öffentlichen Organisationen oft erwähnte „Dienst nach Vorschrift" beruht auf fehlender Transparenz.
- *Zeitdimension nutzen:* Zeit ist in Organisationen eine wichtige Ressource und stellt daher eine wichtige Machtquelle dar. Dementsprechend kann es aus mikropolitischer Sicht zweckmäßig sein, einen „langen Atem" zu haben, z.B. indem man Vorschläge und Ideen immer wieder und wieder vorträgt und sich durch Misserfolge nicht entmutigen lässt. Weitere zeitbezogene Taktiken können darin bestehen, Entscheidungen zu verzögern, Termine zu setzen, zu verschieben oder nicht einzuhalten, um den entstehenden Überraschungsvorteil zu nutzen, oder provisorische Zwischenlösungen mit der Absicht vorzuschlagen, dass langfristig daraus eine Dauerlösung wird.

Die Vielzahl an angesprochenen mikropolitischen Taktiken verdeutlicht, dass Mikropolitik in Organisationen ein alltägliches Phänomen darstellen dürfte. Allerdings handelt es sich um ein Phänomen, das nur selten im Organisationsalltag thematisiert wird. Die Themen Macht und insb. Machtspiele sind im Allgemeinen negativ behaftet und werden i.d.R. tabuisiert. Daher weisen Organisationsmitglieder normalerweise die Verfolgung von eigenen Interessen – womöglich sogar zu Lasten der Organisationsziele – weit von sich und führen stattdessen sachliche, objektive, mit den Organisationszielen in Einklang stehende Motive für ihre Entscheidungen an. Da Mikropolitik eine Deutungskategorie ist und jedes Verhalten mikropolitisch interpretiert werden kann, ist der objektive Nachweis mikropolitisch motivierter Entscheidungen i.d.R. kaum möglich. Tatsächlich ist es sogar oftmals so, dass mikropolitische Taktiken intuitiv eingesetzt werden, so dass den Akteuren ihr mikropolitisches Verhalten gar nicht bewusst ist.

Verstärkt wird diese Tabuisierung von Machtspielen dadurch, dass Mikropolitik nicht auf Aufklärung angelegt ist, sondern geradezu eine gewisse Intransparenz der organisatorischen Verhältnisse voraussetzt. Werden mikropolitische Taktiken aufgedeckt bzw. offiziell diskutiert, verlieren sie an Effektivität, da durch Verständigung das mikropolitische Geschehen bezeichnet, gedeutet und rechtfertigungspflichtig wird. Zudem dürfte Mikropolitik so weit verbreitet sein, dass jedes Organisationsmitglied nach einer gewissen Betriebszugehörigkeit in mehr oder weniger starkem Ausmaß daran beteiligt ist, so dass man bei einer bewussten Offenlegung von Machtspielen auch die Offenlegung der eigenen „Verstrickung" riskiert. Daher muss als typisches Merkmal des mikropolitischen Ansatzes festgehalten werden, dass Machtspiele zwar ein alltägliches Phänomen in Organisationen sind, dass sie aber „das Licht der Öffentlichkeit scheuen"[144] und i.d.R. nicht thematisiert werden.

2.4.4 Auswirkungen von Mikropolitik

In Bezug auf die Frage, wie die Auswirkungen von mikropolitischen Prozessen auf die Organisation zu bewerten sind, lassen sich zwei konträre Grundpositionen unterscheiden. Die eine Grundposition betrachtet Mikropolitik als „Schmuddelecke der Organisation"[145], deren Praktizierung zu Unmoral, Egoismus, Lug und Trug und damit zu regellosem Chaos führt. Dieser negativen Bewertung von Mikropolitik schließen sich die Vertreter der anderen Grundposition nicht an, die im Gegensatz dazu die These vertreten, dass Machtspiele „kein unerklärliches Krebsgeschwür im ansonsten gesunden Organismus des Unternehmens, sondern unausweichlicher Bestandteil organisierten sozialen Handelns ist"[146] und dass sie für die Organisation nicht nur nützlich, sondern sogar unverzichtbar sei. Um diese beiden Extrempositionen nachvollziehen zu können, sollen im Folgenden die positiven wie auch die negativen Auswirkungen, die mikropolitischen Prozessen oftmals zugeschrieben werden, kurz erläutert werden.[147]

---

144 SCHREYÖGG 2008, S. 358.

145 NEUBERGER 2001, S. 689.

146 NEUBERGER 2001, S. 694.

147 Vgl. SCHREYÖGG 2008, S. 358 ff.; BONE-WINKEL 1997, S. 217 ff.; NEUBERGER 2001, S. 689 ff.

Positive Auswirkungen

Befürworter der Mikropolitik sehen Machtspiele üblicherweise als eine unter vielen Techniken zur Steuerung von Organisationen. Demzufolge wären mikropolitische Taktiken ein legitimes Instrument, das von den Organisationsmitgliedern ebenso wie z.B. Organisationsgestaltung, Personalführung oder Teambuilding eingesetzt werden kann, um die Organisation zu steuern. Unter der Vielzahl an Steuerungstechniken in Organisationen wird Mikropolitik eine äußerst wichtige Rolle zugewiesen, nämlich als unverzichtbarer Mechanismus zur Korrektur von Mängeln anderer Steuerungssysteme. Da Organisationen zu komplex sind, um sie vollständig und lückenlos formal zu erfassen, kommt Machtspielen die Aufgabe zu, dafür zu sorgen, dass die nicht formal geregelten, aber für Funktionieren der Organisation nichtsdestotrotz erforderlichen Prozesse auch stattfinden.

Darüber hinaus wird mikropolitischen Prozessen eine Vielzahl an weiteren, positiven Auswirkungen zugeschrieben. So soll Mikropolitik insb. dazu beitragen, veraltete Routinen infrage zu stellen, alternative Machtpotenziale aufzubauen, die Flexibilität, aber auch die Robustheit und Stabilität der Organisation zu erhalten, übersteigerter Systemkonformität entgegenzuwirken, den Wettbewerb um Wissen und Einfluss zu stimulieren, die innerorganisatorischen Austauschprozesse zu intensivieren, eine Atmosphäre der Wachsamkeit und Offenheit zu schaffen, und ein Forum zur Austragung von Konflikten zu schaffen.

Negative Auswirkungen

Demgegenüber stehen die Gegner des mikropolitischen Ansatzes, die eher die mit Machtkämpfen verbundenen Nachteile hervorheben. Besonders problematisch wird dabei die Tatsache gesehen, dass Mikropolitik eine Deutungskategorie ist, so dass im Prinzip jedes Verhalten eines Organisationsmitglieds als Ergebnis von mikropolitischen Überlegungen interpretiert werden kann. Einige Befürworter von Mikropolitik vertreten daher sogar die Ansicht, dass rationales, fundiertes Argumentieren eine mikropolitische Taktik sei, weil die Betroffenen lediglich den Anschein von Rationalität und Objektivität erwecken wollen, während sie in Wirklichkeit ihre eigenen Interessen verfolgen.[148] Es ist offensichtlich, dass eine solche Interpretation auf Dauer zu massivem Misstrauen und Feindseligkeit innerhalb der Belegschaft und damit eine Verschlechterung des Organisationsklimas zur Folge haben dürfte.

---

148 Vgl. NEUBERGER 2001, S. 706

Kritisch gesehen wird zudem die von den Befürwortern von Mikropolitik angeführte Behauptung, dass Machtspiele in Organisationen nicht nur alltäglich, natürlich und unvermeidlich, sondern zudem für die Organisation nützlich oder sogar unverzichtbar seien. Dies glorifiziert eigennütziges Verhalten der Organisationsmitglieder und dürfte zu einer sehr partikularistischen und egoistischen Atmosphäre und damit zu einer Aushöhlung zentraler Werte der meisten Organisationen führen. Zudem ignoriert diese Perspektive, dass eine Organisation, deren Mitglieder ihren eigenen, persönlichen Interessen permanent Vorrang gegenüber den Organisationsinteressen einräumen, kaum die Organisationsziele erreichen und daher auf Dauer ihre Existenzberechtigung verlieren wird.

Weitere negative Auswirkungen, die mikropolitischen Prozessen oftmals zugeschrieben werden, sind Verschwendung und Verbrauch von Ressourcen für Machtkämpfe, die Verzögerung von Entscheidungen durch ausufernde Verhandlungsprozesse, voreingenommene und unvollständige Problemanalysen sowie die Gefahr von einseitigen und nahezu irreversiblen Machtkonzentrationen in einer Person oder Koalition.

2.4.5 Veränderung von Machtspielen

Die bisherigen Ausführungen haben gezeigt, dass ein angemessener Umgang mit dem Thema Mikropolitik angesichts der Vielzahl an positiven sowie negativen Auswirkungen von Machtspielen äußerst schwierig ist. Angesichts der auch von den Gegnern des mikropolitischen Ansatzes akzeptierten Tatsache, dass Machtspiele in Organisationen unvermeidlich sind und daher nicht komplett unterbunden werden können, geht es aus Sicht einer Führungskraft folglich lediglich um die Frage, ob Mikropolitik passiv hingenommen, eingedämmt oder gefördert werden sollte.[149] Die Antwort auf diese Frage kann allerdings nicht auf einer allgemeinen Ebene gegeben werden, sondern hängt von den spezifischen Charakteristika – insb. von Aufgaben und Zielen – einer Organisation ab.

Auf einer allgemeinen Ebene lässt sich zunächst festhalten, dass Machtspiele ein quasi-rationaler Filter für Relevanz sein können, weil die Intensität von mikropolitischen Phänomenen oftmals darauf hindeutet, dass die betroffenen Handlungs- und Aufgabenfelder den beteiligten Organisationsmitgliedern besonders wichtig sind. Insofern können Machtspiele der Führungskraft wichtige Informationen über die Interessen- und Motivationslage ihrer Mitarbeiter liefern, so dass eine Analyse der mikropolitischen

---

[149] Vgl. KÜHL/SCHNELLE 2001, S. 16 ff.

Aktivitäten in einer Organisation auch dann zweckmäßig sein dürfte, wenn kein Einfluss auf die Machtspiele genommen werden soll.

Eine Veränderung von Machtspielen in Organisationen ist zwar kompliziert und riskant, sie ist aber durchaus möglich. Führungskräfte in Organisation haben in diesem Zusammenhang z.B. die Möglichkeit, nach einer gründlichen Analyse der Machtverhältnisse „Spielfelder" zu bilden, in denen Konflikte ausgetragen und eine Verständigung erzielt werden kann. Sie können aber auch die Spielregeln verändern oder die Austragungsformen „zähmen", um die oben angesprochenen negativen Folgen von Mikropolitik zumindest abzumildern. Allerdings ist dabei zu bedenken, dass es i.d.R. kaum möglich ist, die Auswirkungen dieser Veränderungen der Machtspiele eindeutig abzuschätzen, so dass die neuen Spielregeln unvorhergesehene und unerwünschte Konsequenzen haben können. Oftmals sollte daher besser auf die Veränderung von Machtspielen verzichtet werden.

Nichtsdestotrotz ist es unstrittig, dass es Organisationen gibt, die mikropolitische Prozesse bewusst fördern. Um dies zu erreichen werden i.d.R. Maßnahmen ergriffen, die Komplexität, Intransparenz und Zeitdruck steigern und gleichzeitig eine ganz eindeutige persönliche Erfolgsverantwortlichkeit festlegen. Die wohl am häufigsten verwendete, darauf abzielende organisatorische Maßnahme ist die Etablierung von Konkurrenzbeziehungen. So kann z.B. die in einigen Organisationen übliche und offen kommunizierte Einstellungspolitik, mehr Neueinstellungen vorzunehmen als langfristig Mitarbeiter benötigt werden, um nach einer gewissen Zeit – i.d.R. die Probezeit – eine „Bestenauslese" durchführen zu können, sicherlich als mikropolitik-fördernde Maßnahme bezeichnet werden. Hierbei werden die Mitarbeiter nicht primär an ihrer absoluten Leistung, sondern an ihrer relativen Leistung im Vergleich zu ihren Konkurrenten gemessen, so dass Anreize gesetzt werden, mikropolitische Taktiken zu praktizieren, die den Konkurrenten schaden. Eine ähnlich mikropolitik-fördernde Wirkung kann auch die Einführung von stark erfolgsabhängigen Belohnungssystemen haben, wie sie insb. im Vertriebsbereich oftmals zum Einsatz kommen.

Ob solche organisatorischen Maßnahmen, die in bestimmten Organisationen und unter bestimmten Rahmenbedingungen durchaus erfolgreich sein können, allgemein empfehlenswert sind, muss allerdings angezweifelt werden. Vielmehr ist davon auszugehen, dass die gezielte Förderung von Mikropolitik i.d.R. eine hochriskante Maßnahme darstellt, die in den meisten Organisationen nicht zweckmäßig sein dürfte. Dies ist vor allem für öffentliche Organisationen wie der Polizei zu vermuten, da hier die beiden wichtigsten Faktoren, die ein Ausufern von mikropolitischen Prozessen verhindern, eine untergeordnete Rolle spielen. Zum einen sehen sich öffentliche

Organisationen i.d.R. nur einem geringen Marktdruck gegenüber, so dass sie nicht befürchten müssen, dass sie aufgrund von exzessiven Machtspielen nicht genügend Gewinn erzielen und insolvent werden. Zum anderen verfügen die Mitarbeiter von öffentlichen Organisationen i.d.R. über einen relativ starken Kündigungsschutz und leistungsunabhängige Beförderungssysteme, so dass sie kaum befürchten müssen, wegen exzessiver mikropolitischer Aktivitäten sanktioniert zu werden.

Dementsprechend ist davon auszugehen, dass in der Polizei eher zu viel als zu wenig Mikropolitik stattfindet. Da Mikropolitik letztlich nicht komplett unterbunden werden kann, ist es Aufgabe der Führungskraft, die Organisation vor extremen und schädlichen mikropolitischen Prozessen zu schützen. Mikropolitik sollte unbedingt eingedämmt oder zumindest kanalisiert werden, wenn sie solche Ausmaße und Formen annimmt, dass zentrale Werte der Organisation ausgehöhlt werden, sich das Organisationsklima dauerhaft verschlechtert und letztlich die Erreichung der Organisationsziele deutlich erschwert wird. Eine solche Eindämmung kann z.B. durch formale organisatorische Regeln, mehr Transparenz oder einer Stärkung der Organisationskultur erfolgen. Allerdings kann dies nur erfolgreich sein, wenn die Führungskraft für das Thema Mikropolitik sensibilisiert ist, so dass sie mikropolitische Prozesse und die ihnen zugrunde liegenden Interessen und Machtstrukturen erkennen kann. Insofern erscheint eine intensive Auseinandersetzung mit dem mikropolitischen Ansatz für eine erfolgreiche Managementtätigkeit in der Polizei unverzichtbar.

2.5 Change Management und Organisationsentwicklung

Die folgenden Ausführungen beschäftigen sich mit dem Thema Wandel und insb. mit der Frage, wie die Veränderung einer Polizeibehörde erfolgreich bewältigt werden kann. Angesichts der hohen Umweltdynamik, die heutzutage für nahezu alle Bereiche der Gesellschaft und damit auch für die Polizei gilt, und der Tatsache, dass der Erfolg einer Organisation in erheblichem Maße von ihrer Fähigkeit abhängt, sich an veränderte Umweltbedingungen anpassen zu können, ist davon auszugehen, dass die Bewältigung organisatorischer Veränderungen eine zentrale Herausforderung für Führungskräfte in der Polizei darstellt. Da dem öffentlichen Sektor darüber hinaus i.d.R. ein Wandlungs- und Flexibilitätsdefizit attestiert wird[150], erscheint eine Beschäftigung mit diesem Themengebiet im Rahmen dieses Lehrbuchs unerlässlich.

---

150 Vgl. THOM/RITZ 2006, S. 51.

Dabei wird im Folgenden zunächst die traditionelle Perspektive der Organisationslehre auf organisatorischen Wandel dargestellt (2.5.1). Anschließend werden die Gründe für Widerstand gegen Wandel (2.5.2) sowie die möglichen Ansatzpunkte für die Überwindung dieser Widerstände (2.5.3) erörtert. Abschließend wird das Konzept der Organisationsentwicklung beschrieben und auf einige wichtige Modelle innerhalb dieses Konzepts eingegangen (2.5.4).

2.5.1 Traditionelle Perspektive auf organisatorischen Wandel

Trotz der eben erwähnten theoretischen und praktischen Relevanz von organisatorischen Wandelphänomenen war der Beitrag der Organisationslehre zur Lösung der bei Veränderungsprozessen auftretenden Probleme lange Zeit höchst unbefriedigend. Die „traditionelle" Organisationslehre hat die Veränderung einer Organisation nämlich lange Zeit ausschließlich als planerisches Problem betrachtet.[151] Diese Perspektive auf den organisatorischen Wandel wird in Abbildung 2.19 veranschaulicht.

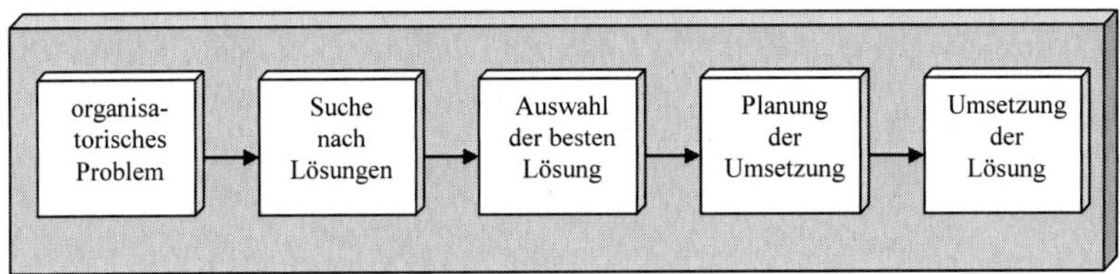

Abb. 2.19 Organisationaler Wandel als planerisches Problem (SCHREYÖGG 2008, S. 404)

Gemäß dieser Sichtweise stehen die Bestimmung der optimalen organisatorischen Alternative und damit die oben in Kapitel 2.2 angesprochenen Probleme der Organisationsgestaltung – z.B. Fragen der Dezentralisierung oder der Prozessorientierung – im Mittelpunkt des Interesses, während die organisatorische Umsetzung der optimalen Alternative kein organisatorisches Problem, sondern ein Problem der Planung ist. Die Implementierungsphase wurde in der „traditionellen" Organisationslehre oftmals lediglich in der Form berücksichtigt, dass den Organisationsmitgliedern bei organisatorischen Veränderungen eine gewisse Toleranzzeit eingeräumt wurde, um sich an die veränderte Situation gewöhnen zu können, bevor die neue organisatorische Lösung für alle verbindlich wird.

---

151 Vgl. SCHREYÖGG 2008, S. 403 f.

Obwohl der in Abbildung 2.19 dargestellte Ablauf ohne Zweifel formal korrekt ist, erweist sich eine solche Betrachtungsweise für die Organisationspraxis als wenig hilfreich. Veränderungsprozesse in privaten wie in öffentlichen Organisationen laufen i.d.R. nicht schematisch-linear ab und lassen sich oftmals kaum mit den geplanten Veränderungsschritten in Einklang bringen. Zum einen kommt es bei Wandelprozessen häufig zu unvorhergesehenen Ereignissen, die ihren Ursprung außerhalb der Organisation haben und die mehr oder weniger deutliche Anpassungen der geplanten Abläufe zur Folge haben. Zum anderen kommt es im Rahmen von Reorganisationen auch immer wieder zu intern verursachten, unvorhergesehenen Ereignissen, die auf Veränderungswiderstand von Seiten der Organisationsmitglieder zurückzuführen sind. Diese wehren sich oftmals gegen die neue organisatorische Lösung und halten an den bisherigen, eingespielten Abläufen fest, was sich insb. in massiven Verzögerungen der Wandelprozesse niederschlägt und wohl in nicht unerheblichen Maße zur oft beklagten „Verflüssigung" von öffentlichen Organisationen aufgrund permanenter Reorganisationen geführt hat. Eine Korrektur dieser „Planungsfehler" durch eine bessere oder genauere Planung des organisationalen Wandels scheitert normalerweise an der Komplexität der Ursachen für das Scheitern der Planung.

Um organisationale Veränderungsprozesse dennoch erfolgreich umsetzen zu können, geht die moderne Organisationslehre daher mit einem veränderten Grundverständnis an diese Thematik heran. Organisationaler Wandel wird nun nicht mehr als Planungsproblem gesehen, sondern als eigenständiges und zentrales Teilgebiet der Organisationslehre.

2.5.2 Widerstand gegen Wandel

Um organisationale Veränderungsprozesse erfolgreich gestalten zu können, ist es zunächst erforderlich, die Ursachen für die üblicherweise auftretenden Widerstände gegen Wandel zu verstehen.[152] Einen Überblick über die wichtigsten Ursachen für Veränderungswiderstände gibt Abbildung 2.20. Wie man erkennen kann, lassen sich die fünf dargestellten Ursachen für Widerstand gegen Wandel zwei Gruppen zuordnen. Auf der einen Seite gibt es rationalen Widerstand von Organisationsmitgliedern gegen eine offensichtliche, objektive Verschlechterung ihrer Situation. Hierzu gehören

- *Wissensbarrieren*, die auf Informationsdefizite der Organisationsmitglieder in Bezug auf die geplanten Veränderungsprozesse sowie

152 Vgl. THOM/RITZ 2006, S. 95 ff.

auf die Arbeitsbedingungen nach der Reorganisation zurückzuführen sind,

- *Fähigkeitsbarrieren*, die auf Qualifikationsdefizite bei den betroffenen Organisationsmitgliedern zurückzuführen sind, wobei es sich sowohl um konkrete Defizite bei der Gestaltung des Wandels als auch um drohende Defizite bei der Bewältigung von neuen Aufgaben nach der Reorganisation handeln kann, sowie
- *Systembarrieren*, die auf fehlende Ressourcen – insb. Finanz- und Sachmittel, Personal und Zeit – während und nach der Reorganisation zurückzuführen sind.

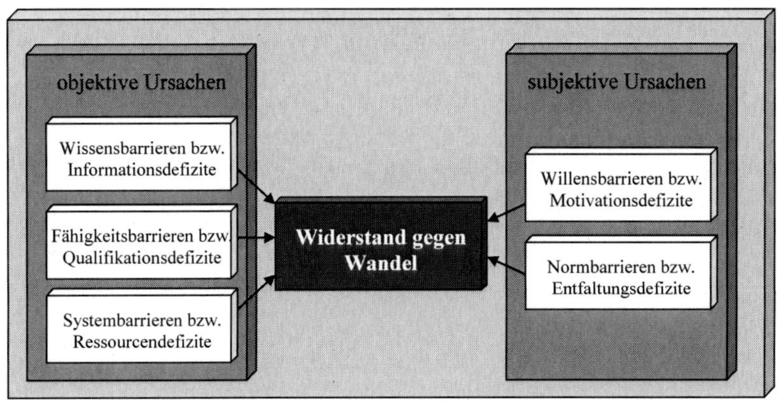

Abb. 2.20 Widerstand gegen Wandel (THOM/RITZ 2006, S. 98)

Diese drei Faktoren sind zwar ohne jeden Zweifel von hoher Bedeutung für das Gelingen von organisatorischem Wandel, allerdings spielen die entsprechenden Veränderungsbarrieren in der Organisationslehre und im Public Management eine eher untergeordnete Rolle, da die Ansatzpunkte für ihre Überwindung relativ offensichtlich sind. Wesentlich interessanter ist hingegen der eher subjektiv geprägte Widerstand gegen organisatorische Änderungen, die keinen unmittelbaren objektiven Nachteil für die Beteiligten erkennen lassen, so dass der Widerstand möglicherweise unberechtigt bzw. irrational ist. Hierzu gehören

- *Willensbarrieren*, die auf eine defizitäre Motivation der Organisationsmitglieder, die geplanten Veränderungen zu akzeptieren und umzusetzen, zurückzuführen sind, und
- *Normbarrieren*, die darauf zurückzuführen sind, dass die Organisationskultur und die bisherige Machtverteilung nicht mit den geplanten

Veränderungsprozessen kompatibel sind, was sich insb. in Entfaltungsdefiziten der Belegschaft widerspiegelt.

Diese beiden letztgenannten Faktoren sind von entscheidender Bedeutung, um organisationalen Wandel erfolgreich bewältigen zu können, und zudem hochkomplexe Phänomene, so dass ergänzende Ausführungen angebracht sind.[153]

Willensbarrieren

Eine psychologische Erklärung der angesprochenen Willensbarrieren liefert die Reaktanztheorie.[154] Dabei wird davon ausgegangen, dass Individuen in Organisationen die Freiheit haben, bestimmte Verhaltensweisen auszuführen. Wird diese Freiheit z.B. durch organisationalen Wandel eingeschränkt oder droht eine Einschränkung, entsteht das psychische Bedürfnis, diese Freiheit wiederherzustellen. Man bezeichnet dieses Bedürfnis als Reaktanz. Als Konsequenz zeigen Individuen Verhaltensweisen, die darauf abzielen, die wahrgenommene Freiheitseinengung wieder aufzuheben, d.h. die Veränderungsprozesse zu blockieren, um die bisherigen Abläufe beizubehalten.

Eine andere Erklärung sieht Widerstand gegen Veränderungen als eine emotionale Sperre an, die im Wesentlichen auf Angst auf Seiten der Organisationsmitglieder zurückzuführen ist. Gemeint ist damit zum einen die generelle Angst, die in den bisherigen Organisationsstrukturen erworbene Sicherheit zu verlieren und sich einer Situation der Ungewissheit aussetzen zu müssen. Dazu gehört zum anderen aber auch die etwas spezifischere Angst, dass „eingeschliffene" Gewohnheiten und organisationale Routinen mit hohem Befriedigungswert im Rahmen der Reorganisation in Frage gestellt werden und möglicherweise verloren gehen, was Frustrationen zur Folge haben kann.

Ein weiterer Erklärungsansatz betont wiederum, dass Ersterfahrungen oftmals unbewusst Vorrang vor neuen Erfahrungen gegeben wird, so dass geplante Veränderungsprozesse eine hohe Wahrscheinlichkeit haben, auf Skepsis oder Ablehnung zu stoßen. Insgesamt bewirken diese Faktoren oftmals ein rückwärtsgewandtes Festklammern an den bisherigen Routinen und eine Verklärung der alten Situation zur „goldenen" oder „guten alten Zeit".

---

153 Vgl. SCHREYÖGG 2008, S. 405 ff.

154 Vgl. BREHM/BREHM 1981.

Normbarrieren

Die oben angesprochenen Normbarrieren gegen organisationalen Wandel sind in hohem Maße auf organisationskulturelle Aspekte zurückzuführen. Schon die Definition von Organisationskultur als kollektive Orientierungsmuster mit starker Beharrungstendenz deutet darauf hin, dass von ihr eine hemmende Wirkung auf Veränderungsprozesse ausgehen dürfte. Die Bedeutung dieses Effekts hängt zum einen vom Ausmaß und vom Inhalt des geplanten Wandels ab, da umfassende und grundlegende Reorganisationen i.d.R. stärker kulturverändernd wirken als kleinere Reorganisationen, und zum anderen von der Stärke der Organisationskultur. Gerade in der Polizei, wo sich eine ausgesprochen starke Organisationskultur entwickelt hat und wo ein Großteil der Reorganisationen auf NPM-Reformen zurückzuführen ist, deren Managementorientierung eindeutig mit der in der Polizei traditionell dominierenden bürokratischen und professionellen Orientierung in Konflikt steht, ist daher von massiven organisationskulturell bedingten Widerständen gegen organisationalen Wandel auszugehen.[155]

Weiterhin zu beachten ist schließlich, dass organisationale Veränderungsprozesse die informellen Status- und Prestigehierarchien in Frage stellen, was i.d.R. mikropolitische Aktivitäten zur Folge hat. Während im Status Quo die Machtbeziehungen zwischen den Organisationsmitgliedern relativ stabil und die Spielregeln relativ klar sind, stellen organisationale Veränderungsprozesse eine Aufkündigung dieses Status Quo dar. Reorganisationen decken oftmals die bestehenden Machtverhältnisse auf und stellen diese sowie die bisherigen Spielregeln in Frage. In diesem Sinne können Veränderungsprozesse als Meta-Spiele interpretiert werden, im Laufe derer die Spielregeln für zukünftige Machtspiele definiert werden, so dass sie sehr viele und sehr intensive mikropolitische Aktivitäten auslösen.[156] Angesichts der schon im vorhergehenden Kapitel erörterten hohen Bedeutung des Themas Mikropolitik im öffentlichen Sektor ist davon auszugehen, dass die erfolgreiche Umsetzung von organisationalen Veränderungen in der Polizei ohne eine Auseinandersetzung mit mikropolitischen Phänomenen kaum möglich sein dürfte.

2.5.3 Überwindung des Widerstands gegen Wandel

Von elementarer Bedeutung für die Beantwortung der Frage, wie sich Widerstand gegen Veränderungen überwinden lässt, waren die frühen Studien

---

155 Vgl. CHRISTE-ZEYSE 2007, S. 175 ff.

156 Vgl. KÜHL/SCHNELLE 2001, S. 16 ff.

von KURT LEWIN in den 1940er Jahren.[157] Diese Arbeiten beschäftigen sich zwar nicht direkt mit Reorganisationen, sondern mit der Veränderung von menschlichem Verhalten (z.B. Überwindung von Speiseabscheu), nichtsdestotrotz lassen sich die dabei gewonnenen Erkenntnisse sehr gut auf organisationalen Wandel übertragen und bilden bis heute den Kern der meisten Organisationsentwicklungskonzepte. LEWINs Experimente zeigten, dass die Veränderungsbereitschaft von Personen bzw. die Bereitschaft zu organisatorischem Wandel im Wesentlichen von drei Faktoren abhängt:

- *Teilnehmeraktivierung*: Der Widerstand gegen Wandel nimmt deutlich ab, wenn die Beteiligten das Veränderungsgeschehen nicht nur passiv erleben, sondern aktiv daran beteiligt werden. Die Veränderungsbereitschaft steigt demzufolge, wenn frühzeitig und fortlaufend über die geplanten Veränderungen informiert wird, wenn die Veränderung begreifbar gemacht wird, wenn die betroffenen Mitarbeiter an den Veränderungsentscheidungen und -prozessen beteiligt wird, und wenn Einverständnis über die Wandelnotwendigkeit besteht.
- *Aktivierung von Gruppenkräften*: Die Bildung von Gruppen und ihre Nutzung als Wandelmedium tragen dazu bei, dass die beteiligten Organisationsmitglieder die anstehenden Veränderungen als weniger furchteinflößend empfinden, was wiederum den Widerstand gegen Veränderungen reduziert.
- *Zyklische Implementierung*: Erfolgreicher und reibungsloser organisationaler Wandel zeichnet sich dadurch aus, dass vor der Umsetzung der eigentlichen Veränderung eine Auftau- bzw. Destabilisierungsphase („unfreezing“) zur Schaffung von Wandelbereitschaft vorgesehen wird und dass sich an die eigentliche Veränderung eine Beruhigungs- bzw. Stabilisierungsphase („freezing“) zur Festigung der neuen Strukturen und Prozesse anschließt. Dieses sog. „Lewinsche Änderungsgesetz“ wird in Abbildung 2.21 veranschaulicht.

In öffentlichen Organisationen wie der Polizei ist die Umsetzung dieser Empfehlungen zur Überwindung von Widerstand gegen Wandel allerdings besonders schwierig.[158] Zum einen sind Polizeibehörden oftmals sehr groß, was die Umsetzung von Bottom-up-Verfahren und die umfassende Beteiligung der gesamten Belegschaft erschwert. Zum anderen ist der Partizipations- und Teamgedanke in den Organisationskulturen wie auch im Führungsalltag in der Polizei zurzeit – trotz des weiter unten genauer zu erläu-

---

157 Vgl. LEWIN 1943, S. 35 ff.; SCHREYÖGG 2008, S. 409.

158 Vgl. THOM/RITZ 2006, S. 101 ff.

ternden Kooperativen Führungssystems – eher schwach ausgeprägt. Im Ergebnis führt dies dazu, dass Reorganisationsmaßnahmen nicht nur von den obersten Hierarchieebenen initiiert werden, sondern dass dieser Personenkreis auch die gesamte Umsetzung der organisatorischen Veränderungen dominiert, was im Hinblick auf die Überwindung der Widerstände gegen Wandel offensichtlich nicht optimal ist.

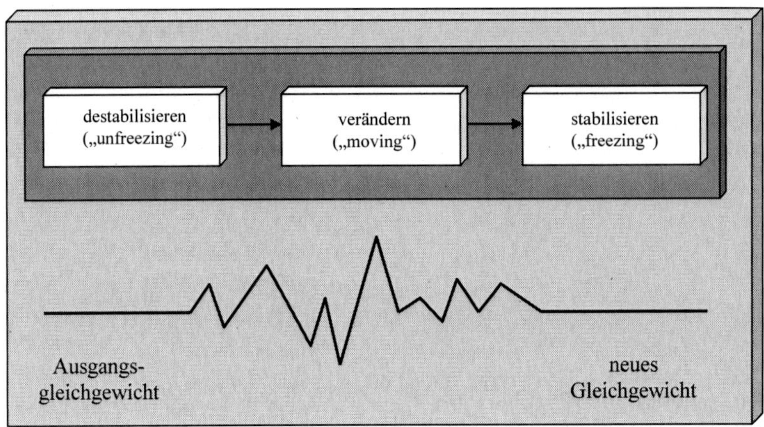

Abb. 2.21 LEWINs organisationales Änderungsgesetz (SCHREYÖGG 2008, S. 413)

Weiterhin ist zu bedenken, dass das in Abbildung 2.21 abgebildete organisationale Änderungsgesetz von LEWIN mittlerweile in die Kritik geraten ist. LEWINs Änderungsgesetz entspricht dem allgemeinen theoretischen Modell des Punktuierten Gleichgewichts, dessen Kerngedanken sich auch z.B. in der Wissenschaftstheorie, der Evolutionstheorie und der Physik wiederfinden.[159] Organisatorischer Wandel ist demnach eine Übergangsphase, da sich die Organisation vor der Veränderung in einem Gleichgewicht befindet und nach der Veränderung ein neues Gleichgewicht findet. Es gibt lange, stabile Phasen des organisationalen Funktionierens, die mehr oder weniger unerwartet durch relativ kurze Perioden dramatischen Wandels unterbrochen werden. Darüber unterstellt dieses Modell, dass Organisationen nachhaltig Widerstand gegen den Wandel leisten und nach Gleichgewicht streben, d.h. organisatorische Veränderungen stellen eine kurze, unordentliche Periode dar, die möglichst schnell beendet werden sollte.

---

159 Vgl. SCHREYÖGG/NOSS 2000, S. 33 ff.

Ob dieses Modell allerdings noch den gegenwärtigen Bedingungen in den öffentlichen Sektoren von modernen Volkswirtschaften entspricht, muss angezweifelt werden. Die tagtäglichen Erfahrungen in der Polizei deuten vielmehr darauf hin, dass organisationaler Wandel heutzutage keine klar umrissene kurze Phase ist, dass Wandel und reguläre Aktivitäten kaum trennbar sind, dass sich Wandelprozesse überlappen, dass organisatorische Lösungen wegen der Umweltdynamik immer nur vorläufig sind, dass Wandel nicht die Ausnahme, sondern die Regel ist. Die permanenten Reorganisationen in der Polizei und die damit einhergehenden Anpassungsnotwendigkeiten werden von den Betroffenen zwar oft beklagt, vieles deutet allerdings darauf hin, dass diese Entwicklung unumkehrbar und die Situation von Dauer sein wird.

Stabilität und Gleichgewicht galten lange Zeit als Garanten für Effizienz, Rationalität und Harmonie, wie z.B. die Ausführungen zum Bürokratiemodell in Kapitel 2.2 gezeigt haben. Angesichts der komplexen und hochdynamischen Umwelt, mit der die Polizei in modernen, globalisierten Volkswirtschaften konfrontiert wird, stehen sie mittlerweile eher für Ressourcenverschwendung und für mangelnde Kreativität und Motivation. Als zentrale Erfolgsfaktoren gelten vielmehr organisationale Flexibilität und permanente Innovation. Die Polizei muss folglich einerseits „ruhelos“ sein, um sich erfolgreich an Umweltveränderungen anpassen zu können, andererseits aber auch eine gewisse Ordnung und Stabilität aufweisen, um sich von ihrer Umwelt abzugrenzen und um ihre Leistungen effektiv erstellen zu können. Diese widersprüchlichen Anforderungen legen die Vermutung nahe, dass organisationaler Wandel ein Dauerproblem jeder Polizeibehörde bleiben wird.

2.5.4 Change Management und Organisationsentwicklung

Change Management

Der Begriff des Change Managements umfasst alle diejenigen Maßnahmen, die von Führungskräften zur erfolgreichen Gestaltung von organisationalem Wandel ergriffen werden. Die im Rahmen von Change Management zu ergreifenden Maßnahmen beruhen daher im Wesentlichen auf der Kenntnis der Ursachen für Widerstand gegen Wandel sowie der Möglichkeiten zur Überwindung solcher Widerstände.

Innerhalb des Change Managements haben sich im Laufe der Zeit verschiedene Konzepte entwickelt, die die Kerngedanken dieses Ansatzes in ganz unterschiedlicher Weise interpretieren und umsetzen. Die Impulse bei der Entwicklung solcher Change-Management-Konzepte gingen dabei i.d.R. weniger von der Wissenschaft als vielmehr von der Organisationspraxis und vor allem von den großen Unternehmensberatungen aus, so dass man auch von „consulting-driven approaches“ spricht. Eine kleine Auswahl dieser Konzepte wird in Abbildung 2.22 veranschaulicht.

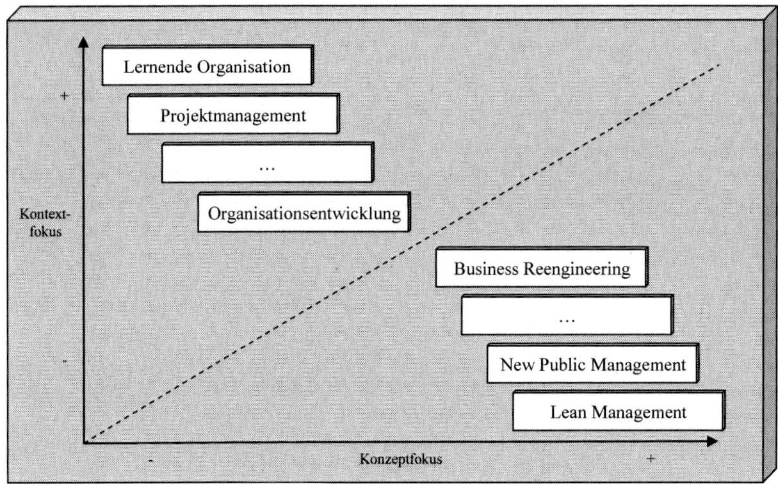

Abb. 2.22 Kontext- und Konzeptfokus von Change-Management-Konzepten (THOM/RITZ 2006, S. 95)

Die Change-Management-Konzepte werden in Abbildung 2.22 in der Weise systematisiert, dass sie anhand von zwei Dimensionen in einem Koordinatensystem platziert werden.[160] Die eine Dimension (Konzeptfokus) erfasst ihre Eignung zur Schaffung von spezifischer Veränderungsakzeptanz, d.h. zur Erreichung bestimmter inhaltlicher Ziele, während die andere Dimension (Kontextfokus) auf ihre Eignung zur Schaffung von allgemeinem Veränderungspotenzial abzielt. In einem weiteren Schritt lassen sich die Change-Management-Konzepte auf diese Weise in zwei Gruppen einteilen, nämlich in solche mit starkem Kontextfokus und solche mit starkem Konzeptfokus. Die im Folgenden noch genauer zu erörternde Organisationsentwicklung gehört demzufolge zu den Change-Management-Konzepten mit Kontextfokus, d.h. Organisationsentwicklung zielt stärker auf die allgemeine Erhöhung der Veränderungsbereitschaft der Organisationsmitglieder als auf die Erreichung von konkreten inhaltlichen Zielen ab.

---

160 Vgl. REIß 1997, S. 22 ff.

Abgrenzung von Organisationsentwicklung

Obwohl der Begriff der „Organisationsentwicklung“ in Theorie und Praxis sehr häufig verwendet wird, ist eine genaue Begriffsabgrenzung nicht einfach. So wird der Begriff zum Teil als Synonym für „Change Management“ verwendet, zum Teil zielt er eher auf eine historische Betrachtung der Entwicklung von Organisationen von ihrer Gründung bis zu ihrer Liquidation ab. Die wohl dominierende Begriffsabgrenzung betrachtet Organisationsentwicklung hingegen als ein langfristig angelegtes Change-Management-Konzept, das auf demokratisch-humanistischen Werten beruht und geplanten Wandel mit dem Ziel gesteigerter organisationaler Effektivität und verbesserter Arbeitszufriedenheit herbeiführen soll.[161] Die wesentlichen Merkmale einer so verstandenen Organisationsentwicklung sind[162]:

- *Geplanter Wandel*: Ziel von Organisationsentwicklung ist die gezielte Herbeiführung eines konkreten Veränderungsprozesses.
- *Ganzheitlicher Ansatz*: Organisationsentwicklung betrifft stets die gesamte Organisation oder zumindest große Teile davon und soll langfristig sowohl die Organisationsstrukturen und -prozesse als auch das Verhalten und die Einstellungen der Organisationsmitglieder verändern.
- *Sozialwissenschaftliche Fundierung*: Die zur Herbeiführung des Wandels verwendeten Methoden und Maßnahmen basieren auf verhaltenswissenschaftlichen Theorien.
- *Intervention durch Spezialisten*: Da das benötigte – insb. verhaltenswissenschaftliche – Know-how i.d.R. nicht in ausreichendem Maße in der Organisation zur Verfügung steht, wird Organisationsentwicklung üblicherweise von externen Spezialisten konzipiert und begleitet.

Im Kern geht es also bei Organisationsentwicklung also weniger um die möglichst geschickte Umsetzung einer gefundenen organisatorischen Lösung als um die Gestaltung des Veränderungsprozesses auf eine Art und Weise, die die Potenziale der Organisationsmitglieder langfristig optimal ausschöpft. Die zentralen Ziele von Organisationsentwicklung sind dementsprechend nicht nur die Überwindung von Widerständen gegen organisationalen Wandel, sondern darüber hinaus auch eine grundsätzliche Stei-

---

161 Vgl. ROBBINS 2001, S. 553.

162 Vgl. SCHREYÖGG 2008, S. 417.

gerung des Organisationserfolgs und der Arbeitszufriedenheit sowie eine Förderung der Entfaltungsmöglichkeiten der Organisationsmitglieder.

Instrumente der Organisationsentwicklung

Die eben dargestellte Begriffsabgrenzung verdeutlicht, dass es sich bei Organisationsentwicklung um ein breit angelegtes Change-Management-Konzept handelt. Dementsprechend schließt es eine so große Anzahl an unterschiedlichen Methoden und Maßnahmen ein, dass eine auch nur halbwegs vollständige Aufzählung den Rahmen dieses Lehrbuchs „sprengen" würde.[163] Daher sollen im Folgenden lediglich fünf Instrumente vorgestellt werden, die in der Organisationsentwicklungspraxis eine zentrale Rolle einnehmen.[164] Im Fall einer konkreten Umsetzung von Organisationsentwicklung in einer öffentlichen Organisation ist es Aufgabe der zuständigen Führungskräfte, aus dem „Arsenal" der Organisationsentwicklung die im Einzelfall geeigneten Instrumente zu wählen.

- *Sensitivitätstraining*: Diese Methode zielt auf eine Verhaltensänderung durch unstrukturierte Interaktionen zwischen Gruppenmitgliedern ab. Angeleitet durch einen verhaltenswissenschaftlich geschulten – i.d.R. externen – Moderator soll eine freie und offene Diskussionsatmosphäre geschaffen werden, in der die Organisationsmitglieder ihre Meinungen, Ideen und Einstellungen äußern können. Dabei sollen sie erkennen, wie sie sich selbst verhalten und wie andere ihr Verhalten wahrnehmen, und zudem lernen, sensibler auf das Verhalten ihrer Kollegen zu reagieren. Auf diese Weise sollen Konflikte vermieden und der Gruppenzusammenhalt gestärkt werden.
- *Survey-Feedback-Ansatz*: Dieses Instrument beinhaltet eine organisationsweite Informationssammlung mithilfe eines standardisierten Fragebogens mit anschließender auf Veränderung gerichteter Diskussion der Ergebnisse. Der Fragebogen bezieht sich insb. auf Koordinationsmechanismen, Entscheidungsprozesse, die Kommunikation innerhalb der Organisation, Arbeitszufriedenheit, usw., und soll organisationale Problemfelder identifizieren, indem Diskrepanzen zwischen der eigenen Wahrnehmung bzw. den eigenen Einstellungen und denjenigen der anderen Organisationsmitglieder aufgedeckt werden. Wichtig ist dabei vor allem die intensive und offene Diskussion der Ergebnisse in der Gruppe, bei der die Führungskräfte keine dominierende Rolle übernehmen sollen, sowie eine abschließende,

---

163 Vgl. CUMMINGS/WORLEY 2004.

164 Vgl. ROBBINS 2001, S. 554 ff.; SCHREYÖGG 2008, S. 420 ff.

partizipativ erzielte Aktionsplanung auf der Grundlage der Diskussionsergebnisse.

- *Konfrontationstreffen*: Als verkürzte Variante des Survey-Feedback-Ansatzes soll es lediglich 2 halbe Arbeitstage in Anspruch nehmen, so dass es besonders für Organisationen mit akuten Krisen und starken Widerständen gegen Veränderungsvorhaben geeignet ist. Dabei erfolgt nach einer kurzen Einstimmung durch die Organisationsleitung eine nach Hierarchieebenen getrennte, gruppenorientierte Informationssammlung mit offenem und schonungslosem Gruppenklima. Nach einem gruppenübergreifenden Informationsaustausch folgen erneute Gruppendiskussionen mit dem Ziel, eine konkrete Aktionsplanung zu erstellen, auf die die Organisationsleitung möglichst mit Sofortmaßnahmen reagiert. Kontinuierliche Fortschrittkontrollen – ca. alle 4 Wochen – sollen sicherstellen, dass der Wandel nicht „versandet" und die geplanten Veränderungen auch tatsächlich stattfinden.

  Prozessberatung: Bei dieser Methode sollen externe, verhaltenswissenschaftlich geschulte Berater ihre Klienten – i.d.R. Führungskräfte aus den oberen Hierarchieebenen – dabei unterstützen, wichtige und insb. problematische organisationale Ereignisse besser wahrzunehmen, zu reflektieren und in Handlungen umzusetzen. Der Berater soll dabei nicht die Probleme der Organisation lösen, weil er dazu i.d.R. nicht das notwendige fachliche oder branchenspezifische Know-how haben dürfte, sondern lediglich als eine Art „Coach" für den Klienten fungieren und diesen bei der Problemlösung unterstützen, z.B. indem er ihm neue Perspektiven aufzeigt oder auf mögliche Kommunikationsblockaden oder mikropolitische Konflikte in der Organisation hinweist.

- *Teambuilding*: Hierbei werden unter Hinzuziehung eines externen Beraters bzw. Moderators partizipativ orientierte Maßnahmen ergriffen, die darauf abzielen, innerhalb von Abteilungen oder Projektgruppen die Kommunikation zwischen den Gruppenmitgliedern zu verbessern und Vertrauen zu schaffen. Dazu gehören die Definition von Gruppenzielen, die Entwicklung von zwischenmenschlichen Beziehungen, die Analyse der Aufgabenbereiche und Verantwortlichkeiten der Gruppenmitglieder, die Analyse der Arbeitsabläufe im Team, usw.

Trotz der weiten Verbreitung von Organisationsentwicklung in der Praxis, ist das Konzept durchaus umstritten. Kritisch anzumerken ist z.B. die normalerweise vorgesehene intensive Einbindung von externen Beratern, die den betroffenen Organisationen implizit unterstellt, dass sie nicht in der Lage sind, Veränderungsprozesse ohne fremde Hilfe zu lösen, was angesichts der Allgegenwärtigkeit von organisationalem Wandel sehr problematisch ist. Zudem führt die ausgeprägt verhaltenswissenschaftliche Ausrichtung dieses Konzepts und die Fokussierung auf Schaffung von allgemeinem Veränderungspotenzial dazu, dass in der Praxis oftmals der Eindruck entsteht, dass zu viel Wert auf die Arbeitszufriedenheit und die Selbstentfaltung der Organisationsmitglieder gelegt wird – und zu wenig auf die eigentlichen Organisationsziele. Insofern erscheint eine genaue Analyse der Ziele, die mit Organisationsentwicklung erreicht werden sollen, vor der Entscheidung über ihren Einsatz dringend geboten.

Fazit

Die bisherigen Ausführungen sollten verdeutlicht haben, dass organisationaler Wandel zweifelsohne eine zentrale Herausforderung für Führungskräfte in der Polizei darstellt. Veränderungsprozesse sind in der Polizei allgegenwärtig und werden dies auch bleiben. Angesichts der massiven Widerstände, die bei größeren Reorganisationen normalerweise mobilisiert werden, ist davon auszugehen, dass Change Management und Organisationsentwicklung eine Kernaufgabe von Führungskräften in der Polizei sein wird. Die Ausführungen sollten aber auch gezeigt haben, dass die Überwindung der Widerstände gegen Veränderungen durchaus möglich ist. Die Schlüsselfaktoren für die erfolgreiche Gestaltung von Wandelprozessen in öffentlichen Organisationen sind insb. Partizipation, Information, Verdeutlichung der Sinnhaftigkeit der geplanten Veränderungen und Aktivierung von Gruppenprozessen. Letztlich kann nur die gemeinsame Entwicklung, Planung und Umsetzung einer neuen organisatorischen Lösung sicherstellen, dass diese von den Organisationsmitgliedern akzeptiert und realisiert wird.

2.6 Literaturempfehlungen

Für das Themenfeld „Organisation“ existieren zahlreiche Lehrbücher, die auf einem hohen akademischen Niveau geschrieben sind und dennoch die teilweise recht anspruchsvolle Materie gut verständlich und anschaulich darstellen. Wie man schon den bisherigen Ausführungen – und insb. den Fußnoten – in diesem Kapitel entnehmen konnten, gibt es unter diesen vielen Lehrbücher aber einige, die in Bezug auf die hier behandelten Aspekte der Organisation besonders gelungen sind und die daher das vorliegende Lehrbuch auch in besonders hohem Maße geprägt haben.

Hier ist vor allem auf das sehr umfassende Lehrbuch von GEORG SCHREYÖGG mit dem Titel „Organisation – Grundlagen moderner Organisationsgestaltung“[165] zu verweisen, das sich ausführlich und theoretisch fundiert mit allen in diesem Kapitel behandelten Themen beschäftigt und somit sehr gut geeignet ist, um einen tiefergehenden Einblick in den Stoff zu erhalten. Hervorzuheben ist zudem, dass gerade die informellen Aspekte der Organisation in diesem Werk intensiv behandelt werden.

Ebenfalls empfehlenswert sind aber auch das in der Betriebswirtschaftslehre wohl am meisten verwendete, ebenfalls sehr umfassende Lehrbuch von ALFRED KIESER und PETER WALGENBACH mit dem Titel „Organisation“[166], das wesentlich knappere, aus einer soziologischen Perspektive geschriebene Lehrbuch von PETER PREISENDÖRFER mit dem Titel „Organisationssoziologie – Grundlagen, Theorien und Problemstellungen“[167] und das im englischsprachigen Sprachraum sehr verbreitete Werk von STEPHEN P. ROBBINS mit dem Titel „Organizational Behavior“[168].

Die besonderen Probleme und Herausforderungen, die sich für öffentliche Organisationen wie die Polizei auf diesem Gebiet ergeben, spielen in diesen Lehrbüchern keine nennenswerte Rolle. Um einen tieferen Einblick in die organisationalen Spezifika des öffentlichen Sektors zu erhalten, empfiehlt sich ein Blick in die entsprechenden Kapitel des originellen Lehrbuchs von NORBERT THOM und ADRIAN RITZ mit dem Titel „Public Management – Innovative Konzepte zur Führung im öffentlichen Sektor“[169] sowie des trotz seiner Fokussierung auf NPM-Reformen sehr gut als Lehrbuch geeigneten Werks von KUNO SCHEDLER und ISABELLA PROELLER mit dem Titel „New Public Management“[170]. Interessant ist zudem das englischsprachige Lehrbuch von ROY R. ROBERG und JACK KUYKENDALL mit dem Titel „Police Management“[171], das zwar explizit auf die Polizei fokussiert ist und daher einige Spezifika der Organisation der Polizei behandelt, das aber in Bezug auf die theoretische Fundierung nicht mit den anderen hier empfohlenen Lehrbüchern vergleichbar ist und dementsprechend nur eingeschränkt für wissenschaftliche Zwecke geeignet erscheint.

---

165 Vgl. SCHREYÖGG 2008.
166 Vgl. KIESER/WALGENBACH 2003.
167 Vgl. PREISENDÖRFER 2005.
168 Vgl. ROBBINS 2001.
169 Vgl. THOM/RITZ 2006.
170 Vgl. SCHEDLER/PROELLER 2006.
171 Vgl. ROBERG/KUYKENDALL 1997.

3 Personalmanagement

Ähnlich wie dem Thema „Organisation" wurde auch dem Thema „Personalmanagement" in der deutschsprachigen Literatur zum Public Management und zum Polizeimanagement lange Zeit kaum Beachtung geschenkt. So sucht man z.B. in der Gliederung des Lehrbuchs von GORNAS und BEYER den Begriff „Personal" vergebens; lediglich im Kapitel „Beschaffung und Produktion" finden sich einige, wenige Sätze zur Beschaffung des „Produktionsfaktors" Personal.[172] Gerade diese Betrachtung der Mitarbeiter als Produktionsfaktoren – und eben nicht als Humankapital – spiegelt aber den oftmals sehr unbefriedigenden und nicht zeitgemäßen Entwicklungsstand des Personalmanagements in öffentlichen Organisationen wider. Die zentrale Bedeutung der Ressource Personal für den Organisationserfolg ist in den meisten privatwirtschaftlichen Unternehmen längst erkannt worden und hat zu der Implementierung von umfassenden, integrierten Personalmanagement-Konzepten geführt. Die Personalmanagement-Praxis im öffentlichen Sektor und damit auch in der Polizei hat mit dieser rasanten Entwicklung aber oftmals nicht Schritt halten können und weist ganz erhebliche Defizite auf.

Der deutliche Bedeutungsanstieg des Personalmanagements sowohl in der Literatur zur Betriebswirtschaftslehre als auch in der Unternehmenspraxis und die enormen Erkenntniszuwächse auf diesem Gebiet haben mittlerweile aber zumindest die moderneren Lehrbücher zum Public Management erreicht. So ist das Kapitel zum Personalmanagement z.B. bei THOM und RITZ mit über 100 Seiten das umfangreichste dieses Lehrbuchs.[173] Und auch in den meisten englischsprachigen Lehrbüchern zum Polizeimanagement finden sich i.d.R. mehrere Kapitel, die sich ausführlich mit dem Management der Humanressourcen der Polizei beschäftigen.[174] Eine derart umfassende Behandlung dieses hochrelevanten Themengebiets ist im Rahmen des vorliegenden Lehrbuchs zwar nicht möglich, dennoch sollen im Folgenden alle wichtigen Teilbereiche des Personalmanagements behandelt werden. Allerdings wird dabei ein Schwerpunkt auf drei besonders anspruchsvolle und erfolgsrelevante Kernbereiche des Personalmanagements gelegt, nämlich die Personalführung, die Personalentwicklung und das strategische Personalmanagement.

---

172 Vgl. GORNAS/BEYER 1991.

173 Vgl. THOM/RITZ 2006.

174 Vgl. ROBERG/KUYKENDALL 1997; THIBAULT/LYNCH/MCBRIDE 2001; WHISENAND/FERGUSON 1996.

3.1 Grundlagen

Im Folgenden werden zunächst der Entwicklungsstand und die zentralen Herausforderungen des Personalmanagements (3.1.1) sowie die wichtigsten personalwirtschaftlichen Besonderheiten des öffentlichen Sektors, dem die Polizei angehört, (3.1.2) dargestellt, bevor dann erörtert wird, wie ein integriertes Personalmanagement-Konzept diesen Herausforderungen Rechnung tragen kann (3.1.3).

3.1.1 Entwicklungsstand und aktuelle Herausforderungen

Wie bereits oben angedeutet worden ist, hat das Personalmanagement seit den 1970er Jahren sowohl in der Wissenschaft als auch in der Managementpraxis massiv an Bedeutung gewonnen. Dies zeigt sich nicht zuletzt daran, dass entsprechende Lehrangebote an Hochschulen sich einer großen Beliebtheit erfreuen. Die gestiegene Bedeutung ist auf verschiedene Faktoren und Entwicklungen zurückzuführen. Sicherlich spielen organisationsexterne Ursachen, wie die in Abbildung 3.1 dargestellten Umweltfaktoren, eine nicht unerhebliche Rolle dabei.[175]

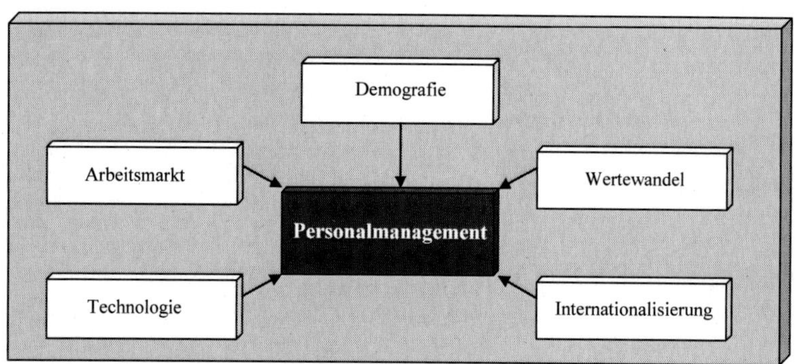

Abb. 3.1 Aktuelle Herausforderungen des Personalmanagements (SCHOLZ 2000, S. 7)

- *Wertewandel*: In den letzten ca. 10 Jahren hat in den westlichen Gesellschaften eine deutlich erkennbare Entwicklung von materiellen zu postmateriellen Werten, von Arbeit zu Freizeit als Lebensweise, von Pflichttugenden zu Selbstentfaltungswerten sowie eine stärkere Gewichtung von demokratischen Werten und individualisierten Le-

[175] Vgl. SCHOLZ 2000, S. 7 ff.

bensformen stattgefunden. Erfolgreiches Personalmanagement muss daher stärker als in der Vergangenheit auf kooperative Führung, individualisierte Personalentwicklung, flexible Arbeitszeiten, Maßnahmen zur besseren Vereinbarkeit von Familie und Beruf, usw. setzen.

- *Demografie*: In fast allen entwickelten Volkswirtschaften werden die nächsten Jahrzehnte geprägt sein durch niedrige Geburtenraten bei gleichzeitig steigender Lebenserwartung, was zu einem deutlich steigendem Anteil von älteren Menschen an der Gesamtbevölkerung führen wird. Für das Personalmanagement bedeutet das z.B., dass alternsgerechte Personalverwendungs-, Personalentwicklungs- und Karrieregestaltungskonzepte sowie Gesundheitsmanagement an Bedeutung gewinnen, dass Führungskräfte für dieses Thema zu sensibilisieren und qualifizieren sind und dass insgesamt ein langfristiges, strategisches Personalmanagement zum zentralen Erfolgsfaktor einer Organisation werden wird.
- *Arbeitsmarkt*: Auch wenn langfristige Prognosen extrem schwierig sind, kann zumindest für Deutschland für die nächsten Jahrzehnte mit einer sinkenden Zahl an Erwerbstätigen, einer deutlich steigenden Nachfrage nach hochqualifizierten Arbeitskräften und einem fallenden, bestenfalls konstanten Angebot an hochqualifizierten Arbeitskräften gerechnet werden. Für das Personalmanagement bedeutet dies, dass der erwartete Bedarf an Arbeitskräften in allen Bereichen schwer, im Hochqualifizierten- und Führungskräftesegment womöglich überhaupt nicht zu decken sein dürfte.
- *Technologie*: Die kontinuierlich zunehmende Geschwindigkeit bei technologischen Neuentwicklungen, insb. in den Bereichen Mikroelektronik, EDV und Telekommunikation, hat massive Auswirkungen auf die Art und Weise, wie Organisationen funktionieren. Für das Personalmanagement dürfte die Gewinnung von Arbeitskräften, die diese hochdynamischen Entwicklungen vorantreiben oder zumindest damit mithalten können, äußerst schwer werden. Dementsprechend wird die kontinuierliche Personalentwicklung aller Mitarbeiter in diesen Bereichen sowie die fachliche und methodische Flexibilität der Mitarbeiter an Bedeutung gewinnen.
- *Internationalisierung*: Die internationale Verflechtung nicht nur der Wirtschaft, sondern aller Gesellschaftsbereiche, insb. innerhalb der Europäischen Union, wird ebenfalls Auswirkungen auf das Personalmanagement haben. Im Mittelpunkt werden dabei insb. die Vermittlung von Fremdsprachenkenntnissen und von interkultureller

Kompetenz auf allen Hierarchieebenen, die Integration von Arbeitskräften mit Migrationshintergrund und die Vorbereitung von Mitarbeitern auf grenzüberschreitende Einsätze stehen.

Die Betrachtung dieser Faktoren verdeutlicht, vor welchen Herausforderungen das Personalmanagement steht, um den Erfolg und das Überleben einer Organisation unter den gegenwärtigen und für die Zukunft zu erwartenden Umweltbedingungen gewährleisten zu können. Das Personalmanagement als betriebswirtschaftliche Disziplin hat diesen langfristigen Entwicklungen Rechnung getragen und dabei in den letzten Jahrzehnten selber eine ganze Reihe von gravierenden Veränderungen vollzogen. Diese Entwicklung wird in Abbildung 3.2 veranschaulicht.

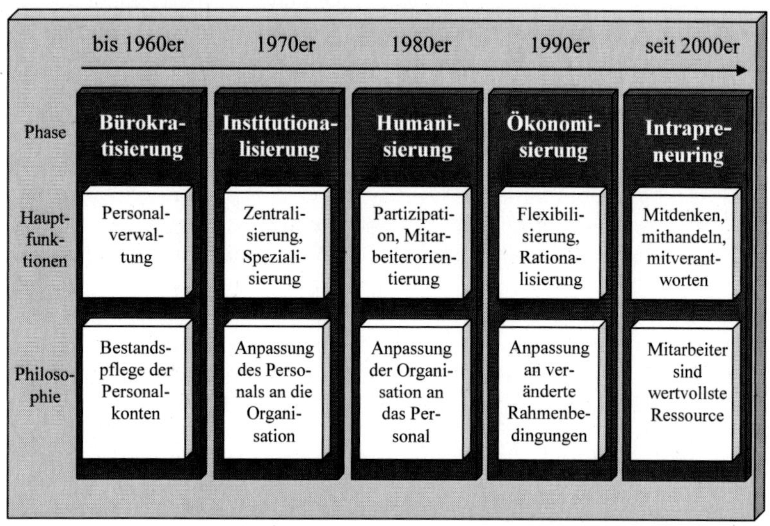

Abb. 3.2 Entwicklungsphasen des Personalmanagements (SCHOLZ 2000, S. 34)

Man erkennt im Zeitablauf eine Verschiebung sowohl der wichtigsten personalwirtschaftlichen Funktionen als auch der zu Grunde liegenden Personalmanagement-Philosophie. Wurden die Mitarbeiter einer Organisation zunächst noch im Wesentlichen als Produktionsfaktoren gesehen, die es zu verwalten bzw. zu managen galt, so hat sich immer mehr die Erkenntnis durchgesetzt, dass sie die wertvollste Ressource und das wichtigste Potenzial einer Organisation darstellen. Dementsprechend muss Personalmanagement im Mittelpunkt jeder Managementtätigkeit stehen und stellen gute Kenntnisse auf diesem Gebiet eine wichtige Voraussetzung für eine Tätigkeit als Führungskraft dar. Diese Erkenntnisse gelten sowohl für private wie auch für öffentliche Organisationen wie die Polizei. Im öffentlichen Sektor sind aber in personalwirtschaftlicher Hinsicht einige besondere Aspekte und Herausforderungen zu beachten, die im Folgenden erörtert werden.

3.1.2 Besonderheiten des öffentlichen Sektors

Wie Abbildung 3.3 verdeutlicht, gelten zwar die oben besprochenen, fünf zentralen Herausforderungen des Personalmanagement grundsätzlich auch für öffentliche Organisationen wie die Polizei, allerdings treten hier zwei weitere relevante Faktoren hinzu, nämlich die Finanzmittelknappheit der öffentlichen Haushalte und das Beamtentum.

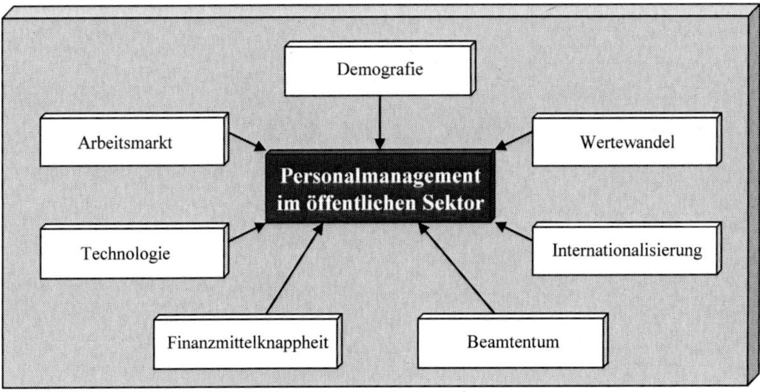

Abb. 3.3 Aktuelle Herausforderungen des Personalmanagements in öffentlichen Organisationen

Finanzmittelknappheit

Ein seit Jahrzehnten in fast allen Industrieländern kontinuierlich zunehmendes und wohl auch langfristig nicht lösbares Problem in diesem Zusammenhang ist die Finanzmittelknappheit der öffentlichen Hand, die mindestens bis zu der auf den sog. „Ölpreisschock" folgenden Wirtschaftskrise Ende der 1970er Jahre zurückverfolgt werden kann.[176] Diese ist zum einen darauf zurückzuführen, dass Möglichkeiten des Staates, zusätzliche Einnahmen zu erzielen, angesichts der mittlerweile erreichten Belastung der Bürger mit Steuerzahlungen und sonstigen Abgaben stark eingeschränkt

[176] Vgl. THOM/RITZ 1006, S. 12

sind. So sind insb. Steuererhöhungen – das klassische Instrument zur Erhöhung der staatlichen Einnahmen – politisch kaum durchsetzbar. Zum anderen sind die Ausgaben des Staates in den letzten Jahrzehnten vor allem in den Bereichen Gesundheit, Renten und sonstige Sozialleistungen kontinuierlich angestiegen. Dieses Auseinanderdriften von Einnahmen und Ausgaben, das aller Voraussicht nach auch in absehbarer Zukunft anhalten wird, hat eine gewaltige öffentliche Verschuldung zur Folge gehabt, auf die die Politik mit Einsparbemühungen reagiert hat.

Die Finanzmittelknappheit und die damit einhergehenden Sparzwänge erschweren ganz offensichtlich das Personalmanagement der Polizei. So werden z.B. oftmals notwendige und sinnvolle, aber kostenintensive Personalentwicklungsmaßnahmen sowie eine langfristige, strategische Personalplanung von kurzfristig orientierten, fiskalisch motivierten Einstellungssperren und Einsparinitiativen verhindert. Insofern ist davon auszugehen, dass das im Vergleich zur Privatwirtschaft niedrige personalwirtschaftliche Budget der Polizei ein wichtiger Grund für den unbefriedigenden Entwicklungsstand ihres Personalmanagements sein dürfte.

Beamtenstatus

Als besondere Herausforderung gilt der Beamtenstatus zahlreicher Mitarbeiter in den öffentlichen Sektoren Deutschlands, Österreichs und zum Teil auch noch in der Schweiz.[177] Dieser zeichnet sich durch die folgenden Merkmale aus[178]:

- Dienst für Staat und Gesellschaft,
- Treue und Gehorsam gegenüber dem Dienstherrn,
- Neutralität gegenüber den gesellschaftlichen Gruppen,
- Verpflichtung des Dienstherrn, den Beamten auf Lebenszeit zu unterhalten.

Gerade der letztgenannte Aspekt, der sich in der Praxis i.d.R. in einem lebenslänglichen, unkündbaren Beschäftigungsverhältnis mit dienstaltersabhängigen, leistungsunabhängigen Besoldungserhöhungen widerspiegelt, erschwert das Personalmanagement in öffentlichen Organisationen wie der Polizei ganz erheblich. Es erschwert die Steuerung der Personalkosten und hat zur Folge, dass überflüssige Arbeitsplätze, Funktionen und ganze Abteilungen oft über viele Jahre hinweg erhalten werden. Darüber hinaus

---

177 Vgl. THOM/RITZ 2006, S. 309 ff.

178 Vgl. BREDE 2005, S. 152

dürften sich die fehlenden Leistungsanreize und die Pflichten der Beamten – insb. die wenig zeitgemäß anmutenden Treue- und Gehorsamspflichten – oftmals negativ auf die Motivation, Eigeninitiative, Kreativität und Dynamik der Mitarbeiter auswirken. Zudem entspricht das für das Beamtentum charakteristische lebenslängliche Arbeitsverhältnis angesichts der heutigen Umweltdynamik nicht mehr den gestiegenen geografischen und funktionalen Mobilitätsanforderungen sowohl innerhalb des öffentlichen Sektors als auch zwischen öffentlichem Sektor und Privatwirtschaft.

Trotz dieser offensichtlichen und oft beklagten Probleme, haben sich allerdings die zahlreichen Versuche, das Beamtentum einzuschränken, zumindest im deutschen öffentlichen Sektor als wenig erfolgreich erwiesen. Lediglich der Schweiz ist es seit den 1990er Jahren gelungen, das Beamtentum in ein zeitgemäßes, zugleich mitarbeiter- und leistungsorientiertes öffentlich-rechtliches Anstellungsverhältnis zu überführen.[179] Für Deutschland und Österreich ist aber gegenwärtig nicht davon auszugehen, dass es in absehbarer Zukunft zu einer wesentlichen Einschränkung oder Reform des Beamtentums kommen wird.

Sonstige Aspekte

Über die beiden bereits genannten Aspekte hinaus leidet das Personalwesen öffentlicher Organisationen an einigen weiteren grundsätzlichen Problemen.[180] So gelten die Beschäftigten des öffentlichen Sektors im Allgemeinen zwar als pflichtbewusst und zuverlässig, allerdings auch als leistungsträge, wenig effizient, kaum innovativ und wenig motiviert. Gründe hierfür können sein:

- die in der öffentlichen Verwaltung dominierenden bürokratischen Strukturen,
- fehlende Ergebnisverantwortung, insb. aufgrund der besonderen Schwierigkeiten bei der Abgrenzung, Messung und persönlichen Zurechnung von öffentlichen Leistungen,
- unbefriedigende berufliche Entwicklungsmöglichkeiten, insb. aufgrund begrenzter Aufstiegsmöglichkeiten, kaum vorhandener Fachlaufbahnen oder institutionenübergreifender Laufbahnmodelle,
- mangelhafte Anreiz- und Belohnungsstrukturen, bei denen die existenzielle Absicherung im Vordergrund steht und leistungsabhängige Elemente weitgehend fehlen.

---

179 Vgl. SCHEDLER/PROELLER 2006, S 229.

180 Vgl. THOM/RITZ 2006, S. 308 ff.

Angemerkt sei an dieser Stelle, dass in diesem Zusammenhang Selbst- und Fremdeinschätzung oftmals nicht übereinstimmen, d.h. die öffentlich Bediensteten schätzen ihre Arbeitsmotivation und -leistungen wesentlich positiver ein als der Rest der Bevölkerung. Gleichwohl ist das negative Image der öffentlich Bediensteten in der Öffentlichkeit bedenklich und zumindest ein Indiz für ein Problem – und zwar unabhängig davon, ob dieses nun in einer geringen Leistungsmotivation oder vielmehr in unausgeschöpften Leistungspotenzialen und nicht genutzter Leistungsbereitschaft besteht.[181]

3.1.3 Integriertes Personalmanagement-Konzept

Die oben dargestellten Herausforderungen und Problembereiche des Personalmanagements in der Polizei erfordern ein ganzheitlich und strategisch ausgerichtetes Personalmanagement-Konzept, das sowohl die Gesamt-Strategie der Organisation als auch die einzelnen Felder des Personalmanagements integriert und aufeinander abstimmt.[182] Wie ein solches integriertes Personalmanagement-Konzept ausgestaltet werden kann[183], veranschaulicht Abbildung 3.4.

Im Mittelpunkt steht der Personalmanagement-Prozess im engeren Sinne (i.e.S.) mit seinen fünf Teilprozessen Personalgewinnung, Personalbeurteilung, Personalerhaltung, Personalentwicklung und Personalfreistellung, den alle Mitarbeiter der Polizei mindestens einmal – die mittleren drei Teilprozesse i.d.R. mehrmals – durchlaufen. Diese Teilprozesse gilt es nicht unabhängig voneinander zu gestalten, sondern stets aufeinander abgestimmt, da der Erfolg oder Misserfolg jedes Teilprozesses auch von der Ausgestaltung der anderen Teilprozesse abhängt. So müssen z.B. Fehler bei der Personalgewinnung möglicherweise durch geeignete Personalentwicklungsmaßnahmen korrigiert werden, während die Zweckmäßigkeit der Personalentwicklung davon abhängt, ob der entsprechende Bedarf im Rahmen der Personalbeurteilung korrekt ermittelt wurde.

Darüber hinaus sind aber auch eine ganze Reihe von personalwirtschaftlichen Querschnittsfunktionen wie z.B. strategisches Personalmanagement, Personalcontrolling oder Personalmarketing zu berücksichtigen, da auch sie eng mit dem Personalmanagement-Prozess i.e.S. zusammenhängen. Schließlich ist auch die Personalführung in das Personalmanagement-Konzept zu integrieren, da Führungskräfte für die Ausgestaltung und Um-

---

181 Vgl. KLAGES 1998, S. 53 ff.

182 Vgl. SCHOLZ 2000, S. 90 ff.; HEUERMANN/TOMENENDAL 2011, S. 201 ff.

183 Vgl. THOM/RITZ 2006, S. 318 ff.

setzung eines Großteils der personalwirtschaftlichen Teilprozesse zuständig sind.

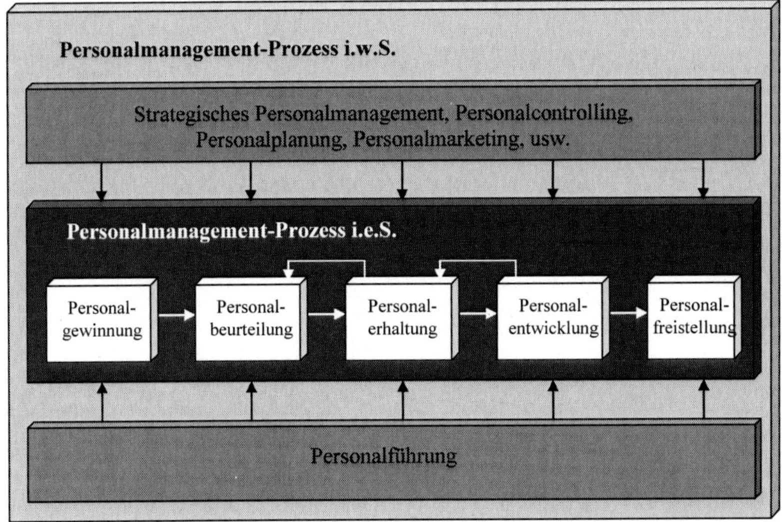

Abb. 3.4 Integriertes Personalmanagement-Konzept (THOM/RITZ 2006, S. 319)

Entscheidend ist dabei, dass der Erfolg eines solchen integrierten Personalmanagement-Konzepts nicht nur davon abhängt, ob die zahlreichen personalwirtschaftlichen Teilfunktionen und -prozesse zweckmäßig ausgestaltet sind, sondern ob es zudem gelingt, diese in Einklang mit der Gesamt-Strategie der Organisation sowie der personalwirtschaftlichen Strategie aufeinander abzustimmen. Das strategische Personalmanagement und die Personalführung als personalwirtschaftliche Querschnittsfunktionen spielen bei dieser Integration eine besonders wichtige Rolle. Daher werden diese beiden Funktionen im Folgenden neben den drei zentralen personalwirtschaftlichen Teilprozessen Personalgewinnung, Personalbeurteilung und Personalentwicklung gesondert behandelt.

3.2 Personalgewinnung

Bei der Personalgewinnung unterscheidet man üblicherweise zwischen der Personalbeschaffung, die sich mit den verschiedenen Arbeitsmärkten als Quellen für potenzielle Bewerber beschäftigt (3.2.1), und der Personalauswahl, die sich mit der Identifikation von geeigneten Bewerbern beschäftigt (3.2.2).

3.2.1 *Personalbeschaffung*

Die Beschaffung von Personal kann über den internen oder den externen Arbeitsmarkt erfolgen. Der interne Arbeitsmarkt besteht aus Bewerbern, die bereits Organisationsmitglieder sind und an einem Stellenwechsel interessiert sind, wohingegen der externe Arbeitsmarkt ausschließlich organisationsexterne Bewerber umfasst. Die bekanntesten und am häufigsten verwendeten Instrumente der internen und externen Personalbeschaffung werden in Abbildung 3.5 veranschaulicht.[184]

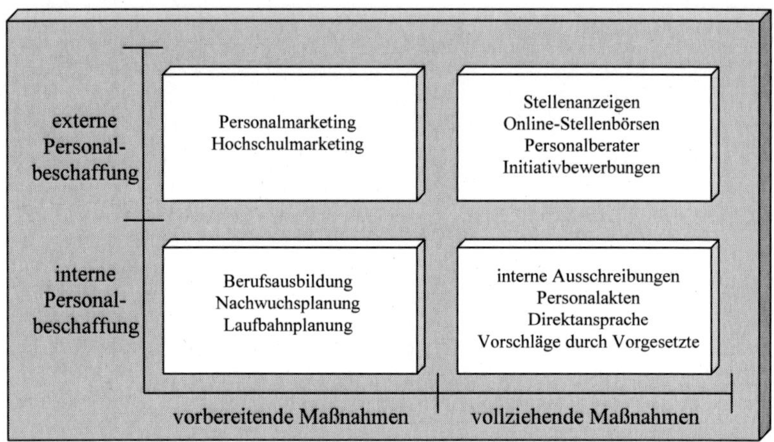

Abb. 3.5 Instrumente der Personalbeschaffung (KLIMECKI/GMÜR 2005, S. 165)

Das klassische Instrument der internen Personalbeschaffung ist die interne Stellenausschreibung, bei der die Vakanz einer Stelle an Anschlagbrettern oder über das Intranet organisationsintern bekannt gemacht wird, damit sich interessierte Mitarbeiter bewerben können. Da die Initiative zur Bewerbung von den interessierten Mitarbeitern ausgeht, besteht hierbei aber insb. die Gefahr, dass die Bewerbung in der bisherigen Abteilung des Bewerbers organisatorische Probleme verursacht und dementsprechend beim bisherigen Vorgesetzten des Bewerbers auf wenig „Gegenliebe" stößt. Weitere Instrumente der internen Personalbeschaffung, bei denen die Initiative stärker von der Organisation ausgeht, sind die Befragung von Vorgesetzten nach geeigneten Kandidaten, die Direktansprache von geeignet erscheinenden Mitarbeitern sowie in seltenen Fällen auch die Analyse von

---

184 Vgl. KLIMECKI/GMÜR 2005, S. 164 ff.

Personalakten. Hinzu kommen langfristige, eher strategisch ausgerichtete Maßnahmen wie Berufsausbildung sowie Nachwuchs- und Laufbahnplanung.

Das klassische Instrument der externen Personalbeschaffung ist demgegenüber die Stellenausschreibung, die früher traditionell in einer Zeitung oder einer Zeitschrift veröffentlicht wurde. Mittlerweile sind diese aber von entsprechenden Online-Portalen verdrängt worden, in denen nicht nur Stellenausschreibungen veröffentlicht werden, sondern die darüber hinaus Stellensuchenden auch die Möglichkeit bieten, ihre Bewerbungsunterlagen in elektronischer Form einzustellen. Je höher die vakante Stelle in der Organisationshierarchie angesiedelt ist, desto wichtiger wird auch die Einschaltung von externen Personalberatern, sog. „Headhuntern", die oftmals eine gezieltere und diskretere Kandidatensuche betreiben können. Eine wichtige Rolle spielen auch das Personalmarketing bzw. das eng damit zusammenhängende Hochschulmarketing, die weitgehend unabhängig von konkreten Vakanzen auf eine Verbesserung des Bekanntheitsgrades und der Attraktivität als Arbeitgeber abzielen und damit reguläre Stellenanzeigen unterstützen und Initiativbewerbungen anregen.

Sowohl der interne wie auch der externe Arbeitsmarkt haben ihre Vor- und Nachteile, wobei die Stärken des einen i.d.R. zugleich die Schwächen des anderen sind. Die interne Personalbeschaffung ist vor allem kostengünstig, relativ schnell und wenig riskant. Zudem fördert sie die Motivation der Belegschaft, weil sie eigenen Mitarbeitern interne Aufstiegschancen eröffnet. Die externe Personalbeschaffung führt normalerweise zu einer größeren Auswahl an Bewerbern mit neuen Ideen und aktuellen Qualifikationen. Darüber hinaus wirkt die Einstellung von externen Bewerbern der sog. „Betriebsblindheit" entgegen.

Im öffentlichen Sektor im Allgemeinen und in der Polizei im Besonderen ist der Stellenwert des internen Arbeitsmarktes sehr hoch – vermutlich zu hoch. So führen der hohe Kündigungsschutz und die typischerweise auf Lebenszeit ausgerichteten Karrieremodelle dazu, dass bei der Besetzung von offenen Stellen sehr häufig auf interne Bewerber und nur selten auf externe Bewerber zurückgegriffen wird. Angesichts der in Abbildung 3.3 dargestellten zentralen Herausforderungen des Personalmanagements im öffentlichen Sektor ist davon auszugehen, dass die Polizei in zunehmendem Maße auf neuartige und bisher intern nicht vorhandene Fähigkeiten, Erfahrungen und Kompetenzen – z.B. im EDV-Bereich – angewiesen sein wird, um erfolgreich zu sein. Diese sind aber häufig nur bei externen Bewerbern vorhanden und lassen sich intern – wenn überhaupt – nur sehr langfristig generieren, so dass hier die traditionellen internen Personalbeschaffungspraktiken der Polizei an ihre Grenzen stoßen.

3.2.2 Personalauswahl

Ablauf

Die Personalauswahl zielt darauf ab, vakante Stellen anforderungsgerecht zu besetzen.[185] Der idealtypische Ablauf einer Personalauswahl wird in Abbildung 3.6 dargestellt.

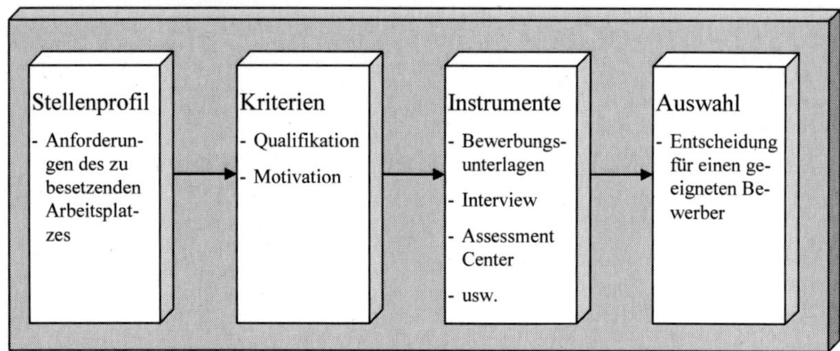

Abb. 3.6 Idealtypischer Ablauf eines Personalauswahlprozesses (KLIMECKI/GMÜR 2005, S. 230)

Der erste Schritt besteht darin, eine möglichst umfassende und genaue Kenntnis der Anforderungen des betreffenden Arbeitsplatzes zu erlangen, i.d.R. indem ein Stellenprofil erstellt wird. Aus diesem Stellenprofil lassen sich die Kriterien ableiten, die für die Personalauswahlentscheidung relevant sind. Anschließend sind ein oder mehrere Auswahlinstrumente auszuwählen, die geeignet sind, diese Kriterien zuverlässig und korrekt zu messen. Der letzte Schritt ist die Interpretation der von den verwendeten Auswahlinstrumenten gelieferten Ergebnisse und schließlich die Entscheidung für einen Bewerber. Dabei ist stets zwischen dem Informationsbedürfnis der Organisation, der Qualität der eingesetzten Auswahlinstrumente und dem Aufwand für den Einsatz der ausgewählten Instrumente – d.h. Zeit und Kosten – abzuwägen.

185 Vgl. KLIMECKI/GMÜR 2005, S. 229 ff.

Qualitätskriterien

Die Qualität von Auswahlinstrumenten, d.h. ihre Eignung zur Identifikation von Bewerbern mit geeignetem Qualifikations- und Motivationsprofil, wird üblicherweise anhand von zwei Kriterien beurteilt:

- *Validität*: Diese drückt die Gültigkeit eines Instruments aus, d.h. ob es das misst, was es messen soll. Bei der Personalauswahl geht es hierbei insb. um die Frage, ob das Instrument tatsächlich die Bewerber identifiziert, die später im Beruf erfolgreich sind.
- *Reliabilität*: Diese drückt die Zuverlässigkeit bzw. Stabilität eines Instruments aus, d.h. ob mehrere Messungen bei einem Bewerber – z.B. zu unterschiedlichen Zeitpunkten oder durch unterschiedliche Personen – stets zu dem gleichen Ergebnis führen.

Beide Kriterien werden normalerweise auf einer standardisierten Skala mit einem Wertebereich von 0 bis 1 dargestellt, wobei ein Wert von 1 einer 100%igen „Trefferquote" bzw. Zuverlässigkeit entspricht, während ein Wert von 0 einer Auswahl nach dem Zufallsprinzip entspricht.

Personalauswahlinstrumente

Die Auswahl eines Bewerbers erfolgt in der Praxis normalerweise nicht nur mittels eines Auswahlinstruments, sondern mittels mehrerer aufeinander aufbauender und sich ergänzender Auswahlinstrumente.

Den ersten Schritt bildet dabei normalerweise die Analyse der *Bewerbungsunterlagen*. Die umfassende Beschäftigung mit Bewerbungsanschreiben, Lebenslauf, Schul-, Hochschul- und Arbeitszeugnissen, usw. ist bei externen Bewerbungen unverzichtbar und dient insb. der Vorselektion der Bewerber. Dabei wird von den darin dokumentierten vergangenen Leistungen auf die für die Zukunft zu erwartenden Leistungen sowie auf nicht direkt beobachtbare Merkmale wie Intelligenz, Fleiß oder Motivation geschlossen. Interessant ist hierbei vor allem, dass die Analyse der Bewerbungsunterlagen und insb. bestimmter Schulnoten (z.B. Mathematik) eine erstaunlich hohe Validität aufweist, die anderen, wesentlich aufwändigeren Auswahlverfahren keinesfalls nachsteht.

Das am häufigsten verwendete Personalauswahlverfahren ist zweifelsohne das *Vorstellungsgespräch*.[186] Solche Interviews dienen vor allem dazu, einen ersten, „persönlichen" Eindruck des Bewerbers zu erhalten, die Angaben in den schriftlichen Bewerbungsunterlagen zu vervollständigen sowie

---

[186] Vgl. SCHOLZ 2000, S. 472 ff.

die Qualifikation und Motivation des Bewerbers einzuschätzen. Hierbei sind verschiedene Interviewformen denkbar. Differenziert man nach dem Freiheitsgrad des Interviews, dann ergeben sich drei idealtypische Formen, nämlich

- *strukturiertes Interview*, bei dem sowohl der Wortlaut der Fragen als auch ihre Reihenfolge a priori genau festgelegt werden,
- *halbstrukturiertes Interview*, bei dem der Interviewer nur einen vagen Leitfaden erhält und relativ viel Spielraum bei der Gestaltung des Interviews hat, und
- *freies Interview* ohne Vorgaben bzgl. der Formulierung der Fragen und der zu behandelnden Themen.

Differenziert man hingegen nach der Anzahl und der Konstellation der beteiligten Personen, dann ergeben sich die folgenden vier idealtypischen Formen:

- *Einzelinterview*, d.h. ein Bewerber wird von einem Interviewer befragt,
- *serielles Interview*, die dem ein Bewerber von mehreren Interviewern nacheinander befragt wird,
- *Juryinterview*, bei dem ein Bewerber gleichzeitig von mehreren Interviewern befragt wird, und
- *Gruppeninterview*, d.h. mehrere Bewerber werden gleichzeitig von einem oder mehreren Interviewern befragt.

Grundsätzlich ist davon auszugehen, dass die Validität und auch die Reliabilität eines Vorstellungsgesprächs umso höher ist, je stärker strukturiert es ist und je mehr Interviewer daran beteiligt sind. Gleichwohl wird die Prognosekraft dieses Auswahlinstruments in der Praxis regelmäßig stark überschätzt. Vorstellungsgespräche sind relativ anfällig für Beobachtungs- und Beurteilungsfehler, wie z.B. einer Überbewertung des „ersten“ Eindrucks, einem starken Einfluss von irrelevanten Faktoren wie Geschlecht und Attraktivität oder einer emotional bedingten Verzerrung zu Gunsten von Bewerbern, die dem Interviewer besonders sympathisch oder besonders ähnlich sind.

Eine weiteres, oft verwendetes Instrument der Personalauswahl sind *Eignungstests*, wobei i.d.R. zwischen Persönlichkeitstests und kognitiven Leistungstests unterschieden wird.[187]

---

[187] Vgl. KLIMECKI/GMÜR 2005, S. 240 ff.

- *Persönlichkeitstests* zielen auf emotionale, verhaltensbezogene und motivationale Persönlichkeits- und Einstellungsmerkmale des Bewerbers ab, d.h. es geht z.B. um die Frage, wie begeisterungsfähig, veränderungsbereit, stressresistent, kommunikativ, usw. ein Bewerber ist. Der Einsatz von solchen Testverfahren bei der Personalauswahl ist nicht unproblematisch, da sie tief in die Persönlichkeit des Bewerbers eingreifen und dabei nur eine relativ geringe Prognosekraft in Bezug auf den Berufserfolg zeigen.
- *Kognitive Leistungstests* sollen hingegen die geistige, intellektuelle Leistungsfähigkeit eines Bewerbers erfassen, wobei Intelligenztests eine zentrale Rolle einnehmen. Obwohl Intelligenztests bei Bewerbern oftmals auf eine geringe Akzeptanz bis hin zu Widerstand stoßen, weisen sie eine erstaunlich hohe Validität und Reliabilität auf.

Ein in den letzten Jahren sehr intensiv diskutiertes und in der Praxis immer mehr in den Vordergrund tretendes Instrument der Personalauswahl ist das *Assessment Center*. Dabei werden mehrere Bewerber gleichzeitig in eine simulierte Berufsumgebung versetzt und unmittelbar vergleichend von mehreren Experten beurteilt. Eine Assessment Center erstreckt sich i.d.R. über mehrere Tage und umfasst eine Vielzahl an unterschiedlichen Auswahlinstrumenten, insb. Interviews, Eignungstests, Rollenspiele, Fallstudien, Präsentationen und Gruppendiskussionen, die einen möglichst engen Bezug zur späteren beruflichen Tätigkeit haben sollen. Die Bewerber werden laufend von internen, explizit geschulten Fach- und Führungskräften sowie von externen, psychologisch vorgebildeten Beratern beobachtet und beurteilt.

Wegen der relativ hohen Zahl an verwendeten Auswahlinstrumenten und an geschulten Beurteilern ist von einer hohen Validität und Reliabilität von Assessment Centern auszugehen. Obwohl eine intensive Vorbereitung auf und vor allem Erfahrung mit Assessment Centern die Erfolgsaussichten von Bewerbern ganz erheblich verbessern, stellt man in der Praxis einen sehr beachtlichen Zusammenhang zwischen Erfolg bei diesem Auswahlinstrument und späterem beruflichen Erfolg fest. Dieser hohen Prognosekraft sind allerdings auch die hohen Kosten von Assessment Centern entgegenzusetzen, die neben Honoraren für externe Berater auch die mehrtägige Freistellung von internen Fach- und Führungskräften umfassen.

Abschließend ermöglicht Abbildung 3.7 einen Vergleich der Validität der soeben angesprochenen Personalauswahlinstrumente. Wie man erkennen kann, weisen die in der Praxis am häufigsten verwendeten Instrumente – Analyse der Bewerbungsunterlagen und konventionelle Interviews – eine relativ geringe Prognosekraft auf, so dass eine Personalauswahl, die ausschließlich auf diesen beiden Verfahren beruht, zahlreiche personelle Fehlbesetzungen zur Folge haben müsste. Daher empfiehlt sich selbst bei knappen finanziellen Mitteln zumindest die Durchführung von strukturierten anstatt von konventionellen Interviews und – wenn möglich – der zusätzliche Einsatz von valideren Auswahlverfahren wie z.B. kognitiven Fähigkeitstests.

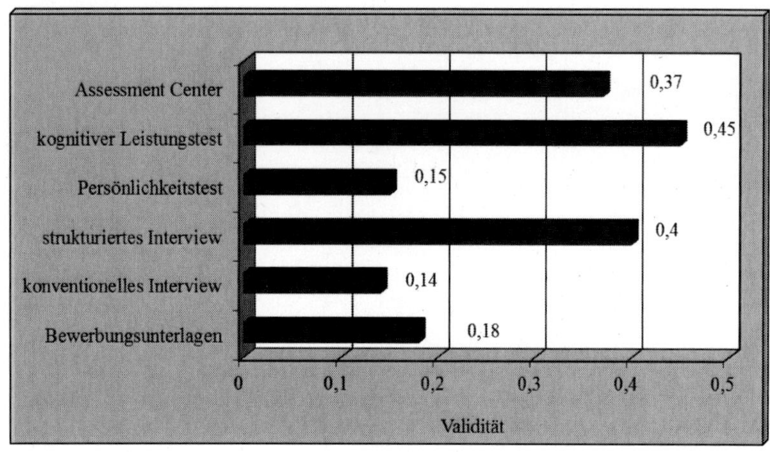

Abb. 3.7 Validität von Personalauswahlinstrumenten (SCHULER 1991, S. 106)

Öffentlicher vs. privater Sektor

Die im öffentlichen Sektor eingesetzten Personalauswahl-Instrumente unterscheiden sich mittlerweile kaum noch von den in der Privatwirtschaft üblichen Verfahren.[188] Auch die Einschätzung von THOM und RITZ, dass „das (fachwissenschaftlich positiv eingeschätzte) Assessment Center bisher im öffentlichen Sektor klar weniger eingesetzt wird“[189], beruht wohl auf veralteten Daten aus den 1990er Jahren und dürfte kaum mehr gelten. Ein beruflicher Einstieg in eine große öffentliche Organisation wie die Polizei ist heutzutage ohne erfolgreiches Absolvieren eines Assessment Centers nur in sehr seltenen Ausnahmefällen möglich.

---

188 Vgl. SCHEDLER/PROELLER 2006, S. 239 f.

189 THOM/RITZ 2006, S. 331.

Dies bedeutet aber keineswegs, dass sich mittlerweile sektorübergreifend die besonders validen und reliablen Auswahlverfahren durchgesetzt haben. Vielmehr existiert bezüglich der Qualität der eingesetzten Instrumente eine große Schwankungsbreite innerhalb der jeweiligen Sektoren, so dass sich heutzutage noch zahlreiche privatwirtschaftliche wie öffentliche Organisationen finden lassen, die ihr Personal mit völlig ungeeigneten Instrumenten auswählen. Vergleicht man aber ähnlich große öffentliche und private Organisationen, dann dürften sich die qualitativen Standards bei der Personalauswahl nicht wesentlich unterscheiden.

3.3 Personalbeurteilung

Die Personalbeurteilung ist ein wichtiges Instrument zur Bewertung des Potenzials und der Leistungen von Mitarbeitern, das eine zentrale Rolle bei der Führung und Förderung von Mitarbeitern spielt und daher sowohl in privaten wie auch in öffentlichen Organisationen ein zentraler Bestandteil des integrierten Personalmanagement-Konzepts darstellt. Allerdings hat der im deutschen Grundgesetz verankerte Grundsatz der Beförderung von Beamten nach „seiner Eignung, Befähigung und fachlichen Leistung“ zu einer Vielzahl an Gerichtsurteilen zur Personalbeurteilung im öffentlichen Sektor und auch in der Polizei geführt, die nicht nur die Möglichkeiten dieses Instruments zur Erfüllung seiner eigentlichen Funktionen erheblich eingeschränkt haben, sondern die zudem äußerst zeit- und arbeitsaufwändige Ausgestaltungen der in der Polizei eingesetzten Personalbeurteilungssysteme zur Folge hatten. Insofern kann man sich der Einschätzung von THOM und RITZ, dass „(a)ngesichts des lebenslangen Beschäftigungsziels, der automatischen Beförderung und der starren Einreihungs- und Entlohnungspolitik im öffentlichen Sektor (...) die Personalbeurteilung bisher keine herausragende Bedeutung (erlangte)“[190], zumindest aus der Perspektive der Praxis kaum anschließen.

3.3.1 Grundlagen der Personalbeurteilung

Unter Personalbeurteilung versteht man normalerweise die innerbetriebliche, systematische Urteilsbildung über die Organisationsmitglieder hinsichtlich ihrer Potenziale und Leistungen.[191] Dabei können sehr unterschiedliche Funktionen erfüllt werden. Im Vordergrund steht oftmals die *Diagnosefunktion*, d.h. die Ermittlung der Stärken und Schwächen der Mitarbeiter und ihrer Entwicklung im Zeitablauf. Daran knüpft die *Entschei-*

---

190 THOM/RITZ 2006, S. 338.

191 Vgl. STOCK-HOMBURG 2008, S. 290 f.

dungsunterstützungsfunktion von Personalbeurteilungen an, die vor allem auf eine individuelle Beratung und Förderung der Mitarbeiter abzielen kann und so die Grundlage für eine gezielte Planung, Auswahl und Gestaltung von Maßnahmen der Personalentwicklung bilden kann. Personalbeurteilungen können aber auch bei anderen personalwirtschaftlichen Entscheidungen, wie Gehalts- und Lohnbestimmungen, Beförderungen, Versetzungen oder Disziplinierungen durch offizielle Dokumentation von mangelhaften Leistungen bis hin zur Kündigung eine wichtige Rolle spielen. Darüber hinaus können Personalbeurteilungen aber auch über Feedback-Mechanismen und der Vermittlung von Arbeitsanforderungen und Leistungsstandards eine *Motivationsfunktion* erfüllen.

Um ein zuverlässiges und ganzheitliches Urteil über die betreffenden Personen abgeben zu können, ist es erforderlich, die in Abbildung 3.8 dargestellten Dimensionen zu berücksichtigen.[192]

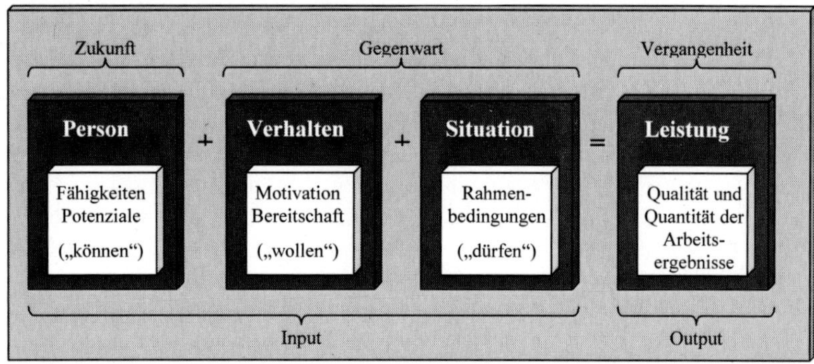

Abb. 3.8 Dimensionen der Personalbeurteilung (THOM/RITZ 2006, S. 339)

Dabei wird davon ausgegangen, dass die Leistung eines Mitarbeiters – d.h. sein Output – im Wesentlichen von drei Inputfaktoren abhängt, nämlich

- von den in seiner Person liegenden Fähigkeiten und Potenzialen,
- von der sich in seinem Verhalten widerspiegelnden Motivation bzw. Leistungsbereitschaft und
- von den situativen Rahmenbedingungen.

---

192 Vgl. THOM/RITZ 2006, S. 339 f.

Eine reine Output-Beurteilung würde ein unvollständiges Bild des Mitarbeiters liefern, da unklar bleibt, wie die in der Vergangenheit erreichten Leistungen erreicht wurden. Eine ausschließliche Beurteilung der Inputs, d.h. vor allem des Mitarbeiterverhaltens und seiner Potenziale, wäre aber ebenfalls unbefriedigend, weil der Zusammenhang zwischen Input und Output unsicher erscheint. Eine ganzheitliche Mitarbeiterbeurteilung muss daher alle genannten Input- und Output-Faktoren einbeziehen.

3.3.2 Formen der Personalbeurteilung

Träger der Personalbeurteilung

Grundsätzlich sind sehr viele verschiedene Formen der Personalbeurteilung möglich. Eine in der Praxis gängige Kategorisierung ergibt sich auf der Grundlage der beurteilenden Personen.[193] Wenn man davon ausgeht, dass eine valide und reliable Beurteilung nur von Personen abgegeben werden kann, die einen ausreichenden Kenntnisstand über die Leistungen und die Potenziale der beurteilten Person aufweisen, dann ergibt sich die folgende Unterscheidung:

- *Beurteilung durch Vorgesetzte*: Diese Form der Personalbeurteilung ist die am häufigsten verwendete und genießt daher eine hohe Akzeptanz. Sie beruht auf der Vorstellung, dass Vorgesetzte über die geeigneten Fähigkeiten sowie über ausreichende Kenntnisse über die ihnen unterstellten Mitarbeiter verfügen, um eine sachgerechte Beurteilung zu gewährleisten, und zudem ein hohes Maß an Verantwortung für die Entwicklung ihrer Mitarbeiter aufweisen. In der Regel erfolgt sie durch den direkten Vorgesetzten, möglich ist aber auch eine (ggf. zusätzliche) Beurteilung durch den nächsthöheren Vorgesetzten.
- *Beurteilung durch unterstellte Mitarbeiter*: Diese auch als Vorgesetztenbeurteilung bezeichnete Form der Beurteilung eignet sich insb. für die Beurteilung der Führungsfähigkeiten von Mitarbeitern und bietet zudem den hierarchisch unterstellten Mitarbeitern die Möglichkeit, an der Gestaltung der Führungsbeziehungen zu partizipieren.
- *Beurteilung durch Kollegen*: Diese Form ist weniger weit verbreitet, da sie aus Kollegialitätsgesichtspunkten problematisch ist, so dass sie

---

193 Vgl. KLIMECKI/GMÜR 2005, S. 268.

hauptsächlich als Ergänzung zu anderen Personalbeurteilungsformen genutzt wird.

- *Selbstbeurteilung*: Wegen der regelmäßig verzerrten Selbstwahrnehmung von Mitarbeitern, wird auch diese Form der Beurteilung meistens nur ergänzend zu anderen Formen eingesetzt, z.B. um Selbst- und Fremdbeurteilung gegenüberzustellen und auf diese Weise eine auf die individuelle Beratung des Mitarbeiters gerichtete Diskussion in Gang zu setzen.

In der Praxis verbreitet sind auch Personalbeurteilungssysteme, die mehrere dieser Formen beinhalten. Das wohl bekannteste dieser auf Mehrfachbeurteilungen basierenden Systeme ist sicherlich das „360-Grad-Feedback", das vor allem bei der Beurteilung von Führungskräften relativ weit verbreitet ist und dabei neben Vorgesetzten-, Mitarbeitern- und Kollegenurteilen auch Kundenurteile berücksichtigt.[194]

Personalbeurteilungsverfahren

Eine andere Kategorisierung der verschiedenen Formen der Personalbeurteilung ergibt sich auf der Grundlage der Art und Weise der Erfassung der Beurteilungskriterien.[195] So führen summarische Verfahren unmittelbar zu einer Gesamtbeurteilung von Personen, während analytische Verfahren eine mehr oder weniger große Anzahl an Einzelkriterien berücksichtigen, die anschließend zu einer Gesamtbeurteilung aggregiert werden müssen. Berücksichtigt man zudem das Skalenniveau, dann ergibt sich die in Abbildung 3.9 veranschaulichte Unterscheidung von fünf Personalbeurteilungsverfahren.

Bei den *summarischen Verfahren* unterscheidet man üblicherweise zwischen dem Rangfolge- und dem Leistungsgruppen-Verfahren. Das Rangfolge-Verfahren basiert auf direkten Paarvergleichen zwischen den beurteilten Mitarbeitern, so dass sich im Ergebnis eine Rangliste ergibt, die alle berücksichtigten Mitarbeiter enthält und bei der der Ranglistenplatz das Beurteilungsergebnis wiedergibt. Dass dieses Verfahren nur eine sehr grobe und ungenaue Beurteilung der Mitarbeiter ermöglicht, ist offensichtlich. Eine etwas differenziertere, aber immer noch relativ grobe Beurteilung ermöglicht das Leistungsgruppen-Verfahren, das nicht auf direkten Paarvergleichen zwischen den Mitarbeitern basiert, sondern auf einer Zuordnung der Mitarbeiter zu bestimmten Leistungsgruppen (z.B. hervorragend, sehr

---

194 Vgl. STOCK-HOMBURG 2008, S. 297 ff.

195 Vgl. KLIMECKI/GMÜR 2005, S. 267 f.

gut, gut, usw.), denen bestimmte normierte Erfüllungsgrade zugeordnet sind.

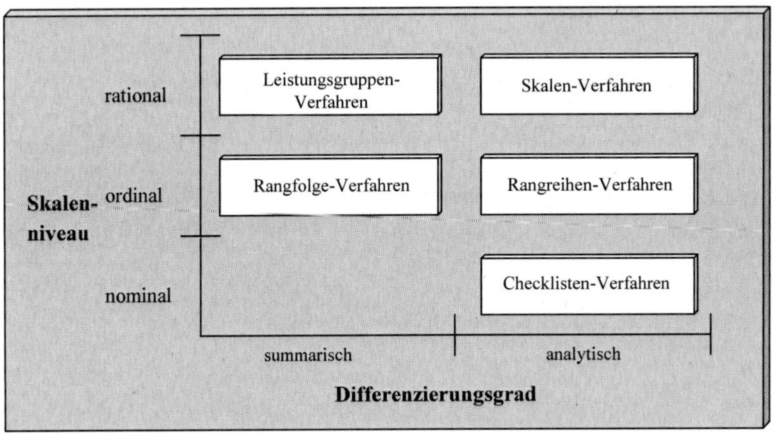

Abb. 3.9 Verfahren der Personalbeurteilung (KLIMECKI/GMÜR 2005, S. 268)

Beide summarischen Verfahren sind zwar einfach in ihrer Handhabung, allerdings sind sie ausgesprochen ungenau und zudem aufgrund der vor allem bei einer großen Anzahl an zu beurteilenden Mitarbeitern zu erwartenden Überforderung der Beurteiler äußerst fehleranfällig. Dennoch sind summarische Verfahren im öffentlichen Sektor – und zwar durchaus auch in großen Verwaltungen – erstaunlich weit verbreitet. Der zentrale Grund hierfür ist allerdings i.d.R. nicht etwa das fehlende personalwirtschaftliche Know-how oder die erwartete Zeitersparnis, sondern vielmehr die Tatsache, dass sich diese Verfahren als wenig angreifbar im Rahmen von gerichtlichen Auseinandersetzungen im Zusammenhang mit Beförderungsstreitigkeiten erwiesen haben.

Die *analytischen Verfahren* ermöglichen insofern eine differenzierte Beurteilung, als sie auf mehreren Kriterien beruhen, die zu einer Gesamtbewertung aggregiert werden müssen. Das einfachste dieser Verfahren ist das Checklisten-Verfahren, bei dem die Erfüllung der relevanten Beurteilungskriterien lediglich auf einer nominalen ja/nein-Skala erfasst wird und die Beurteilung somit der Summe der erfüllten Kriterien – d.h. der ja-Urteile – entspricht. Das Rangreihen-Verfahren ermöglicht hingegen die Bildung von Reihenfolgen in Bezug auf die jeweiligen Kriterien, so dass sich die Beurteilung aus der Zusammenfassung der jeweiligen Rangplätze ergibt. Die differenzierteste Beurteilung ermöglicht schließlich das Skalenverfahren, bei dem die Erfüllung der Kriterien durch Zahlenwerte – z.B. 1 bis 5 Punkte – abgebildet wird, die dann zu einem Gesamtpunktwert aggregiert werden, das der Gesamtbeurteilung der betreffenden Person entspricht.

Die analytischen Verfahren erlauben aufgrund der Möglichkeit zur Berücksichtigung aller als relevant erachteten Beurteilungskriterien eine wesentlich präzisere und weniger fehleranfällige Beurteilung von Mitarbeitern als die summarischen Verfahren. Eine weitere Präzisierung ergibt sich bei diesen Verfahren durch die Möglichkeit, die Beurteilungskriterien unterschiedlich zu gewichten. Aufgrund dieser Vorzüge sind die meisten Organisationen – auch im öffentlichen Sektor und in der Polizei – mittlerweile wohl zu analytischen Verfahren der Personalbeurteilung übergegangen. Allerdings zeigen sich in der Praxis auch die Schwächen dieser Verfahren, die vor allem in der Tendenz zur Berücksichtigung einer sehr hohen Anzahl an Beurteilungskriterien gesehen werden. Diese führen oftmals zu einer zeitlichen und inhaltlichen Überforderung der Beurteiler und wirken sich negativ auf die Transparenz und die Akzeptanz der Beurteilungsergebnisse aus. Der Nutzen eines Personalbeurteilungssystems hängt folglich in hohem Maße davon ab, ob es gelingt, die wirklich relevanten Beurteilungskriterien zu identifizieren und gleichzeitig ihre Anzahl übersichtlich zu halten.

Beispiel: Personalbeurteilung in einer Polizeibehörde

Das im Folgenden vereinfacht dargestellte Personalbeurteilungssystem kam bis vor wenigen Jahren in der Polizei eines deutschen Bundeslandes zum Einsatz.

Das Ziel der Personalbeurteilung wurde in den offiziellen Beurteilungsrichtlinien festgelegt und bestand darin, ein aussagefähiges, objektives und vergleichbares Bild der Leistungen und Befähigungen der Polizeibeamten zu gewinnen. Sie sollte in erster Linie eine Entscheidung über die Verwendung der Beschäftigten und über ihr dienstliches Fortkommen ermöglichen. Darüber hinaus sollten sie den Beschäftigten aber auch als Orientierungshilfe für die weitere berufliche Entwicklung dienen. Betont wurde explizit, dass die Beurteilung nicht zu einer allgegenwärtigen Beobachtung und Kontrolle der Belegschaft führen und dieser den Freiraum für eine eigenständige Aufgabenerfüllung nehmen durfte. Daher wurde von den Beurteilern ein hohes Maß an Sensibilität, Gewissenhaftigkeit, Objektivität sowie Verantwortungsbewusstsein verlangt. Der Offenheit im Umgang miteinander sowie der Transparenz des Beurteilungsverfahrens kam dabei eine entscheidende Bedeutung zu.

Die Beurteilung erfolgte regelmäßig alle drei Jahre zu einem bestimmten Stichtag verbindlich für alle Polizeivollzugsbeamten. Allerdings waren zahlreiche Personen von der Beurteilung ausgenommen, z.B. Beamte im Vorbereitungsdienst, Beamte ab dem 57. Lebensjahr, Beamte in der höchsten Besoldungsgruppe ihrer Laufbahngruppe.

Die Beurteilung erfolgte grundsätzlich durch den unmittelbaren Vorgesetzten (Erstbeurteiler), soweit er mindestens der Laufbahngruppe des gehobenen Dienstes angehörte und ihm eine angemessene Zahl von Mitarbeitern nachgeordnet war; anderenfalls nahmen die nächsthöheren Vorgesetzten die Aufgabe der Erstbeurteilung wahr. In das Beurteilungsverfahren einbezogen wurden auch Zweitbeurteiler, die grundsätzlich die Leiter der Polizeibehörden, -einrichtungen oder -dienststellen waren und die insb. bei Unstimmigkeiten zwischen den beteiligten Personen das Gesamturteil des Erstbeurteilers korrigieren konnten.

Mit der Beurteilung sollten alle dienstlichen Tätigkeiten erfasst und die Arbeitsergebnisse bewertet werden. Des Weiteren sollten die allgemeinen Fähigkeiten der Beamtin oder des Beamten beurteilt werden, die für die dienstliche Verwendung und berufliche Entwicklung von Bedeutung sein konnten. Der Beurteilung lag ein Vordruck zu Grunde, der eine umfassende Liste der relevanten Leistungs- und Befähigungsmerkmale enthielt, die sich insb. auf das Leistungs- und Sozialverhalten, die Leistungsergebnisse und bei Führungskräften auch das Führungsverhalten bezogen und die individuell gewichtet werden konnten. Für jedes Merkmal war zu prüfen, inwieweit der Beamte den Anforderungen seines Dienstpostens gerecht geworden war.

Das Gesamturteil war dann aus der Bewertung und Gewichtung der einzelnen Leistungs- und Befähigungsmerkmale zu bilden. Allerdings war es nicht rechnerisch zu ermitteln, sondern summarisch auf der Grundlage der folgenden Leistungsgruppen:

- *Entspricht nicht den Anforderungen* (Leistungsgruppe 1): Diese Bewertung ist für Beamte vorzusehen, deren Leistungen und Befähigungen erhebliche Mängel aufweisen und die deshalb den Anforderungen nicht genügen.
- *Entspricht im Allgemeinen den Anforderungen* (Leistungsgruppe 2): Diese Bewertung erhalten Beamte, deren Leistung und Befähigung grundsätzlich den Anforderungen entspricht.
- *Entspricht voll den Anforderungen* (Leistungsgruppe 3): Diese Bewertung erhalten Beamte, deren Leistung und Befähigung den Anforderungen in vollem Umfang gerecht werden.
- *Übertrifft erheblich die Anforderungen* (Leistungsgruppe 4): Diese Bewertung ist für Beamte vorgesehen, die aufgrund ihrer Leistung

und Befähigung erheblich herausragen. Bei Beamten in Vorgesetztenfunktion verlangt diese Bewertung ein überzeugendes Leitungsverhalten.

- *Hervorragend* (Leistungsgruppe 5): Diese Bewertung konnten nur Beamte erhalten, die nach Gesamtleistung und Gesamtpersönlichkeit die mit „Übertrifft erheblich die Anforderungen" Beurteilten deutlich überragen. Es muss sich um Beamte mit außergewöhnlichen Leistungen und Befähigungen handeln; besondere Fachkenntnisse in einem Spezialgebiet reichen für sich allein nicht aus. Bei Beamten in Vorgesetztenfunktion setzt diese Bewertung ein vorbildliches Leitungsverhalten voraus.

Allerdings waren die Beurteiler bei der Zuordnung der Beamten zu diesen Leistungsgruppen durch die Vorgabe eines verbindlichen Beurteilungsrichtwertes eingeschränkt. Um eine gewisse Differenzierung sicherzustellen, durften maximal 10% der beurteilten Beamten der jeweiligen Laufbahngruppen in den jeweiligen Polizeibehörden in die Leistungsgruppe 5 (Hervorragend) eingeordnet werden. Zur Wahrung der Einzelfallgerechtigkeit konnte dieser Richtwert um bis zu höchstens 5% überschritten werden. Die Verantwortung für die Einhaltung des Richtwertes oblag für den höheren Dienst dem Innenministerium, im Übrigen den Polizeibehörden und jeweils für ihren Bereich. Zu diesem Zweck hatten diese Stellen die Befugnis, die Beurteilungen zu überprüfen, durch Weisungen zu korrigieren und gegebenenfalls selbst abzuändern.

Im Vorfeld der Beurteilungen fanden sog. Beurteilungskonferenzen statt, bei denen das Beurteilungsverfahren dargestellt wurde und die dazu dienten, den für die Beurteilung vorgegebenen Maßstab sowie den Beurteilungsrichtwert zu verdeutlichen und auf leistungsgerecht abgestufte und untereinander vergleichbare Beurteilungsergebnisse hinzuwirken.

Anschließend fertigte der Erstbeurteiler einen Beurteilungsentwurf, der nach Erörterung mit dem Zweitbeurteiler dem zu beurteilenden Beamten ausgehändigt wurde. Der betreffende Beamte konnte sodann innerhalb einer Woche Stellung dazu nehmen. Wurden keine Einwendungen erhoben, leitete der Erstbeurteiler den Beurteilungsentwurf an den Zweitbeurteiler zur Bestätigung weiter. Sofern Einwendungen erhoben wurden, denen der Erstbeurteiler nicht folgte, wurde der Beurteilungsentwurf mit einer entsprechenden Stellungnahme an den Zweitbeurteiler weitergeleitet. Zwischen den Beteiligten fand dann ein abschließendes Beurteilungsgespräch statt. Nach diesem Beurteilungsgespräch wurde die Beurteilung bestätigt, ergänzt oder geändert, wobei die Entscheidung des Zweitbeurteilers maßgeblich war, und dem beurteilten Beamten bekannt gegeben.

3.3.3 Problemfelder der Personalbeurteilung

Die Entwicklung und praktische Umsetzung eines geeigneten Personalbeurteilungssystems in der Polizei ist ein komplexer, arbeitsaufwändiger und fehleranfälliger Vorgang, der insb. aufgrund der Vielzahl an möglichen Funktionen einer Personalbeurteilung und der unterschiedlichen Interessen der beteiligten Personen regelmäßig zu Konflikten und Unzufriedenheit führt. Im Folgenden sollen einige der wichtigsten Problemfelder behandelt werden, die sich in der Praxis herauskristallisiert haben.

Eine wichtige Problemquelle sind dabei Fehler bei der Gestaltung des Personalbeurteilungssystems. So kommt es in der Praxis z.B. häufig vor, dass Vorgesetzte ihre Mitarbeiter im Arbeitsalltag kaum sehen, so dass sie ihre Beurteilung auf vermutete oder unterstellte Eigenschaften des Beurteilten stützen müssen, die oftmals nicht korrekt sind. Ein ebenfalls oft gemachter Fehler betrifft die „starre" Anwendung von Kriterienkatalogen, die in der Polizei i.d.R. sehr umfassend sind, um den sehr unterschiedlichen Arbeitsfeldern Rechnung zu tragen. Dies führt allerdings oftmals dazu, dass Mitarbeiter auf der Grundlage von für sie irrelevanten Kriterien beurteilt werden, z.B. indem die Bürgerorientierung eines Mitarbeiters im Innendienst ohne jeglichen Bürgerkontakt beurteilt werden soll. Solche Umsetzungsfehler kommen zwar vor, sie können allerdings relativ problemlos behoben werden, in den eben dargestellten Fällen z.B. indem die Vorgesetzten sich intensiver mit ihren Mitarbeitern beschäftigen bzw. indem die Kriterienkataloge flexibel gehandhabt werden.

Eine andere Problemquelle, die wesentlich schwieriger zu beheben ist, sind hingegen Beurteilungsfehler, denen sich Beurteiler kaum entziehen können.[196] Die meisten Beurteilungsverfahren verlangen vom Beurteiler persönlichkeitsbezogene Aussagen über den Mitarbeiter. Und gerade solche Persönlichkeitsbeurteilungen unterliegen in starkem Maße wahrnehmungs- und beurteilungspsychologischen Verzerrungen. In jeden Beurteilungsvorgang fließen zwangsläufig das Welt- und Menschenbild, die moralischen, normativen Grundeinstellungen sowie die emotionale Disposition des Beurteilers ein und verzerren die Objektivität der Beurteilung. Typische, weit verbreitete Beurteilungsfehler sind insb.:

- *Strenge-Effekt*: Aufgrund eines sehr hohen Anspruchsniveaus des Beurteilers werden gute Bewertungen nur selten und sehr gute fast gar nicht vergeben.

---

196 Vgl. Stock-Homburg 2008, S. 302 ff.

- *Milde-Effekt*: Der Beurteiler vergibt grundsätzlich nur positive Bewertungen, insb. um Konflikte zu vermeiden oder um seinen Mitarbeitern nicht zu schaden.
- *Halo-Effekt*: Der Beurteiler schließt von einer besonders prägnanten Eigenschaft des Beurteilten – z.B. ungepflegtes Aussehen – auf andere, nicht beobachtete Charakteristika – z.B. Zuverlässigkeit.
- *Primacy/Recency-Effekte*: Die ersten Eindrücke, die ein Mitarbeiter auf den Beurteiler macht, bzw. die Leistungen, die der Mitarbeiter in den letzten Wochen vor der Beurteilung zeigt, werden bei der Beurteilung stärker gewichtet als die Eindrücke und Leistungen während des restlichen Beurteilungszeitraums.
- *Stereotypen-Effekt*: Die Mitarbeiter werden vom Beurteiler i.d.R. unbewusst einer Gruppe zugeordnet, mit denen der Beurteiler bestimmte positive oder negative Eigenschaften verbindet, die aber nicht mit den tatsächlichen Fähigkeiten und Eigenschaften des Beurteilten übereinstimmen müssen.
- *Sympathie/Antipathie-Effekte*: Der Beurteiler bewertet nicht die Leistungen und Potenziale des Mitarbeiters, sondern die persönliche Zu- oder Abneigung gegenüber dieser Person, z.B. aufgrund von besonderen Ähnlichkeiten zwischen Beurteiler und Beurteiltem.

Die Kenntnis dieser Beurteilungsfehler führt zwar i.d.R. zu einer Verringerung der Anfälligkeit für Fehlurteile, allerdings sind viele dieser Fehler so tief in der menschlichen Psyche verankert, dass sie sich in der Praxis nicht vollständig vermeiden lassen.

Ein weiteres Problemfeld bei Personalbeurteilungen in der Polizei sind schließlich die regelmäßig auftretenden Ziel- und Interessenkonflikte zwischen den beteiligten Personen, die gerade vor dem Hintergrund der Vielzahl an möglichen Funktionen von Personalbeurteilungen problematisch sind. Personalbeurteilungen können zwar eine Vielzahl von Funktionen erfüllen – aber nicht alle gleichermaßen und nicht alle zugleich. Problematisch ist vor allem der Konflikt zwischen der Diagnosefunktion, der Motivationsfunktion und der gesetzlich verankerten Funktion als Grundlage für Beförderungen.

Eine Folge dieser Widersprüche ist die sog. „Bestnoteninflation", d.h. der starke Anstieg der Anzahl an sehr guten Beurteilungen bis hin zur ausschließlichen Vergabe der jeweiligen Bestnote für alle Mitarbeiter – und damit auch für die Leistungsschwachen. Diese Vorgehensweise wurde von den beurteilenden Vorgesetzten vor allem damit begründet, dass sie ihre Mitarbeiter nicht demotivieren möchten. Allerdings führt dies dazu, dass die Beurteilungsergebnisse für Personalentwicklungs- oder Beförderungszwecke nicht nutzbar sind. Nichtsdestotrotz leiten Mitarbeiter aus solchen wenig aussagekräftigen Beurteilungen Ansprüche auf Beförderungen ab, die sie zum Teil gerichtlich durchzusetzen versuchen. Die zahlreichen, aufgrund von solchen Beförderungsstreitigkeiten ergangenen Gerichtsurteile haben zur Folge gehabt, dass viele Personalbeurteilungssysteme in öffentlichen Organisationen sehr stark auf die Beförderungsfunktion fokussiert sind, so dass sie sich für die individuelle Beratung und Förderung von Mitarbeitern kaum eignen.

Verschärft wird diese Problematik noch durch die finanziellen Engpässe der öffentlichen Hand und die damit einhergehenden strikten Sparzwänge in der jüngeren Vergangenheit, die oftmals zu einer restriktiven Beförderungspraxis geführt haben, so dass zahlreiche Mitarbeiter trotz hervorragender Leistungen und Potenziale keine Möglichkeit zur Beförderung erhalten konnten. In der Verwaltungspraxis ist daher die „Quotierung" ein weitverbreitetes Element von Personalbeurteilungssystemen geworden, d.h. die a-priori-Festlegung einer bestimmten Verteilung der Beurteilungen mit dem Ziel, die Beurteilungen mit den Beförderungsmöglichkeiten der Behörde in Einklang zu bringen. Dass sich diese Quotierungspraxis, die auch in dem oben dargestellten Beispiel eines Personalbeurteilungssystems in einer Polizeibehörde, aber kaum mit der Motivations- und Personalentwicklungsfunktion der Personalbeurteilung in Einklang bringen lässt, ist offensichtlich. Insgesamt lässt sich daher festhalten, dass die Vielfalt an und die Widersprüche zwischen den Funktionen von Personalbeurteilungen gerade in der Polizei den Nutzen dieses Instruments stark einschränken.

3.4 Personalführung

Obwohl sich Theorie und Praxis weitgehend einig sind, dass Personalführung ein elementarer Bestandteil des Personalmanagement-Prozesses ist und dass die Art und Weise der Führung von Mitarbeitern durch ihre Vorgesetzten einen massiven Einfluss auf den Erfolg einer Organisation hat, spielt das Thema Personalführung in vielen Lehrbüchern zum Personalmanagement keine zentrale Rolle. Im Standard-Lehrbuch von KLIMECKI und GMÜR beispielsweise sucht man die Begriffe „Führung", „Personalführung" und „Mitarbeiterführung" sowohl in der Gliederung als auch im Stichwortverzeichnis vergeblich.[197] Der Grund hierfür ist eben diese hohe Bedeutung, die dazu geführt hat, dass die Personalführung als eigenständi-

[197] Vgl. KLIMECKI/GMÜR 2005.

ge Disziplin – als sog. Führungslehre – gesehen wird, die gleichberechtigt neben dem Personalmanagement steht und separat gelehrt wird.

Das vorliegende Lehrbuch möchte dieses wichtige Thema nicht gänzlich aussparen, nicht zuletzt weil die Personalführung in öffentlichen Organisationen wie der Polizei insb. in Bezug auf das Feedback- und Informationsverhalten sowie die Zielvermittlungs-, Konfliktaustragungs- und Kritikfähigkeit von Führungskräften oftmals Defizite aufzuweisen scheint.[198] Allerdings kann es dem Thema auch nicht den seiner theoretischen und praktischen Bedeutung angemessenen Raum einräumen. Daher wird im Folgenden lediglich ein kurzer Überblick über die theoretischen Grundlagen (3.4.1) und wichtigsten Instrumente der Personalführung (3.4.2) gegeben, bevor abschließend auf das Thema „Führungskultur“ (3.4.3) eingegangen wird.

3.4.1 Ansätze der Personalführung

Unter Personalführung versteht man die unmittelbare, persönliche Beeinflussung der Einstellungen und des Verhaltens von Mitarbeitern durch Führungskräfte mit dem Zweck der Erfüllung der Organisationsziele.[199]

Die Kernfrage der Personalführung lautet dabei: Von welchen Faktoren hängt der Führungserfolg bzw. der Erfolg von Führungskräften ab? Bei der Beantwortung dieser Frage haben sich in der Literatur drei Argumentationsstränge herauskristallisiert, die auf die Eigenschaften der Führungskraft, auf das Führungsverhalten und auf die situativen Rahmenbedingungen der Führung abstellen. Diese Stränge haben sich mittlerweile als theoretische Ansätze der Führungslehre konstituiert und werden im Folgenden genauer dargestellt.[200]

Eigenschaftstheoretischer Ansatz

Vertreter dieses Ansatzes nehmen eine eigenschaftsorientierte Perspektive ein und gehen somit davon aus, dass der Führungserfolg primär von bestimmten Eigenschaften der Führungskraft abhängt. Daher wird i.d.R. durch einen Vergleich von erfolgreichen und erfolglosen Führungskräften versucht, diejenigen Eigenschaften zu identifizieren, die für den Führungserfolg verantwortlich sind.

198 Vgl. THOM/RITZ 2008, S. 386

199 Vgl. HOLTBRÜGGE 2007, S. 193.

200 Vgl. STOCK-HOMBURG 2008, S. 381 ff.

Dabei haben zahlreiche empirische Studien verschiedene *Eigenschaftskataloge* hervorgebracht. Ein sehr bekanntes Modell ist z.B. das 5-Faktoren-Modell der Persönlichkeit, das besagt, dass sich besonders erfolgreiche Führungskräfte durch fünf Eigenschaften auszeichnen („big five")[201]:

- Extraversion,
- emotionale Stabilität,
- Verträglichkeit,
- Gewissenhaftigkeit und
- Offenheit für neue Erfahrungen.

Ein anderer Ansatz führt den Erfolg von Führungskräften insb. auf ihre überdurchschnittliche intellektuelle Befähigung, ihre hohe Motivation, ihre soziale Kompetenz sowie ihre Lernfähigkeit und -bereitschaft zurück.[202] Interessant ist auch die Bad-Leadership-Typologie, die Inkompetenz, Starrköpfigkeit, Kaltherzigkeit, Unbeherrschtheit, Korrumpiertheit, Engstirnigkeit und Bösartigkeit als typische Eigenschaften einer erfolglosen Führungskraft identifiziert.[203]

Ein weiterer, sehr einflussreicher Strang dieses Ansatzes betont die Bedeutung der Ausstrahlung der Führungskraft und führt dementsprechend den Führungserfolg hauptsächlich auf dessen *Charisma* zurück.[204] Unter Charisma versteht man dabei eine weitgehend diffuse Reihe von angeborenen oder im Laufe eines Lebens herausgebildeten und damit kaum erlernbaren Persönlichkeitsmerkmalen wie z.B. hohes Selbstvertrauen, ausgeprägte Machtorientierung, dominantes Auftreten, rhetorisches Geschick, starke Vorstellungskraft, hohe Sensitivität für Umweltentwicklungen, Attraktivität, moralische Integrität oder ein positives Menschenbild. Diese Eigenschaften sollen eine starke Identifikation der geführten Mitarbeiter mit den Zielen der Führungskraft und damit eine hohe Motivation und überdurchschnittliche Leistungen bewirken.

Das Grundproblem dieser eigenschaftsorientierten Ansätze dürfte bereits deutlich geworden sein: die vorliegenden empirischen Studien identifizieren sehr unterschiedliche und teilweise auch widersprüchliche Eigenschaften. Ein wichtiger Grund hierfür ist sicherlich darin zu sehen, dass die ermittelten Eigenschaften keinen universell gültigen Einfluss auf den Füh-

---

201 Vgl. NEUBERGER 2001, S. 230.
202 Vgl. ROSENSTIEL 2003, S. 10
203 Vgl. KELLERMANN 2004, S. 40 ff.
204 Vgl. STOCK-HOMBURG 2008, S. 383 ff.

rungserfolg haben, sondern dass ihr Nutzen von der jeweiligen Situation – d.h. von den besonderen Merkmalen der jeweiligen Organisation und den Umweltbedingungen – abhängt. Dieser Kritik wird insb. im weiter unten erläuterten situativen Ansatz Rechnung getragen.

Verhaltenstheoretischer Ansatz

Der verhaltenstheoretische Ansatz der Führungslehre geht davon aus, dass der Führungserfolg weniger von bestimmten Eigenschaften der Führungskraft abhängt, sondern vielmehr von dessen Verhalten. Da nun aber das Verhalten einer Person – im Gegensatz zu dessen Persönlichkeitsmerkmalen – nicht angeboren ist, sondern mehr oder weniger bewusst gesteuert werden kann, sind die Vertreter dieses Ansatzes durchaus der Ansicht, dass man erfolgreiche Führung erlernen könne.

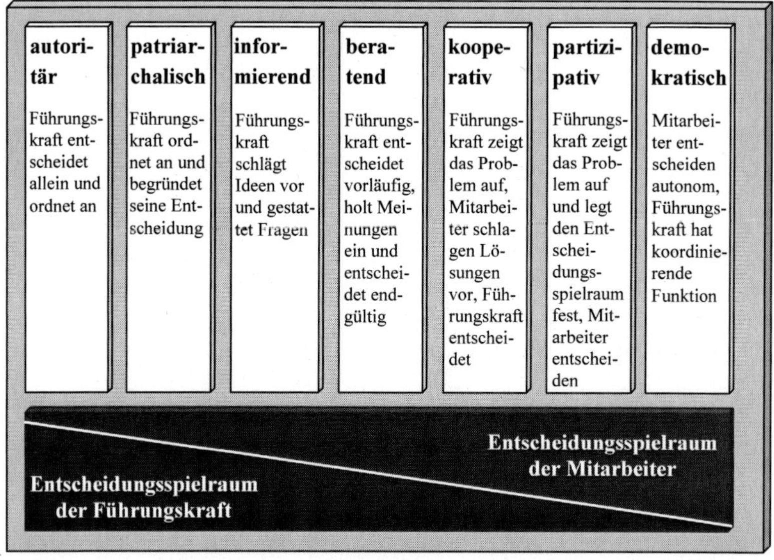

Abb. 3.10 Führungsstil und Entscheidungsspielraum (HEUERMANN/TOMENENDAL 2011, S. 219)

Im Mittelpunkt dieses Ansatzes steht in der Regel die Frage nach dem optimalen Führungsstil. Dabei versteht man unter einem Führungsstil üblicherweise die weitgehend stabilen Verhaltensmuster einer Führungskraft im Umgang mit dessen Mitarbeitern. In der einschlägigen Literatur findet man eine Vielzahl an Führungsstiltypologien, die eine nicht unerhebliche Anzahl an verschiedenen Führungsstilen unterscheiden.[205] Orientiert man sich z.B. ausschließlich an der Dimension „Entscheidungsspielraum", so ergibt sich die in Abbildung 3.10 dargestellte Typologie mit autoritärer Führung als demjenigen Führungsstil mit dem maximalen Entscheidungsspielraum auf Seiten der Führungskraft und demokratischer Führung als demjenigen Führungsstil mit dem maximalen Entscheidungsspielraum auf Seiten der Mitarbeiter.

Ebenfalls sehr verbreitet sind aber auch Führungsstiltypologien, die sich an zwei Dimensionen orientieren und dabei vor allem zwischen einer sozio-emotionalen Mitarbeiterorientierung und einer sachlich-rationalen Aufgabenorientierung unterscheiden. Ein typisches Beispiel hierfür ist die in Abbildung 3.11 veranschaulichte 4-Felder-Matrix, die die folgenden vier Führungsstile unterscheidet[206]:

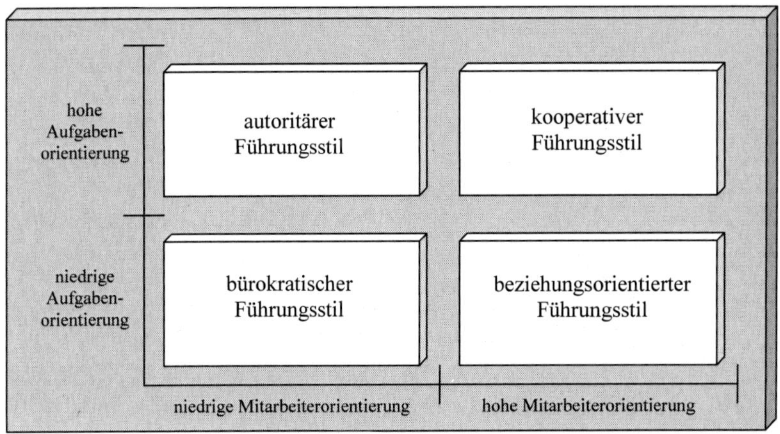

Abb. 3.11 Führungsstil, Mitarbeiter- und Aufgabenorientierung (STOCK-HOMBURG 2008, S. 408)

- *Bürokratische Führung*: Führungskraft pflegt kaum zwischenmenschliche Beziehungen zu den Mitarbeitern, unpersönliches Führungsklima, Führungskommunikation findet oftmals schriftlich statt.

205 Vgl. STOCK-HOMBURG 2008, S. 406 ff.

206 Vgl. STOCK-HOMBURG 2008, S. 407 ff.

- *Autoritäre Führung*: Führungskraft legt Ziele fest, intensive Kontrolle der Arbeitsleistung, Meinungen und Interessen der Mitarbeiter spielen kaum eine Rolle.
- *Beziehungsorientierte Führung*: Führungskraft legt mehr Wert auf das persönliche Wohlergehen der Mitarbeiter als auf das Erreichen der Organisationsziele.
- *Kooperativer Führungsstil*: Führungskraft legt hohen Wert sowohl auf sozio-emotionale wie auf sachlich-rationale Aspekte, kombiniert partizipative Elemente mit Leistungsorientierung.

Angesichts der Vielzahl an existierenden Führungsstiltypologien, verwundert es nicht, dass die Frage nach dem optimalen Führungsstil höchst unterschiedlich beantwortet wird. Die meisten Studien kommen zu dem Ergebnis, dass autoritäre Führungsstile sich i.d.R. positiv auf die Arbeitsleistung auswirkt, wohingegen kooperative Führungsstile i.d.R. einen positiven Einfluss auf die Arbeitszufriedenheit zu haben scheinen.[207] Es gibt aber auch einige Arbeiten, die darauf hindeuten, dass bei langfristiger Betrachtung ein kooperativer Führungsstil den anderen Führungsstilen überlegen ist.[208]

Auch wenn aktuelle repräsentative Studien zum Führungsstil im öffentlichen Sektor oder der Polizei fehlen, so wird dennoch oftmals eine Dominanz von bürokratischen und autoritären Führungsstilen in diesen Bereichen konstatiert.[209] Angesichts der im öffentlichen Sektor traditionell stark ausgeprägten Regelungsdichte, der stark regelgebundenen und arbeitsteiligen Aufgabenerfüllung, der hierarchischen Kompetenzaufteilung, der starken politischen Einflussnahme ist dies auch durchaus plausibel. Führungskräfte in öffentlichen Organisationen haben oftmals relativ geringe Gestaltungsspielräume, die sich auch im Führungsverhalten widerspiegeln und eine eher schwach ausgeprägte Mitarbeiterorientierung begünstigen. Insofern scheint gerade vor dem Hintergrund von NPM-Reformen und der damit einhergehenden Forderungen nach Dezentralisierung, Transparenz und Kundenorientierung eine stärkere Hinwendung zu kooperativen und partizipativen Führungsstilen möglich und zweckmäßig.

Situativer Ansatz

Vertreter des situativen Ansatzes bezweifeln keinesfalls, dass die im Mittelpunkt der beiden vorgenannten Ansätzen stehenden Faktoren – d.h. Ei-

---

207 Vgl. HOLTBRÜGGE 2007, S. 203
208 Vgl. STOCK-HOMBURG 2008, S. 409
209 Vgl. THOM/RITZ 2006, S. 400.

genschaften und Verhalten der Führungskraft – eine wichtige Rolle bei der Erklärung des Führungserfolges spielen; sie fokussieren aber eher auf die situativen Rahmenbedingungen. Es wird folglich davon ausgegangen, dass der Erfolg eines bestimmten Führungsverhaltens oder von bestimmten Persönlichkeitsmerkmalen ganz im Sinne der Kontingenztheorie je nach Situation variiert, so dass sich erfolgreiche Führungskräfte vor allem dadurch auszeichnen, dass sie besonders gut in der Lage sind, sich bzw. ihr Führungsverhalten an konkrete Situationen anzupassen.

Auch hier finden sich in der Literatur zahlreiche Studien, die ausgehend von den verschiedenen Führungsstiltypologien zu ermitteln versuchen, welches Führungsverhalten in welcher Situation angemessen ist. So machen z.B. HERSEY und BLANCHARD den Führungsstil vom „Reifegrad" der unterstellten Mitarbeiter abhängig, wobei der „Reifegrad" eine Kombination von Willigkeit (psychologische Reife) und Fähigkeit (Arbeitsreife) darstellt.[210] Dementsprechend empfehlen sie,

- Mitarbeiter mit geringer Reife *autoritär* – d.h. mit präzisen und genau einzuhaltenden Anweisungen – zu führen,
- Mitarbeiter mit eher unterdurchschnittlicher Reife *argumentativ* – d.h. mit rationalen Argumenten und der Möglichkeit zu Rückfragen – zu führen,
- Mitarbeiter mit eher überdurchschnittlicher Reife *partizipativ* – d.h. unter Einräumung von Mitbestimmungsrechten – zu führen und
- Mitarbeiter mit hoher Reife *delegativ* – d.h. durch die Übertragung der Entscheidungsverantwortung – zu führen.

Ein in der Praxis ebenfalls weit verbreiteter Ansatz ist das Modell von VROOM und YETTON, das in Abhängigkeit von sieben relativ einfachen, in einem Entscheidungsbaum dargestellten Entscheidungsregeln normative Empfehlungen in Bezug auf den optimalen Führungsstil abgibt.[211] Dabei erstrecken sich die Entscheidungsregeln z.B. auf die Bedeutung von Qualität, auf den Informationsstand der Führungskraft oder auf die Akzeptanz der Organisationsziele durch die Belegschaft. Die Führungsstile werden im Wesentlichen auf drei Alternativen reduziert, nämlich einen autokratischen, einen beratenden und einen partizipativen Führungsstil – allerdings unter Berücksichtigung von unterschiedlichen Ausprägungen. So empfiehlt das Modell beispielsweise in einer Situation, die sich auszeichnet durch

---

210 Vgl. HERSEY/BLANCHARD 1977.
211 Vgl. VROOM/YETTON 1973.

- eine hohe Bedeutung von Qualität,
- Informationsdefizite bei der Führungskraft,
- ein schlecht strukturiertes Problem,
- eine hohe Bedeutung der Akzeptanz der Entscheidung durch die Belegschaft für die Effektivität der Ausführung,
- eine geringe Akzeptanz einer Alleinentscheidung der Führungskraft durch die Belegschaft und
- eine geringe Akzeptanz der Organisationsziele durch die Belegschaft,

dass die Führungskraft das betreffende Problem zwar gemeinsam mit dessen Mitarbeitern diskutiert, dass aber die Entscheidung letztlich allein durch die Führungskraft getroffen wird, d.h. einen beratenden Führungsstil. Ist in einer solchen Situation hingegen die Akzeptanz der Organisationsziele durch die Belegschaft hoch, dann wird ein partizipativer Führungsstil empfohlen, bei dem die Entscheidung gemeinsam getroffen wird und die Führungskraft eher als Koordinator bzw. Diskussionsleiter fungiert.

Dieses Beispiel verdeutlicht den zentralen Schwachpunkt des situativen Ansatzes der Führungslehre, nämlich die Unmöglichkeit, alle denkbaren oder zumindest wahrscheinlichen internen und externen Einflussfaktoren zu berücksichtigen. Daher können die Vertreter dieses Ansatzes zwar grobe Empfehlungen abgeben, welches Führungsverhalten in bestimmten, genau abgegrenzten Situation zweckmäßig sein dürfte, der Grad an Unsicherheit bleibt allerdings groß. Nichtsdestotrotz hat sich der situative Ansatz in der Praxis als äußerst wertvoll erwiesen – und zwar weniger, weil er präzise Entscheidungsregeln angeben kann, wie sich Führungskräfte in bestimmten Situationen verhalten sollten, sondern vielmehr weil er verdeutlicht, dass es keinen solchen „one best way“ gibt.[212]

3.4.2 Instrumente der Personalführung

Führungskräfte können im Rahmen ihrer Führungstätigkeit verschiedene Instrumente bzw. Techniken einsetzen, die auf eine Verbesserung der Kommunikation und Koordination in ihrem Verantwortungsbereich gerichtet sind. Diese lassen sich entsprechend in Kommunikations- und Koordinationsinstrumente einteilen.[213]

---

212 Vgl. HOLTBRÜGGE 2007, S. 206.

213 Vgl. STOCK-HOMBURG 2008, S. 442 ff.

Kommunikationsinstrumente

Ein wichtiges Mittel, um die Effektivität und die Effizienz des Führungshandelns zu erhöhen, ist die Verbesserung der Kommunikation bzw. des Informationsflusses zwischen der Führungskraft und ihren Mitarbeitern. Eine zentrale Rolle spielen dabei die Themen Anerkennung, Kritik, Feedback-Gespräche und Mitarbeiterbesprechungen.[214]

Die Äußerung von Anerkennung oder Kritik soll den geführten Mitarbeitern signalisieren, welche Verhaltensweisen von der Führungskraft gewünscht bzw. nicht gewünscht sind, und kann eine starke Motivationswirkung haben. Allerdings kann die Art und Weise der Äußerung von Anerkennung oder Kritik sehr unterschiedlich ausfallen. Damit sie als Instrument der Personalführung einen positiven Einfluss auf den Führungserfolg haben, müssen sie von der Führungskraft bewusst und zielgerichtet eingesetzt werden.

In Bezug auf *Anerkennung* ist insb. anzumerken, dass viele Führungskräfte dessen motivierende Wirkung unterschätzen und oftmals dazu neigen, dieses Instrument nur selten oder gar nicht einzusetzen. Insofern erscheint es ratsam, Mitarbeiter bei guten Leistungen explizit und persönlich hierfür zu loben. Ob dies „unter vier Augen" oder in der Öffentlichkeit erfolgt, hängt davon ab, ob der gelobte Mitarbeiter dies als peinlich empfinden könnte und ob die Vorbildfunktion des Mitarbeiters betont werden soll.

Die Äußerung von *Kritik* ist ein weitaus sensibleres Instrument, weil Menschen Kritik i.d.R. als unangenehm empfinden und als Reaktion darauf dazu neigen, eine Verteidigungshaltung einzunehmen und beleidigt oder enttäuscht zu sein. Kurzfristig hat die Äußerung von Kritik daher meistens eine demotivierende Wirkung auf die kritisierte Person. Gleichwohl kann langfristig nicht auf Kritik verzichtet werden, ohne den Führungserfolg zu gefährden. Um die demotivierende Wirkung von Kritik zu minimieren, sollte diese daher stets „unter vier Augen" geäußert werden und möglichst direkt an beobachtetes Verhalten des Mitarbeiters geknüpft sein. Zudem sollte das Gespräch sachlich geführt werden, auf persönliche Angriffe verzichten und Hinweise enthalten, wie das kritisierte Verhalten in Zukunft vermieden werden kann.

Eine wichtige Rolle spielen in diesem Zusammenhang individuelle *Feedback-Gespräche* zwischen Führungskraft und geführten Mitarbeiter. Diese dienen zum einen dazu, dem Mitarbeiter regelmäßig eine persönliche Rückmeldung über das gezeigte Verhalten bzw. die gezeigten Leistungen

---

214 Vgl. STOCK-HOMBURG 2008, S. 444 ff.

zu geben. Dabei unterscheiden sich diese von der oben erläuterten Personalbeurteilung insb. durch ihren informellen Charakter und durch die deutlich höhere Frequenz. Zum anderen ermöglichen sie dem Mitarbeiter aber auch, die Führungskraft, die Kollegen oder bestimmte Aspekte des Arbeitsgeschehens zu kritisieren oder zu loben, so dass sie ganz wesentlich zu einer Verbesserung der Kommunikation zwischen Führungskraft und Belegschaft beitragen können.

Weitet man ein solches Gespräch von der individuellen Ebene auf die Team- oder Abteilungsebene aus, so spricht man i.d.R. von einer *Mitarbeiterbesprechung*. Auch diese kann zu einer Verbesserung der Kommunikation im Verantwortungsbereich der Führungskraft beitragen, allerdings geht es hierbei i.d.R. weniger um die Äußerung von Anerkennung oder Kritik, sondern eher um die Verdeutlichung von gemeinsamen Zielen oder um die Diskussion der Ursachen für mögliche Zielverfehlungen.

Koordinationsinstrumente

Zu den Instrumenten der Führung gehören aber auch einige Techniken, die der Verbesserung der Koordination und insb. der Abstimmung der Mitarbeiter im Verantwortungsbereich der Führungskraft dienen. Im Mittelpunkt stehen dabei normative Ansätze, die die Komplexität des Führungsgeschehens reduzieren und praxisnahe Empfehlungen zur Optimierung des Führungshandelns und -entscheidens abgeben. Einige der wichtigsten dieser sog. „Management-by-Konzepte“ werden im Folgenden kurz dargestellt.[215]

- *Management by Objectives*: Die Führungskraft und der Mitarbeiter erarbeiten gemeinsam konkrete Zielvorgaben für den Mitarbeiter, die oftmals an ein (monetäres) Anreizsystem geknüpft sind. Der Mitarbeiter hat einen weiten Gestaltungsspielraum, wie er diese Ziele erreichen möchte. Diese hohe Entscheidungsfreiheit wirkt sich i.d.R. motivationsfördernd aus. Zudem fördert dieses Instrument organisationszielkonformes Verhalten beim Mitarbeiter – allerdings nur, wenn die individuellen Zielvorgaben mit den Organisationszielen in Einklang stehen.
- *Management by Delegation*: Die Führungskraft überträgt delegierbare Aufgaben an den Mitarbeiter und beschränkt sich auf Erfolgskontrolle. Die höhere Kompetenz und Verantwortung des Mitarbeiters wirkt sich i.d.R. positiv auf die Mitarbeitermotivation aus. Zugleich wird die Führungskraft von Routineaufgaben entlastet.

---

215 Vgl. WÖHE/DÖRING 2008, S 130 ff.; STOCK-HOMBURG 2008, S. 453 ff.

- *Management by Exception*: Der Mitarbeiter erledigt seine „normalen" Aufgaben selbstständig und eigenverantwortlich, was i.d.R. eine positive Motivationswirkung hat. Die Führungskraft greift nur in kritischen Situationen ein, insb. bei unterdurchschnittlichen oder unbefriedigenden Arbeitsergebnissen. Auch hier ergibt sich eine Entlastung der Führungskraft von Routineaufgaben.
- *Management by Participation*: Die Führungskraft bezieht den Mitarbeiter möglichst direkt und möglichst umfassend in die Entscheidungsfindung ein. Dies führt i.d.R. zu einer starken Identifikation des Mitarbeiters mit den Entscheidungen und den damit verfolgten Zielen, was wiederum einen positiven Motivationseffekt haben sollte.

Im öffentlichen Sektor und auch in der Polizei spielt mittlerweile vor allem das erstgenannte Führungsinstrument, d.h. Management by Objectives, eine sehr maßgebliche Rolle, weil es zur Dezentralisierung der Verwaltungsstrukturen beiträgt, die Ergebnisorientierung erhöht und dementsprechend in hohem Maße mit den Grundgedanken von NPM-Reformen harmoniert.[216] Zudem ist es hochkompatibel mit einem modernen, integrierten Personalmanagement-Konzept, da es wichtige Anknüpfungspunkte zur Personalbeurteilung und zur Personalentwicklung aufweist. Gleichwohl sollte dabei nicht übersehen werden, dass die Umsetzung in der Polizei schwierig ist – insb. aufgrund der Komplexität des Zielsystems der Polizei,was die Ableitung von zweckmäßigen individuellen Zielvereinbarungen erschwert, sowie aufgrund der eingeschränkten Möglichkeiten zur Verknüpfung mit monetären Anreizsystemen.

3.4.3 Führungskultur

Der Führungserfolg hängt aber nicht nur von den bisher angesprochenen Faktoren – d.h. vor allem Persönlichkeitsmerkmale und Führungsstil der Führungskraft, situative Aspekte sowie Führungsinstrumente – ab, sondern auch davon, in welchem Ausmaß diese Faktoren mit der jeweiligen Organisationskultur in Einklang stehen.[217] Wie bereits oben in Kapitel 2.3 angemerkt wurde, verfügt jede Organisation über eine Organisationskultur – d.h. über spezifische, historisch gewachsene, von den Organisationsmitgliedern verinnerlichte Vorstellungs- und Orientierungsmuster, die einen starken und nachhaltigen Einfluss auf das Verhalten der Belegschaft haben. Dabei stellt derjenige Teilbereich der Organisationskultur, der die für die Personalführung relevanten Basisannahmen, Normen und Symbole umfasst

---

216 Vgl. THOM/RITZ 2006, S. 405.

217 Vgl. HOLTBRÜGGE 2007, S. 215 ff.

und die in besonderem Maße das Verhalten der Führungskräfte beeinflusst, eine spezifische Subkultur dar, die üblicherweise als Führungskultur bezeichnet wird.[218]

Dass die Organisationskultur im Allgemeinen und die Führungskultur im Besonderen einen maßgeblichen Einfluss auf das Führungsverhalten und den Führungserfolg haben, ist offensichtlich. Dies dürfte umso mehr für öffentliche Organisationen gelten, die i.d.R. über besonders starke Organisationskulturen verfügen.

Dabei ist das Verhältnis zwischen Organisations- bzw. Führungskultur und Personalführung ein wechselseitiges. Zum einen ist davon auszugehen, dass Führungskräfte bewusst oder unbewusst dazu neigen dürften, ihre Führungsentscheidungen und ihr Führungsverhalten an die bestehende Organisationskultur anzupassen, um Widerstände in der Belegschaft möglichst zu vermeiden. Daher dürfte die im öffentlichen Sektor verbreitete „Verwaltungskultur" eine wichtige Ursache für die oben bereits konstatierte Dominanz von bürokratischen und autoritären Führungsstilen in öffentlichen Organisationen sein. Dies gilt sicherlich auch für die „Polizeikultur", die von patriarchalen Männlichkeitskonstruktionen geprägt ist und in der Verschwiegenheit, Konformität, Stärke, Gerechtigkeit, Ehre, Solidarität und Treue zentrale Werte darstellen.[219]

Gleichzeitig sind Organisationskulturen aber keine statischen Systeme; sie verändern sich im Zeitablauf und unterliegen vielfältigen internen und externen Einflussfaktoren, zu denen sicherlich auch das Führungshandeln gehört. Insofern dürften Führungskräfte zwar kaum in der Lage sein, die Organisationskultur gezielt zu steuern, Einfluss – insb. auf die Führungskultur – haben sie aber auf jeden Fall.

Symbolische Führung

Eine zentrale Rolle spielt in diesem Zusammenhang die symbolische Führung.[220] Diese zeichnet sich insb. dadurch aus, dass die Führungskraft eine Vision – d.h. eine auf die Zukunft bezogene Vorstellung über die Organisation – hat, die symbolisch durch Worte, Rituale, usw., sowohl bewusst wie auch unbewusst, vermittelt wird und die eine starke Identifikations- und Motivationswirkung bei den Mitarbeitern hat. Zu diesen symbolischen Handlungen können beispielsweise geöffnete Bürotüren als Zeichen für

---

218 Vgl. HOHLBAUM/OLESCH 2006, S. 110 ff.

219 Vgl. VERA/KÖLLING 2013, S. 68 f.

220 Vgl. THOM/RITZ 2006, S. 413 f.

Offenheit und Transparenz, förmliche Kleidung als Zeichen für Seriosität oder das „Duzen“ als Zeichen für Kollegialität gehören.

Symbolisches Führen kann Sinn und Legitimation vermitteln und damit den Führungserfolg verbessern. Allerdings setzt dies voraus, dass die Symbole konsistent zum übrigen Führungshandeln der betreffenden Führungskraft sind. So ist beispielsweise der Führungserfolg einer Führungskraft, dessen Bürotür zwar stets geöffnet ist, die aber ansonsten kaum mit ihren Mitarbeitern kommuniziert und diese auch kaum an ihren Entscheidungen teilhaben lässt, durchaus zweifelhaft. Darüber hinaus dürfte der Führungserfolg auch davon abhängen, ob die gewählten Symbole in der jeweiligen Organisationskultur verankert sind. Auch hier gilt, dass der Führungserfolg einer Führungskraft, die als einzige den in einer Behörde vorherrschenden Dresscode oder die üblichen Höflichkeitsformen ignoriert, fraglich ist. Gleichwohl können solche mit der Organisationskultur nicht in Einklang stehenden symbolischen Handlungen durchaus erfolgreich sein, von anderen Führungskräften übernommen werden und letztlich einen Kulturwandel initiieren.

Führungsleitlinien

Ein wichtiges und sowohl im privaten wie öffentlichen Sektor mittlerweile weitverbreitetes Instrument zur Beeinflussung der Führungskultur sind Führungsleitlinien. Diese enthalten in schriftlicher Form die zentralen Werte und Normen, an denen sich die Führungskräfte einer Organisation nach dem Willen der Organisationsleitung in ihrem Führungshandeln orientieren sollten.

Angesichts der Unvorhersehbarkeit und Vielfalt an Führungssituationen in größeren Organisationen können solche Führungsleitlinien selbstverständlich keine präzisen Handlungsanweisungen enthalten, sondern lediglich grobe Richtlinien, die der Führungskraft einen weiten Entscheidungsspielraum belassen. Allerdings geben sie sowohl der Führungskraft als auch den geführten Mitarbeitern die Möglichkeit, ein bestimmtes Führungsverhalten auf dessen Konsistenz mit den offiziellen, von der Organisationsleitung gewünschten Führungsgrundsätzen zu überprüfen, so dass sie auf lange Sicht durchaus einen wichtigen Einfluss auf die Führungskultur haben dürften. Dies sollte umso mehr gelten, wenn die Führungsleitlinien nicht nur formuliert und von der Organisationsleitung verabschiedet und kommuniziert werden, sondern vor allem wenn diese auch eng mit den für Führungskräfte maßgeblichen Personalauswahl-, Personalbeurteilungs- und Personalentwicklungssystemen verknüpft werden.

Beispiel: Das Kooperative Führungssystem der deutschen Polizei

Ein typisches Beispiel für Führungsleitlinien in öffentlichen Organisationen ist das für alle deutschen Polizeien des Bundes und der Länder geltende Kooperative Führungssystem.[221] Die Entwicklung dieser Führungsleitlinien begann in den 1970er Jahren und zielte von Anfang an auf eine Abkehr von der in polizeilichen Organisationen traditionell vorherrschenden militärisch geprägten, autoritären Führungskultur ab. Im Kern besteht das Kooperative Führungssystem aus den in Abbildung 3.12 dargestellten drei Grundannahmen und sechs Elementen.

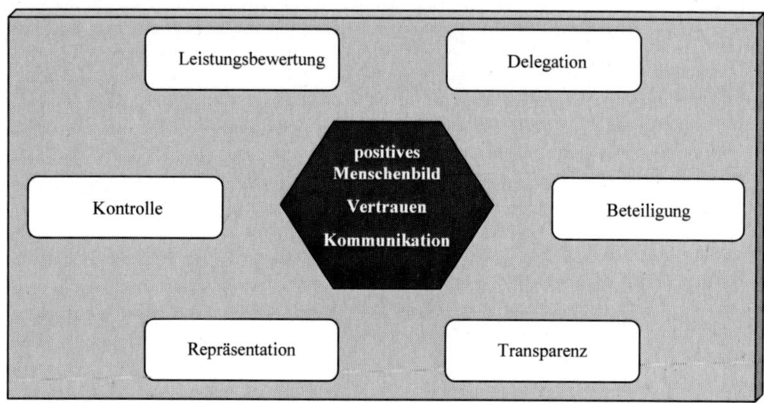

Abb. 3.12 *Das Kooperative Führungssystem der deutschen Polizei*

Dabei bilden ein grundsätzlich positives Menschenbild sowie eine vertrauensvolle Zusammenarbeit und Kommunikation zwischen Führungskraft und Mitarbeitern den allgemeinen Rahmen des Führungshandelns, der anhand der sechs Elemente Delegation, Beteiligung, Transparenz, Repräsentation, Kontrolle und Leistungsbewertung konkretisiert wird. Ohne die einzelnen Systemelemente im Detail erläutern zu wollen, lässt sich aber schon bei oberflächlicher Betrachtung feststellen, dass das Kooperative Führungssystem eine starke Mitarbeiterorientierung aufweist und sehr deutlich auf eine partizipative, beziehungsorientierte Führung abzielt. Lediglich die beiden Elemente „Kontrolle“ und „Leistungsbewertung“ weisen eine eher bürokratisch-autoritäre Orientierung auf, die angesichts der besonderen Aufgaben und Befugnisse der Polizei wohl unvermeidlich sind. Insgesamt überwiegen aber die demokratisch-kooperativen Elemente sehr deutlich.

---

221 Vgl. WEIBLER/THIELMANN 2010, S. 57 ff.

Mittlerweile existiert das Kooperative Führungssystem seit mehr als 30 Jahren. Es hat Eingang gefunden in die entsprechenden Curricula sämtlicher für die Ausbildung von Polizisten zuständigen Hochschulen und ist als verbindliche Führungsverhaltenvorschrift in die einschlägigen Vorschriften sowie als Kriterium in die für Führungskräfte relevanten Personalbeurteilungssysteme aufgenommen worden. Obwohl belastbare wissenschaftliche Untersuchungen bezüglich der Umsetzung und der konkreten Auswirkung dieser Führungsleitlinien in der Polizei fehlen, so hat in den vergangenen Jahrzehnten ein nicht zu übersehender Wandel der Führungskultur in der Polizei hin zu partizipativ-demokratischen Grundsätzen stattgefunden. Dieser ist mit hoher Wahrscheinlichkeit auch auf das Kooperative Führungssystem zurückzuführen, so dass man in Bezug auf den Erfolg dieser Führungsleitlinien durchaus eine positive Bilanz ziehen kann.

Allerdings haben die vergangenen 30 Jahre auch gezeigt, dass die Veränderung der Führungskultur einer großen, öffentlichen Organisation wie der Polizei äußerst schwierig und langwierig ist. Die Entwicklung und Implementierung von Führungsleitlinien ist dabei zwar ein wichtiger Baustein, zumindest ebenso wichtig ist aber auch ihre Verknüpfung mit den restlichen Instrumenten des Personalmanagements und insb. mit der im Folgenden behandelten Personalentwicklung.

3.5 Personalentwicklung

Die Personalentwicklung hat in den letzten Jahren aufgrund des sich immer deutlicher abzeichnenden Führungs- und Fachkräftemangels sowie der zunehmend akzeptierten Erkenntnis, dass die Mitarbeiter in Zeiten der Globalisierung und der immer rasanter fortschreitenden technologischen Entwicklung die wichtigste Ressource einer Organisation darstellen, branchenübergreifend sehr stark an Bedeutung gewonnen.[222] Wegen des davon ausgehenden, massiven Einflusses auf den Organisationserfolg spielt es zurzeit innerhalb eines integrierten Personalmanagement-Konzepts, wie es oben in Kapitel 3.1.3 dargestellt wurde, sicherlich eine dominante Rolle.

Im öffentlichen Sektor ist diese Erkenntnis allerdings noch nicht überall angekommen. Stattdessen wird in einer nicht unerheblichen Anzahl von öffentlichen Organisationen noch immer die Ansicht vertreten, dass Personalentwicklung lediglich eines unter vielen personalwirtschaftlichen Instrumenten ist und im Wesentlichen mit Aus- und Fortbildung gleichgesetzt werden kann. Ein solches Verständnis ist aber nicht nur unzeitgemäß; an-

---

222 Vgl. STOCK-HOMBURG 2008, S. 150 f.

gesichts der neuen Anforderungen an den öffentlichen Sektor und der gegenwärtigen und für die Zukunft zu erwartenden Umweltbedingungen – insb. auf dem Arbeitsmarkt – stellt es vielmehr eine ernsthafte Gefährdung des Organisationserfolgs dar und ist zugleich Beleg für mangelnde personalwirtschaftliche Kompetenz bei den zuständigen Entscheidungsträgern.

3.5.1 Begriffsabgrenzung, Ziele und Akteure

Begriffsabgrenzungen

Personalentwicklung umfasst üblicherweise alle diejenigen Maßnahmen, mit denen neue Qualifikations- und Motivationspotenziale bei den Mitarbeitern erzeugt und dadurch für die Organisation aktiviert werden.[223] Schon diese Begriffsabgrenzung verdeutlicht, dass eine generelle Gleichsetzung von Personalentwicklung mit Aus- und Fortbildung unzulässig ist. Abbildung 3.13 veranschaulicht die in der Praxis verwendeten, unterschiedlich weiten Auslegungen des Personalentwicklungsbegriffs. Mittlerweile hat die „weitere" Begriffsabgrenzung, derzufolge Personalentwicklung die Aus- und Fortbildung sowie die Mitarbeiterförderung umfasst, die traditionelle, „enge" Auslegung in den meisten Organisationen verdrängt. Allerdings findet die „weite" Auslegung, die sich zusätzlich auf die Organisationsentwicklung erstreckt, zunehmend Anhänger und liegt daher auch den folgenden Ausführungen in diesem Lehrbuch zu Grunde.

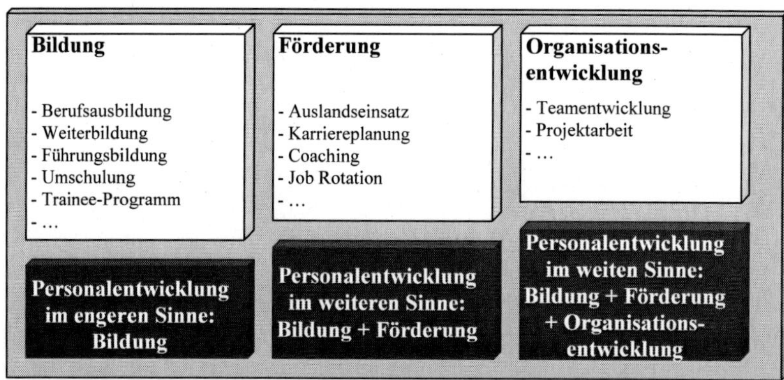

Abb. 3.13 Personalentwicklungsbegriff (BECKER 2005, S. 4)

Eine weitere, wichtige begriffliche Abgrenzung betrifft die beiden im Personalmanagement sehr populären Ausdrücke „*Qualifikation*" und „*Kompe-*

223 Vgl. KLIMECKI/GMÜR 2005, S. 193.

tenz“. Diese werden vor allem in praxisnahen Kontexten und Literaturquellen oftmals in dem Sinne verwendet, dass erfolgreiche Personalentwicklung nicht auf die Vermittlung von Qualifikationen, sondern von Kompetenzen abzielen sollte.

Diese Verwendung ist im Englischen sicherlich sinnvoll, weil dort „qualification“ ein formal zertifiziertes Niveau aus Lernen und Erfahrung umschreibt, während „competence“ das von einer Person erreichte Niveau aus Lernen und Erfahrung beschreibt. Im Deutschen macht diese Gegenüberstellung aber wenig Sinn, weil hier beide Begriffe das erreichte – und nicht zwangsläufig formal zertifizierte – Niveau aus Lernen und Erfahrung im Sinne der englischen „competence“ meinen. Im allgemeinen Sprachgebrauch scheint sich mittlerweile allerdings die Auffassung durchgesetzt zu haben, dass „Kompetenz“ stärker auf die konkrete Handlungsfähigkeit und die praktische Verwertung von Know-how abzielt als „Qualifikation“. Nichtsdestotrotz ist festzuhalten, dass im Deutschen beide Begriffe nahezu synonym sind und daher auch in diesem Lehrbuch so verwendet werden.

Ziele der Personalentwicklung

Ein umfassendes Personalentwicklungskonzept, das nicht nur Aus- und Fortbildung, sondern zusätzlich auch Förderung und Organisationsentwicklung zum Gegenstand hat, ist deutlich mehr als ein Instrument zur gezielten Anpassung der Qualifikationen der Mitarbeiter an die Anforderungen der Organisation. Es eruiert vielmehr die Entwicklungsbedürfnisse der Mitarbeiter und stimmt diese mit den Organisationszielen ab, trägt zu einer Verbesserung des Organisationsklimas bei, gleicht Führungsdefizite aus und steigert die Mitarbeiterzufriedenheit. Insofern kann ein solches Personalentwicklungskonzept durchaus ein wichtiges Argument sein, sich bei einer Organisation zu bewerben, und damit das Personalmarketing unterstützen, es kann aber auch maßgeblich zur Personalbindung und zur Motivation der Belegschaft beitragen.[224] Allerdings ist die praktische Umsetzung eines so verstandenen Personalentwicklungskonzepts äußerst anspruchsvoll und kostspielig.

Kostspielig ist es zum einen, weil Personalentwicklung stets Ressourcen verbraucht. Damit sind aber nicht nur die Finanzmittel gemeint, die für externe Trainings o.ä. zu zahlen sind, sondern vor allem auch die für Personalentwicklungsmaßnahmen aufgewendete Arbeitszeit, in der die betreffenden Mitarbeiter nicht für ihre regulären Aufgaben zur Verfügung stehen. Zum anderen führt erfolgreiche Personalentwicklung aber auch zu einer

---

[224] Vgl. HAUBROCK/ÖHLSCHLEGEL-HAUBROCK 2009, S. 94 f.

Verbesserung der Qualifikationen, Motivation und Leistungsfähigkeit der Mitarbeiter, die sich i.d.R. in einem gestiegenen „Marktwert“ der Mitarbeiter niederschlägt. Wenn dieser gestiegene „Marktwert“ nicht mit einer Beförderung und/oder einem höheren Gehalt abgegolten wird, was angesichts der Finanzmittelknappheit der öffentlichen Hand ein durchaus realistisches Szenario für viele öffentliche Organisationen darstellt, dann besteht die Gefahr, dass der Mitarbeiter demotiviert ist und schlimmstenfalls sogar die Organisation verlässt, was zu einem kompletten Verlust der Investition in die Entwicklung dieses Mitarbeiters führt.

Anspruchsvoll ist vor allem die Berücksichtigung der Entwicklungsziele der Mitarbeiter, die mehr oder weniger stark von den Organisationszielen abweichen können.[225] So können Mitarbeiter mit Personalentwicklung eine Vielzahl an Zielen verfolgen, insb. eine Verbesserung der Aufstiegschancen, ein höheres Einkommen, eine Erweiterung der eigenen Verwendungsbreite, aber auch interessantere Aufgaben, Wissenserweiterung oder die persönliche Weiterentwicklung. Dass Zielkonflikte zwischen Organisation und Mitarbeitern in diesem Zusammenhang nicht nur nicht ausgeschlossen werden können, sondern sogar wahrscheinlich sind, ist offensichtlich. Erfolgreiche Personalentwicklung setzt also einerseits voraus, dass die Erwartungen der Organisation an die Mitarbeiter sehr deutlich und transparent kommuniziert werden, und andererseits aber auch, dass die Organisation bereit ist, die Bedürfnisse und Erwartungen des Mitarbeiters ernst zu nehmen und diesen möglichst umfassend entgegenzukommen.

Akteure

Damit die Abstimmung der Entwicklungsziele von Organisation und Mitarbeiter möglichst konfliktarm gelingen kann, ist eine Dezentralisierung der Personalentwicklungsfunktion erforderlich. Abbildung 3.14 veranschaulicht, wie sich in diesem Zusammenhang die Rollen der zentralen internen Akteure in den letzten Jahrzehnten verändert haben.

Spielte in den 1980er Jahren in den meisten Organisationen noch eine zentrale Personalabteilung die dominante Rolle bei der Personalentwicklung, während dem Mitarbeiter eine eher passive Rolle als Entwicklungsobjekt zukam, so hat sich dies seitdem deutlich verändert. In den 1990er Jahren übernahm die Führungskraft wegen ihrer größeren Nähe zum Mitarbeiter die dominante Rolle im Personalentwicklungsprozess, während der Personalabteilung eine beratende Funktion zukam. Angesichts der oben dargestellten neuen Herausforderungen an das Personalmanagement hat seit den

---

[225] Vgl. STOCK-HOMBURG 2008, S. 155 f.

2000er Jahre in vielen Organisationen eine noch weitergehende Dezentralisierung stattgefunden. Dabei spielen die Personalabteilung und die Führungskraft noch immer eine wichtige Rolle, indem sie den Mitarbeiter beraten und darauf hinwirken, Zielkonflikte zwischen Mitarbeiter und der Organisation möglichst zu vermeiden. Die dominante Rolle bei der Gestaltung der Personalentwicklung spielt allerdings der Mitarbeiter selbst, so dass man von Selbstentwicklung sprechen kann.

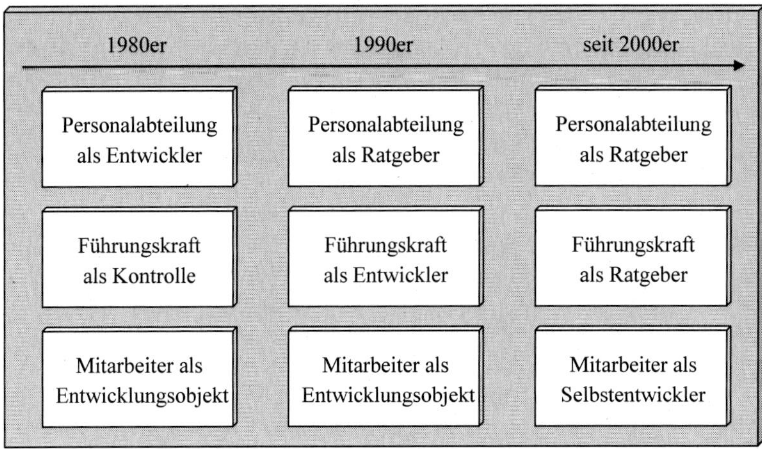

Abb. 3.14 Rollenverteilung bei der Personalentwicklung (SCHOLZ 2000, S. 4)

Für viele Polizeibeamte stellt dieser Schritt allerdings eine große Herausforderung dar, da er eine vollständige Abkehr von den traditionellen Lernprinzipien in der öffentlichen Verwaltung darstellt, die auf der Befolgung von Anweisung und der Anpassung an Regeln und Richtlinien basiert.[226]

3.5.2 Lerntheoretische Grundlagen

Personalentwicklung bedeutet aus Mitarbeitersicht den Erwerb von Qualifikations- und Motivationspotenzialen. Dies geht einher mit einer Veränderung von individuellen Deutungs- und Handlungsmustern – d.h. mit einem Lernprozess. Dabei lassen sich die Prinzipien und die Bedingungen des Lernens auf der Grundlage von Lerntheorien erklären, die sich zwei Hauptparadigmen zuordnen lassen[227]:

---

226 Vgl. THOM/RITZ 2006, S. 359

227 Vgl. KLIMECKI/GMÜR 2005, S. 193 ff.

- *Behavioristisches Paradigma*: Dieser in der ersten Hälfte des 20. Jahrhunderts begründete Ansatz konzentriert sich auf die Bedingungen von Verhaltensänderungen und betrachtet Lernen als verstetigte Reaktion auf äußere Reize oder als Ergebnis von positiven bzw. negativen Rückmeldungen auf Verhaltensänderungen. Eine Reflexion über das eigene Verhalten ist hierbei nicht erforderlich.
- *Kognitivistisches Paradigma*: Dieser in der zweiten Hälfte des 20. Jahrhunderts begründete Ansatz konzentriert sich auf Wahrnehmungen, Gedanken und Wertungen und betrachtet Lernen als Ergebnis der Reflexion über bisherige Erfahrungen mit Problemen. Lernen stellt eine Veränderung der bestehenden kognitiven Strukturen dar, die ihrerseits nur unter Berücksichtigung dieser Strukturen verstanden werden können.

Obwohl die behavioristischen Ansätze keinesfalls als überholt gelten, so eignen sie sich doch eher für die Erklärung von relativ simplen Lernprozessen. Die für Personalentwicklungsmaßnahmen im öffentlichen Sektor typischen Lernprozesse weisen allerdings i.d.R. einen Abstraktions- und Komplexitätsgrad auf, der sich besser mit kognitivistischen Ansätzen erklären lässt.[228] Diese verstehen Lernen als inneren Reflexionsprozess, bei dem der Lernende seine inneren (geistigen) Strukturen aufgrund von neuartigen Erfahrungen verändert.

Den Ausgangspunkt dieses Ansatzes bildet die Vorstellung, dass Personen im Laufe ihres Lebens bestimmte Vorstellungen oder Bilder über ihre Umwelt – sog. Schemata – erwerben, die logisch konsistent aufgebaut sind und es der Person ermöglichen, die Umwelt zu „verstehen“, d.h. Wahrnehmungen auf eine bestimmte Art und Weise zu interpretieren und angemessen darauf zu reagieren. Diese Schemata führen zu einer Assimilation der Umwelt, d.h. die Umwelt wird so wahrgenommen, wie es die inneren Strukturen vorsehen. Solange die Person mit dieser Interpretation der Umwelt zufrieden ist, d.h. solange die vorhandenen Deutungs-, Wert- und Handlungsmuster die aktuellen Anforderungen bewältigen können, tritt keine Verhaltensänderung ein.

Lernen findet erst dann statt, wenn die bisherigen Schemata von der Person als unbefriedigend oder ungeeignet eingeschätzt werden, weil sie bei der Erklärung von äußeren Ereignissen scheitern bzw. weil die bisherigen Deutungs-, Wert- und Handlungsmuster nicht den erwarteten Erfolg bringen. Diese Irritation initiiert kognitive Prozesse, die entweder zu einer Verände-

---

228 Vgl. PIAGET 1991; NEISSER 1979.

rung der bisherigen Schemata bzw. zur Anlegung von neuen Schemata oder zur Resignation führen. Lernen bedeutet demzufolge die Verbesserung von bestehenden Schemata oder Neuentwicklung von erfolgreicheren Schemata als Reaktion auf das Scheitern der bisherigen Schemata. Eine solche kognitivistische Perspektive auf den Lernprozess wird in Abbildung 3.15 dargestellt.

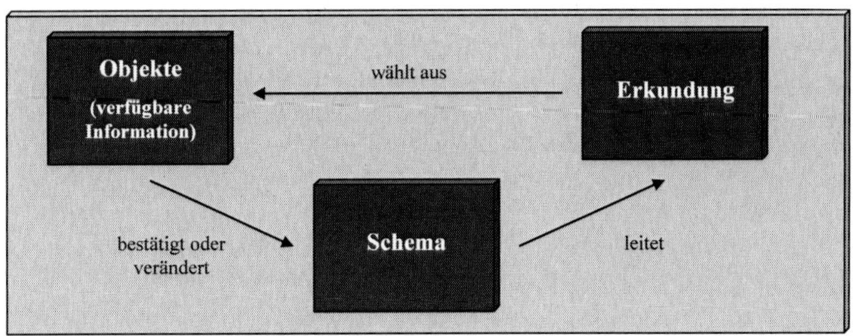

Abb. 3.15 Kognitivistische Perspektive auf Lernen (KLIMECKI/GMÜR 2005, S. 199)

Personen orientieren sich in der Welt, indem sie ein konsistentes System an geistigen Schemata konstruieren, mit dem sie ihre vielfältigen Wahrnehmungen kategorisieren und ordnen. Dabei nehmen sie angeleitet durch diese Schemata Informationen auf, die i.d.R. die bisherigen Deutungs-, Wert- und Handlungsmuster bestätigen. Dies geschieht so lange, bis die inneren Strukturen an äußeren Ereignissen scheitern und die betreffende Person bereit ist, sich von den vorhandenen Schemata zu trennen, und fähig ist, sie zu modifizieren oder sogar durch neue zu ersetzen. Erst dann kann Lernen stattfinden.

Die eben dargestellten kognitivistischen Ansätze haben eine hohe Relevanz für die Personalentwicklung.[229] Die wichtigste sich daraus ergebende Erkenntnis ist sicherlich, dass Personalentwicklungsmaßnahmen nicht in der Lage sind, neue Qualifikationen und Motivationspotenziale gezielt zu vermitteln. Lernfortschritte ergeben sich vielmehr aus der individuellen Auseinandersetzung des einzelnen Mitarbeiters mit seinen spezifischen Deutungs-, Wert- und Handlungsmustern und den im Rahmen einer Personalentwicklungsmaßnahme erfolgenden externen Anreizen. Dementsprechend kann Personalentwicklung zwar Lernprozesse auslösen, der Lernerfolg

---

229 Vgl. KLIMECKI/GMÜR 2005, S. 199 ff.

hängt aber in sehr hohem Maße von den individuellen kognitiven Strukturen des betroffenen Mitarbeiters und seiner Bereitschaft und Fähigkeit, diese zu verändern, ab. Diese Sichtweise entspricht auch der bereits oben in Abbildung 3.14 dargestellten Rolle des Mitarbeiters als Selbstentwickler.

Des Weiteren verdeutlichen die kognitivistischen Ansätze, dass der Lerneffekt einer Personalentwicklungsmaßnahme auch davon abhängt, wie stark die bestehenden Deutungs-, Wert- und Handlungsmuster in Frage gestellt werden. Je stärker die Irritation der inneren Strukturen des Mitarbeiters ist, desto größer ist der potenzielle Lernfortschritt, desto geringer ist allerdings auch dessen Wahrscheinlichkeit. Eine der besonderen Herausforderungen bei der Gestaltung und Auswahl von Personalentwicklungsmaßnahmen liegt folglich darin, dass diese zwar einerseits die kognitiven Schemata der Teilnehmer hinreichend irritieren sollen, dass die Teilnehmer aber dennoch genügend Anknüpfungspunkte sehen müssen, um mit der Modifikation ihrer Schemata nicht überfordert zu sein.

3.5.3 Analyse des Entwicklungsbedarfs

Der Personalentwicklungsbedarf einer Organisation ergibt sich aus dem Vergleich von erforderlichen und vorhandenen Qualifikationen der Mitarbeiter. Wichtig ist in diesem Zusammenhang der Hinweis, dass die erforderlichen Qualifikationen aber nicht ausschließlich aus den Organisationszielen abgeleitet werden dürfen, sondern dass auch die Entwicklungsbedürfnisse der Mitarbeiter dabei zu berücksichtigen sind.[230]

Kompetenzbilanz

Der erste Schritt bei der Ermittlung des Personalentwicklungsbedarfs ist zunächst einmal die Erfassung der Qualifikation der Mitarbeiter, wobei enge Bezüge zur bereits behandelten Personalbeurteilung bestehen. Das wohl am häufigsten hierbei verwendete Instrument ist die Kompetenzbilanz.[231] Diese beurteilt die Kompetenzen eines Mitarbeiters anhand von standardisierten Skalen. Da man eine Vielzahl an Kompetenzen unterscheiden kann und verbindliche Standards bezüglich der relevanten Kompetenzen fehlen, stellt die Entwicklung von geeigneten Kompetenzbilanzen eine anspruchsvolle Aufgabe im Bereich Personalentwicklung dar. Die in der Praxis am häufigsten verwendeten Kompetenzen lassen sich grob in vier Kategorien unterteilen:

---

230 Vgl. HAUBROCK/ÖHLSCHLEGEL-HAUBROCK 2009, S. 98 ff.

231 Vgl. KLIMECKI/GMÜR 2005, S. 202 ff.

- *Personale Kompetenzen*: Fähigkeiten, die es einem Mitarbeiter ermöglichen, selbstorganisiert zu handeln, z.B. Leistungsorientierung, Lernfähigkeit, Begabungen.
- *Aktivitätsorientierte Kompetenzen*: Fähigkeit eines Mitarbeiters, seine Ziele erfolgreich in konkretes Handeln umzusetzen.
- *Fachlich-methodische Kompetenzen*: Instrumentelle Fertigkeiten eines Mitarbeiters zur Realisierung seiner Ziele, insb. auf der Grundlage von Fach- und Methodenwissen.
- *Sozial-kommunikative Kompetenzen*: Fertigkeiten eines Mitarbeiters, mit anderen Personen zu kommunizieren, zusammenzuarbeiten und gemeinsam Probleme zu lösen.

Diese vier relativ allgemeinen Kompetenzkategorien gilt es unter Berücksichtigung der spezifischen organisationalen Bedingungen zu konkretisieren, so dass sich ein zuverlässiges und aussagekräftiges Kompetenzprofil für die betreffenden Mitarbeiter erstellen lässt. Der Personalentwicklungsbedarf ergibt sich dann durch einen Vergleich dieser Kompetenzbilanzen mit den Kompetenzerfordernissen der von einem Mitarbeiter angestrebten Stelle bzw. von in naher Zukunft frei werdenden und daher neu zu besetzenden Stellen.

Ein wichtiges Instrument sind dabei auch standardisierte Stellenbeschreibungen.[232] Diese enthalten i.d.R. Angaben zu den Zielen und Aufgaben einer Stelle, zu ihrer Stellung in der Organisationsstruktur sowie zu den damit verbundenen Rechten und Ansprüchen (Budget, Weisungsrechte, usw.). Dadurch soll dem Mitarbeiter verdeutlicht werden, was die Organisation von ihm auf dieser Stelle erwartet, aber gleichzeitig legt sich auch die Organisation fest, was sie von einem Mitarbeiter auf dieser Stelle erwarten kann. Wegen des nicht unerheblichen damit verbundenen Arbeitsaufwandes und des ständigen Aktualisierungsbedarfs werden Stellenbeschreibungen normalerweise nicht für jeden individuellen Arbeitsplatz erstellt, sondern eher für Gruppen von Arbeitsplätzen mit ähnlichen Aufgaben- und Tätigkeitsgebieten.

Personal-Portfolio

Ein weiteres Instrument zur Ermittlung des Personalentwicklungsbedarfs ist das Personal-Portfolio, das im Gegensatz zur vorgenannten Kompetenzbilanz nicht an den spezifischen Kompetenzen ansetzt, sondern die gezeig-

---

[232] Vgl. HAUBROCK/ÖHLSCHLEGEL-HAUBROCK 2009, S. 99 f.

ten Leistungen eines Mitarbeiters und sein Leistungspotenzial gegenübergestellt.[233] Diese beiden Kriterien können dann auch grafisch in einem Koordinatensystem dargestellt werden. Wie in Abbildung 3.16 dargestellt, lassen sich auf diese Weise vier Typen von Mitarbeitern identifizieren, die ganz unterschiedliche Personalentwicklungsmaßnahmen erfordern:

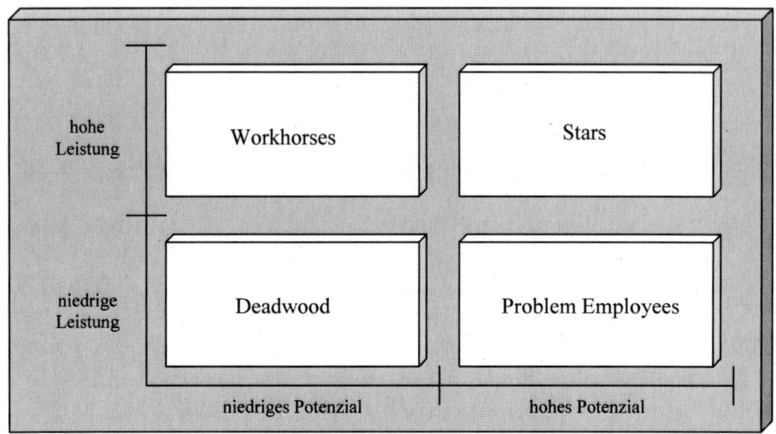

Abb. 3.16 Personal-Portfolio (KLIMECKI/GMÜR 2005, S. 205)

- *Workhorses*: Leistungsträger mit geringem Potenzial, bei denen es bei der Personalentwicklung im Wesentlichen um die laufende Sicherung der Fachkompetenz und die Stärkung der Integration in die Organisation geht.
- *Stars*: Auf dem Arbeitsmarkt begehrte Leistungsträger mit hohem Potenzial, bei denen die Gefahr besteht, dass sie von anderen Organisationen abgeworben werden, so dass Personalentwicklung stark auf ihre individuellen Entwicklungsbedürfnisse eingehen und mit langfristig bindenden Vereinbarungen verknüpft werden sollte.
- *Problem Employees*: Mitarbeiter mit Leistungsdefiziten, die ihr hohes Potenzial nicht ausschöpfen; hier muss zunächst geklärt werden, ob Qualifikations- oder Motivationsdefizite bestehen, bevor daran anknüpfend geeignete Personalentwicklungsmaßnahmen getroffen werden können.

---

233 Vgl. KLIMECKI/GMÜR 2005, S. 204 ff.

- *Deadwood*: Mitarbeiter mit Leistungsdefiziten und geringem Potenzial, bei denen Personalentwicklung i.d.R. keine zentrale Rolle spielt.

Wie man erkennen kann, ist die Einteilung der Belegschaft in diese vier Kategorien und dementsprechend auch die sich daraus ergebenden Empfehlungen in Bezug auf die Personalentwicklung relativ grob. Die Bedeutung des Personal-Portfolios liegt folglich eher im Bereich der strategischen Personalentwicklung. In Verbindung mit der oben erörterten Kompetenzbilanz vermittelt sie aber ein umfassendes Bild über das Entwicklungspotenzial der Belegschaft und ermöglicht so eine durchaus präzise Bestimmung des Personalentwicklungsbedarfs einer Organisation.

3.5.4 Konzepte der Personalentwicklung

Bei der konkreten Umsetzung von Personalentwicklung kann man auf ein breites Spektrum auf Einzelmaßnahmen zurückgreifen, die i.d.R. auf der Grundlage der folgenden Kategorien systematisiert werden[234]:

- *Into-the-job*: Personalentwicklungsmaßnahmen, die den Mitarbeiter zu einer neuen Tätigkeit hinführen,
- *On-the-job*: Personalentwicklungsmaßnahmen, die im direkten Arbeitsumfeld erfolgen und bei denen der Lerneffekt durch die praktische Ausführung der betreffenden Tätigkeiten eintritt,
- *Near-the-job*: Personalentwicklungsmaßnahmen, die arbeitsplatznah in einer arbeitsplatzähnlichen Umgebung stattfinden,
- *Off-the-job*: Personalentwicklungsmaßnahmen, die außerhalb des direkten Arbeitsumfeldes stattfinden, um Distanz zur täglichen Arbeit zu schaffen und auf diese Weise neue Einsichten und Perspektiven zu ermöglichen.

Abbildung 3.17 gibt einen Überblick über einige in der Praxis häufig eingesetzte Personalentwicklungsmaßnahmen. Dabei wird neben der eben dargestellten Kategorisierung auch zwischen Maßnahmen, die auf den individuellen Mitarbeiter ausgerichtet sind, und Maßnahmen, die auch die Gruppen- oder Teamebene betreffen, unterschieden.

Into-the-job

Die Kategorie „into-the-job“ umfasst diejenigen Personalentwicklungsmaßnahmen, die Mitarbeiter auf eine bestimmte Arbeit oder ein bestimmtes

---

234 Vgl. SCHOLZ 2000, S. 510 f.; KLIMECKI/GMÜR 2005, S. 207.

Aufgabenfeld vorbereiten.[235] Im Mittelpunkt stehen die klassische *Berufsausbildung*, die sich hauptsächlich an Schulabgänger richtet und diesen eine breite, aber durchaus qualifizierte berufliche Grundbildung vermittelt, sowie das *Trainee-Programm*, das sich i.d.R. an Hochschulabgänger richtet und darauf abzielt, deren theoretischen Kenntnisse durch praktische Erfahrungen zu ergänzen und dadurch einen erfolgreichen Berufsübergang zu gewährleisten. Während diese beiden Maßnahmen einen relativ langen, ein- oder mehrjährigen Zeitraum umfassen, weisen *Einführungsprogramme*, die Mitarbeiter auf eine ganz konkrete Arbeit vorbereiten und daher hauptsächlich spezielle Fertigkeiten vermitteln sollen, eine deutlich kürzere Perspektive von einigen, wenigen Monaten auf. Ein interessantes Instrument, das auch die Teamebene umfasst, ist die sog. *Junior-Firma*, bei der innerhalb einer Organisation ein teilautonomer Betrieb gegründet wird, in dem die Auszubildenden alle wichtigen Funktionen möglichst selbstständig ausüben und ihre Produkte oder Dienstleistungen an die Mutterorganisation verkaufen.[236]

In der Polizei dominieren immer noch Laufbahnmodelle, die einen Berufseinstieg direkt im Anschluss an den Schulabschluss vorsehen und dann eine Berufsausbildung oder ein berufsintegriertes Studium an einer internen (Verwaltungs-) Fachhochschule vorsehen. Der Einstieg von Hochschulabsolventen ist zwar ebenfalls vorgesehen, insb. von Absolventen eines juristischen Studiums, allerdings ist ihr Anteil an der Gesamtbelegschaft eher gering. Dementsprechend spielen Trainee-Programme in der Personalentwicklung der Polizei eine sehr untergeordnete Rolle. Allerdings ist davon auszugehen, dass die zu Beginn dieses Kapitels angesprochenen gegenwärtigen Herausforderungen des Personalmanagements im öffentlichen Sektor – vor allem der rasante technologische Fortschritt insb. im Bereich EDV sowie die Internationalisierung – einen erhöhten Einstellungsbedarf von entsprechend ausgebildeten Hochschulabsolventen zur Folge haben wird. Die flächendeckende Einführung und Gestaltung von Trainee-Programmen dürfte daher in Zukunft ein wichtiges Aufgabenfeld in der Personalentwicklung der Polizei werden.

---

235 Vgl. SCHOLZ 2000, S. 513 f.

236 Vgl. BRAUN 1987, S. 143 ff.

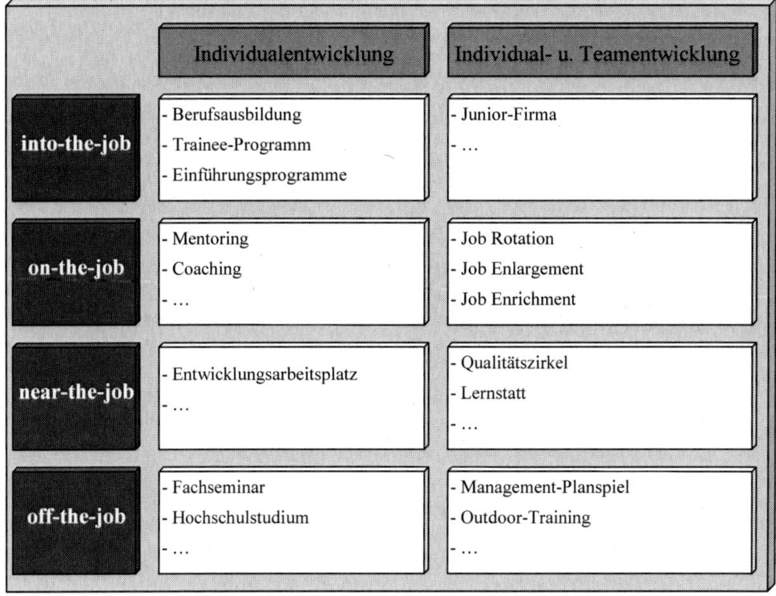

Abb. 3.17 Konzepte der Personalentwicklung (KLIMECKI/GMÜR 2005, S. 207)

On-the-job

On-the-job-Maßnahmen spielen sich unmittelbar am Arbeitsplatz ab und vermitteln daher Kompetenzen, die direkt auf die konkrete Anwendung der gelernten Inhalte gerichtet sind. Im Mittelpunkt stehen hier Entwicklungsmaßnahmen, die die Individual- und Teamentwicklungsebene verbinden. Hierzu gehören vor allem die folgenden Instrumente[237]:

- *Job-Enlargement*: Es erfolgt eine Erweiterung der Arbeit, indem die bisherige Tätigkeit des Mitarbeiters durch mehrere Tätigkeiten auf demselben Anforderungsniveau ergänzt wird. Dadurch wird dem Mitarbeiter der Gesamtzusammenhang der eigenen Aufgaben verdeutlicht und die Arbeit insgesamt abwechslungsreicher.
- *Job-Enrichment*: Die bisherige Tätigkeit eines Mitarbeiters wird bereichert, indem sie um Aufgaben und Tätigkeiten auf einem höheren Anforderungsniveau erweitert wird. Dadurch erhält der Mitarbeiter

---

237 Vgl. STOCK-HOMBURG 2008, S. 182 ff.

die Möglichkeit, neue Fähigkeiten zu entwickeln und anspruchsvollere Aufgaben zu erledigen.

- *Job-Rotation*: Der Mitarbeiter wechselt systematisch über Arbeitsplätze anderer Abteilungen oder Niederlassungen hinweg, wobei der freiwerdende Arbeitsplatz i.d.R. von einem anderen Mitarbeiter, der ebenfalls „rotiert“, eingenommen wird. Normalerweise wird angestrebt, dass der alte Arbeitsplatz nach mehreren Rotationen wieder eingenommen wird. Die Vorteile dieses Instruments sind auch hier die Verdeutlichung von Gesamtzusammenhängen, abwechslungsreichere Arbeitsgestaltung, Entwicklung neuer Fähigkeiten, zudem wird dadurch auch die Integration des Mitarbeiters in die Organisation verbessert und der Mitarbeiter breiter und flexibler einsetzbar.

Auch wenn aktuelle, belastbare empirische Studien zu diesem Thema fehlen, so ist doch davon auszugehen, dass vor allem die besonders erfolgversprechende und in privatwirtschaftlichen Unternehmen beliebte Job-Rotation in öffentlichen Organisationen sowie in der Polizei relativ selten genutzt wird.[238] Angesichts des damit verbundenen Entwicklungspotenzials erscheint ein intensiverer Einsatz von Job-Rotation äußerst zweckmäßig.

Von den On-the-job-Maßnahmen, die weniger auf eine Teamentwicklung und stärker auf eine Individualentwicklung abzielen, haben vor allem das Coaching und das Mentoring eine hohe praktische Bedeutung erlangt.[239]

Dabei versteht man unter *Coaching* eine Einzelberatung von Mitarbeitern durch einen internen, meistens aber durch einen externen, speziell (psychologisch) ausgebildeten „Coach“, die vor allem bei Führungskräften zweckmäßig und durchaus weit verbreitet ist. Die entsprechende Beratungsbeziehung erstreckt sich üblicherweise über einen Zeitraum von 3 bis 6 Monaten und beschäftigt sich mit Aspekten wie z.B. Verhaltens- und Führungsstil, Konflikthandhabung, Umgang mit Mitarbeitern oder Karriereplanung. Dabei soll der Coach mögliche Probleme oder Schwachstellen des Mitarbeiters i.d.R. nicht lösen, sondern im Sinne von „Hilfe zur Selbsthilfe“ diese lediglich identifizieren und mit dem betreffenden Mitarbeiter diskutieren, damit derjenige diese selbst beseitigen kann. Eine zentrale Voraussetzung für den erfolgreichen Einsatz von Coaching ist ein hohes Maß an gegenseitigem Vertrauen und Akzeptanz.

Unter *Mentoring* versteht man die Weitergabe von fachlichem Wissen oder Erfahrungswissen durch eine erfahrene Person (Mentor) an eine unerfahre-

---

238 Vgl. THOM/RITZ 2006, S. 362.

239 Vgl. KLIMECKI/GMÜR 2005, S. 211 ff.

nere Person (Protegé). Im Gegensatz zum oben genannten Coach ist der Mentor üblicherweise aber kein externer Berater und auch nicht speziell für diese Tätigkeit ausgebildet, sondern verfügt lediglich über deutlichen Erfahrungs- oder Wissensvorsprung. Das zentrale Ziel des Mentors ist die dauerhafte und nachhaltige Unterstützung des Protegés bei seiner persönlichen und beruflichen Entwicklung, so dass sich Mentoringbeziehungen i.d.R. über lange, oftmals mehrjährige Zeiträume erstrecken. Allerdings ist Mentoring i.d.R. auch für den Mentor sinnvoll, da dieser im Rahmen der regelmäßig stattfindenden Gespräche mit dem Protegé insb. frische Ideen und Impulse erhalten, seine eigene Arbeit reflektieren und seine sozialen und kommunikativen Kompetenzen trainieren kann. Im Gegensatz zum Coaching, das in der Polizei – vermutlich auch wegen der i.d.R. hohen anfallenden Beraterhonorare – eher selten zum Einsatz kommt, hat das Mentoring in der Polizei eine lange Tradition.

Near-the-job

Near-the-job-Maßnahmen finden zwar arbeitsplatznah statt, allerdings wird bewusst eine gewisse Distanz zur täglichen Arbeit hergestellt, um auf diese Weise die Freiräume für eine Reflexion der Arbeitsprozesse zur erhöhen.[240]

Die klassische Personalentwicklungsmaßnahme in dieser Kategorie ist der *Qualitätszirkel*. Hierbei treffen sich Mitarbeiter mit ähnlichen Aufgabengebieten – i.d.R. auf Abteilungsebene – regelmäßig auf freiwilliger Basis, um über die eigenen Arbeitsprozesse zu diskutieren und auf der Grundlage ihrer Erfahrungen Verbesserungsmöglichkeiten zu identifizieren. Auf diese Weise lassen sich nicht nur Qualitätssteigerungen erreichen, sondern auch Lernprozesse initiieren sowie die Persönlichkeitsentwicklung und die Teamfähigkeit der Mitarbeiter verbessern. Dieses ursprünglich aus der japanischen Automobilindustrie stammende Instrument ist seit den 1980er Jahren zunächst in zahlreichen deutschen Industrieunternehmen und dann auch in anderen Branchen äußerst erfolgreich umgesetzt worden. Dies gilt auch für den öffentlichen Sektor, wo man vor allem die damit verbundenen Möglichkeiten zur Erhöhung der Prozessqualität, der Bürgerorientierung und damit auch der Kundenzufriedenheit erkannt hat.

Eine eng damit zusammenhängende Personalentwicklungsmaßnahme ist die *Lernstatt*, bei der sich ebenfalls regelmäßig Mitarbeiter treffen, um über ihre Arbeit zu sprechen. Hierbei stehen aber weniger die Erzielung von Qualitätsverbesserung und eher die Verbesserung der Kenntnisse über be-

---

240 Vgl. STOCK-HOMBURG 2008, S. 185f f.; KLIMECKI/GMÜR 2005, S. 123 f.

triebliche Zusammenhänge sowie der Erfahrungsaustausch im Vordergrund.

Auf der Individualebene stellt zudem der *Entwicklungsarbeitsplatz* eine in der Praxis weit verbreitete Near-the-job-Maßnahme dar. Dabei wird zeitlich befristet ein spezieller Arbeitsplatz für eine Führungsnachwuchskraft neu geschaffen, der dazu dient, die entsprechende Person auf ihre zukünftigen Aufgaben vorzubereiten. Üblicherweise handelt es sich um eine Stabsstelle mit beratender Funktion, aber ohne Weisungsbefugnisse.

Off-the-job

Bei Off-the-job-Maßnahmen wird bewusst eine relativ große Distanz zum Arbeitsplatz geschaffen, um den Mitarbeitern entweder neue Qualifikationen, die bisher in der Organisation nicht vorhanden waren, zu vermitteln oder um gerade durch die Distanz neue Einsichten und Perspektiven zu ermöglichen.[241]

Im Mittelpunkt stehen dabei die klassischen Fortbildungsmaßnahmen, die in Form von *Fachseminaren* stattfinden, schwerpunktmäßig der Vermittlung von neuen Fach- oder Methodenkenntnissen dienen und die sowohl in privaten wie öffentlichen Organisationen über lange Zeit die Personalentwicklung sehr stark dominiert haben. Auch wenn sich angesichts der oben dargestellten Erkenntnisse der modernen Lerntheorie im Laufe der Zeit der Charakter von Fachseminaren von der traditionellen Lehrvortragsform hin zu stärker aktivierenden und diskussionsorientierten Lehrgesprächsformen entwickelt hat, so wird der Erwerb von externem Know-how langfristig ein wichtiges Ziel der Personalentwicklung bleiben. Daher werden Fachseminare auch zukünftig eine zentrale Rolle in Personalentwicklungs-Konzepten der Polizei spielen.

Eine ähnliche, sich aber über einen sehr viel längeren Zeitraum erstreckende Maßnahme ist auch das *Hochschulstudium*, bei dem Mitarbeiter entweder berufsbegleitend – z.B. als Abend- oder Fernstudium – oder in Vollzeit – d.h. beurlaubt oder freigestellt – an einer Hochschule einen akademischen Abschluss erlangen können. Üblicherweise übernimmt der Arbeitgeber die dabei entstehenden Kosten, oftmals sogar unter Weiterzahlung der Bezüge. Im Gegenzug verpflichtet sich der Mitarbeiter vertraglich, nach dem Studium für einen längeren, i.d.R. mehrere Jahre umfassenden Zeitraum auf einen Arbeitgeberwechsel zu verzichten bzw. in diesem Fall dem Arbeitgeber die Kosten zu erstatten.

---

241 Vgl. KLIMECKI/GMÜR 2005, S, 214 ff.

Die zentrale Bedeutung dieser Personalentwicklungsmaßnahmen in öffentlichen Organisationen wie der Polizei spiegelt sich nicht zuletzt in der Existenz von zahlreichen internen (Verwaltungs-) Hochschulen wider, z.B. die Deutsche Hochschule für Verwaltungswissenschaften in Speyer, die Deutsche Hochschule der Polizei in Münster oder die Fachhochschule des Bundes für öffentliche Verwaltung mit zahlreichen Standorten. Solche akademischen Institutionen sind oftmals das Ergebnis der organisatorischen Ausgliederung des Weiterbildungsbereichs und bieten eine breite Palette an Fortbildungen und Studiengängen an, die genau auf den Personalentwicklungsbedarf der entsprechenden öffentlichen Träger zugeschnitten sind.

Neben diesen eher auf die Individualentwicklung ausgerichteten Instrumenten gibt es Off-the-Job-Maßnahmen, die stärker auf die Teamentwicklungsebene abzielen. Hierzu gehören z.B. *Management-Planspiele*, die einerseits dazu dienen, die Management- und Führungskompetenzen von Mitarbeitern zu diagnostizieren und weiterzuentwickeln, die aber andererseits i.d.R. auf Gruppenarbeit basieren und daher auch die Teamorientierung fördern. Dabei wird üblicherweise EDV-basiert eine realitätsnahe virtuelle Lernumgebung erzeugt, die den teilnehmenden Mitarbeitern in mehreren Spielrunden Aufgaben aus dem Aufgabenfeld einer Führungskraft stellt. In Abhängigkeit der gewählten Lösungen ergeben sich unterschiedliche Szenarien, so dass die Konsequenzen der getroffenen Entscheidung in den folgenden Spielrunden wirksam sind und neue Herausforderungen darstellen. Management-Planspiele fördern dadurch das Führungs- und Kooperationsverhalten der Mitarbeiter sowie ihre Fähigkeit, komplexe, risikobehaftete Entscheidungen zu treffen.

Schließlich soll noch auf eine moderne, relativ aufwändige und radikale, aber dennoch zunehmend eingesetzte teamorientierte Personalentwicklungsmaßnahme eingegangen werden, das sog. *Outdoor-Training*. Hierbei werden Mitarbeiter im Team und komplett außerhalb ihres gewohnten Arbeitsumfelds mit überraschenden und für sie völlig neuen Problemstellungen, die oftmals auch in keinem unmittelbaren oder erkennbaren Zusammenhang zu ihrer Arbeit stehen, konfrontiert. Beispiele sind insb. „Survival-Trainings“ in abgelegenen Wäldern, gemeinsame Flugstunden mit Fallschirmsprüngen oder der vorübergehende Einsatz als Pflegekraft in einem Heim für Demenzkranke, einer AIDS-Klinik oder einem Hospiz, oder als Aushilfslehrer an einer sog. „Brennpunkt-Schule“. Die dabei gemachten physischen und psychischen Grenzerfahrungen sollen bei diesem auf der Erlebnispädagogik beruhenden Konzept grundlegende, sehr weitreichende und radikale Lernfortschritte anregen und die Teamfähigkeit der Teilnehmer fördern. Zudem wirken sich solche tiefgreifenden persönlichen Erfahrungen i.d.R. positiv auf die Motivation, das Selbstbild und die Persönlichkeitsentwicklung der Mitarbeiter aus. Nicht zuletzt wegen der relativ hohen Kosten ist diese Art von Personalentwicklungsmaßnahme in der Polizei jedoch sehr selten.

3.6 *Strategisches Personalmanagement*

Nachdem bisher ausschließlich die verschiedenen Phasen bzw. Prozessschritte des oben in Abbildung 3.4 dargestellten integrierten Personalmanagement-Konzepts behandelt worden sind, wird im Folgenden eine besonders wichtige Querschnittsfunktion erörtert werden, nämlich das strategische Personalmanagement.

3.6.1 *Grundlagen des strategischen Personalmanagements*

Strategisches Personalmanagement beinhaltet die langfristige Ausrichtung des Personalmanagement-Konzepts einer Organisation auf die Erreichung der zentralen Organisationsziele, indem die relevanten organisationsexternen und -internen Rahmenbedingungen analysiert, Prognosen bezüglich der für die Zukunft erwarteten Entwicklungen erstellt und zweckmäßige personalwirtschaftliche Handlungsalternativen entwickelt werden. Dementsprechend haben alle Phasen des oben in Abbildung 3.4 dargestellten Personalmanagement-Prozesses neben einer operativen und taktischen auch eine strategische Dimension. Typische Handlungsfelder des strategischen Personalmanagements sind dabei insb. die Personalbedarfs- und Personalstrukturplanung, die Planung von Personalentwicklungskonzepten oder die langfristige Nachwuchssicherung.

Eine für die Umsetzung von strategischem Personalmanagement wichtige und daher in der Literatur oft gestellte Frage betrifft das Verhältnis zwischen der Personalstrategie und der allgemeinen Organisationsstrategie.[242] Dabei sind die folgenden drei, in Abbildung 3.18 dargestellten Alternativen denkbar:

- *Priorität der Gesamtstrategie*: Im Rahmen der strategischen Ausrichtung der gesamten Organisation werden zunächst die zentralen Fundamentalziele festgelegt und die grundlegenden Rahmen-Entscheidungen über die zur Erreichung dieser Ziele erforderlichen Maßnahmen – z.B. über das Produkt-Portfolio, usw. – getroffen. Anschließend wird die Personalstrategie so festgelegt, dass sie die Gesamtstrategie optimal unterstützt. In diesem Sinne leitet sich die Personalstrategie somit aus der Gesamtstrategie ab.

---

[242] Vgl. SCHOLZ 2000, S. 91 ff.

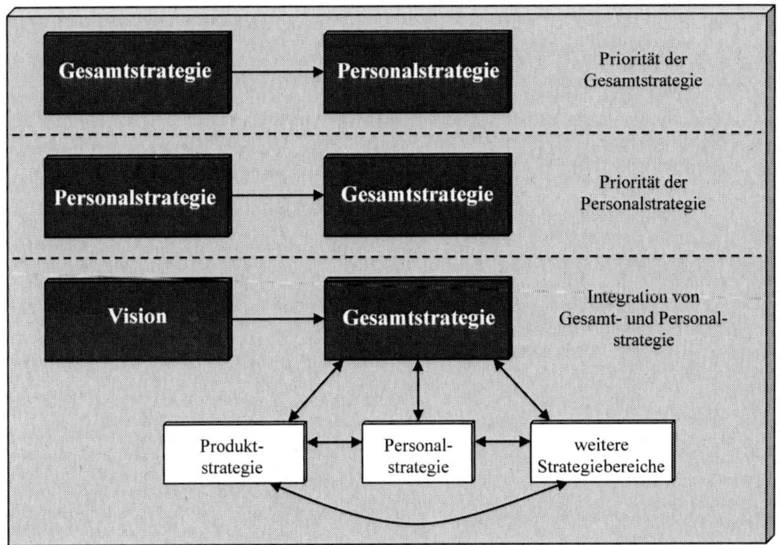

Abb. 3.18 Verhältnis von Gesamt- und Personalstrategie (SCHOLZ 2000, S. 92)

- *Priorität der Personalstrategie*: Es wird davon ausgegangen, dass die Personalausstattung einer Organisation, die die (implizite) Personalstrategie widerspiegelt, nicht verändert werden kann oder soll, so dass sie als Rahmenbedingung für die strategische Ausrichtung der Organisation fungiert. Bei der Festlegung der Gesamtstrategie werden nur solche Optionen in Betracht gezogen, die mit dem gegebenen Personal realisierbar sind. In diesem Sinne leitet sich die Gesamtstrategie folglich aus der Personalstrategie ab.
- *Integration von Gesamt- und Personalstrategie*: Die Gesamtstrategie einer Organisation wird als aus mehreren voneinander abhängigen, simultan zu planenden Strategiekomponenten bestehend betrachtet, von denen die Personalstrategie eine ist. Eine Priorisierung macht unter diesen Bedingungen keinen Sinn. Die Personalstrategie wird als elementarer Bestandteil der Gesamtstrategie betrachtet, die sich wiederum aus der Vision ableitet.

Normalerweise wird davon ausgegangen, dass die letztgenannte Variante, d.h. die integrative Betrachtung von Gesamt- und Personalstrategie, am erfolgversprechendsten ist, weil nur auf diese Weise eine konsistente Abstimmung der strategischen Planungen für alle Bereiche einer Organisation gewährleistet werden kann.

In öffentlichen Organisationen wie der Polizei ist eine solche Vorgehensweise allerdings keinesfalls die Regel.[243] Einerseits ist davon auszugehen, dass in der Polizei die politisch vorgegebenen Ziele, die sich in der Gesamtstrategie niederschlagen, wegen des Primats der Politik Priorität genießen. Andererseits führen das Berufsbeamtentum sowie die sonstigen, i.d.R. ebenfalls auf eine Lebenszeitbeschäftigung ausgerichteten öffentlichen Anstellungsverhältnisse dazu, dass die Personalstrukturen in der Polizei so unflexibel sind, dass die Personalausstattung als „Engpassfaktor" für die umsetzbaren Gesamtstrategien fungiert, was für eine Priorität der Personalstrategie spricht. Die fehlende Klarheit in Bezug auf das Verhältnis von Personal- und Gesamtstrategie wird noch zusätzlich dadurch verstärkt, dass selbst die Existenz einer expliziten Personalstrategie in einem Großteil der Polizeien des Bundes und der Länder keine Selbstverständlichkeit ist. Angesichts der zentralen Rolle von strategischen Aspekten im Rahmen von NPM-Ansätzen und der enormen Bedeutung einer in sich stimmigen strategischen Ausrichtung aller organisationalen Funktionen und Prozesse für den Organisationserfolg erscheint allerdings die explizite Formulierung einer Personalstrategie sowie ihre Integration die Gesamtstrategie der jeweiligen Polizei dringend geboten.

Im Folgenden sollen nun zwei Themenfelder behandelt werden, bei denen davon auszugehen ist, dass sie in den nächsten 5-10 Jahren einen nachhaltigen und sehr maßgeblichen Einfluss auf das Personalmanagement der Polizei haben und damit eine wichtige Rolle im strategischen Personalmanagement spielen werden.

3.6.2 Demografie und alternsgerechtes Personalmanagement

Die wichtigsten aktuellen Herausforderungen für das Personalmanagement von öffentlichen Organisationen wie der Polizei wurden schon zu Beginn dieses Kapitels erörtert und in Abbildung 3.3 anschaulich dargestellt. Es ist somit davon auszugehen, dass alle sieben dort aufgeführten Faktoren (Wertewandel, Demografie, Arbeitsmarkt, Internationalisierung, Technologie, Berufsbeamtentum, Finanzmittelknappheit) eine wichtige Rolle im strategischen Personalmanagement der Polizei spielen werden. Allerdings deutet vieles darauf hin, dass der sich zurzeit in fast allen entwickelten Volkswirtschaften abspielende demografische Wandel, der insb. durch niedrige Ge-

243 Vgl. THOM/RITZ 2006, S. 322.

burtenraten bei gleichzeitig steigender Lebenserwartung und somit durch einen deutlich steigendem Anteil von lebensälteren Menschen an der Gesamtbevölkerung geprägt ist, eine ganz besondere Relevanz haben dürfte.[244]

Dieser demografische Wandel bzw. Altersstrukturwandel macht natürlich auch vor der Polizei nicht halt. Einhergehend mit der demografischen Entwicklung der Gesellschaft altern auch die Belegschaften der Polizeien des Bundes und der Länder. Verstärkt wird diese Entwicklung in vielen Behörden durch relativ stark schwankende Einstellungszahlen in der Vergangenheit, z.B. durch die hohen Einstellungszahlen in der deutschen Polizei in den 1970er Jahren als Reaktion auf die damalige Bedrohung durch Terrorismus. Darüber hinaus schränken der weitverbreitete Beamtenstatus sowie die arbeitsrechtlichen Regelungen bei öffentlichen Anstellungsverhältnissen die Möglichkeiten einer flexiblen personalwirtschaftlichen Reaktion auf solche demografischen Ungleichgewichte ein. Der Anteil an älteren Mitarbeitern wird in der Polizei daher in den nächsten Jahren deutlich ansteigen, so dass man die meisten Behörden zweifelsohne als „alternde Organisationen" bezeichnen kann.[245]

Dies bleibt nicht ohne Folgen für das Management der Polizei. Beim Altern handelt es sich aus biologischer Sicht um eine Kombination aus chemischem Zellverschleiß und genetischer Programmierung, die bewirkt, dass Zellen den Belastungen, denen sie ausgesetzt sind, nicht mehr gewachsen sind.[246] Ab etwa dem 30. Lebensjahr führt dies zu zunehmenden körperlichen Verschleißerscheinungen, chronischen Beschwerden, eingeschränkt funktionsfähigen Abwehrmechanismen, einer Verringerung der Muskelmasse, einem steigenden Körperfettanteil und einer abnehmenden Kondition. Zudem nehmen das Gehirngewicht und die Funktionalität des Zentralen Nervensystems ab, so dass die Reaktionsgeschwindigkeit, die Gedächtnisleistung, die Lernfähigkeit und das Arbeitstempo abnehmen. Insofern ist zu befürchten, dass die mit dem demografischen Wandel einhergehende Zunahme des Anteils an lebensälteren Mitarbeitern einen negativen Einfluss auf die Leistungsfähigkeit der Polizei hat.[247]

Der zunehmende Anteil an lebensälteren Mitarbeitern stellt vor allem für öffentliche Organisationen, die wie die Polizei ihre Dienste „rund um die Uhr" anbieten, ein gravierendes Problem dar. Eine dauerhafte Beschäfti-

---

244 Vgl. VERA/KOKOSKA 2009, S. 13 ff.

245 Vgl. VERA/KOKOSKA 2009, S. 11 ff.

246 Vgl. ZWILLING 2007, S. 156 ff.

247 Vgl. VERA/KÖLLING 2011, S. 257.

gung im Schichtdienst und insb. im Nachtdienst stellt für die Beschäftigten nämlich im Vergleich zum Tagesdienst eine deutlich erhöhte physische und psychische Belastung dar, die mit nicht unerheblichen gesundheitlichen Risiken einhergeht.[248] Dies gilt grundsätzlich für alle Mitarbeiter unabhängig von ihrem Alter, allerdings sind die negativen Auswirkungen und die Risiken bei lebensälteren Mitarbeitern wesentlich gravierender als bei jungen Menschen.

Der demografische Wandel ist nicht unerwartet über die Polizei gekommen. Allerdings hat die für politische Entscheidungsprozesse typische kurz- und mittelfristige Orientierung an Wahlperioden und die Finanzmittelknappheit der öffentlichen Hand verhindert, dass frühzeitig adäquate Maßnahmen getroffen wurden, um die zahlreichen aus dem demografischen Wandel resultierenden Herausforderungen zu meistern. In den letzten Jahren hat sich die Situation allerdings grundlegend geändert. In vielen Behörden sind mittlerweile Demografie-Projekte initiiert worden, um die mit der zunehmenden Alterung der Belegschaft einhergehenden Probleme zu bewältigen. Im Folgenden werden einige Ansätze vorgestellt, die ergriffen werden können, um „alternde“ Polizeibehörden erfolgreich durch den demografischen Wandel zu steuern.[249]

Kompetenzförderung

Der wichtigste Aspekt ist sicherlich die Erhaltung und der Ausbau der Kompetenz der lebensälteren Mitarbeiter. Angesichts des schnellen Wandels der Arbeitswelt, der auch vor dem öffentlichen Sektor keinen Halt macht, sind für die Polizei insgesamt, aber auch für jeden einzelnen Mitarbeiter, die Erhaltung der vorhandenen Kompetenzen und der Erwerb von neuen Kompetenzen – d.h. permanentes Lernen – unerlässlich.

Allerdings war in der Vergangenheit die Ansicht weit verbreitet, dass ältere Mitarbeiter – insb. die Gruppe der über 50-Jährigen – nur noch in geringem Maße lernfähig seien und dass Investitionen in die Personalentwicklung dieser Gruppe verschwendet wären. Infolgedessen waren in vielen Behörden Personalentwicklungsmaßnahmen für diese Altersgruppe kaum vorgesehen und ältere Mitarbeiter in diesen Maßnahmen deutlich unterrepräsentiert. Für den daraus resultierenden Kompetenzabbau hat sich der Begriff „Dequalifizierungsfalle“ durchgesetzt.[250] Allerdings handelt es sich bei der Annahme eines altersbedingten Abbaus der generellen Lernfähigkeit um

---

248 Vgl. HAUBROCK/ÖHLSCHLEGEL-HAUBROCK 2009, S. 167 f.

249 Vgl. VERA/KOKOSKA 2009, S. 31 ff.

250 Vgl. BRANDENBURG/DOMSCHKE 2007, S. 138.

einen Fehlschluss. Vielmehr gilt, dass ältere Menschen anders lernen als junge Menschen, so dass Personalentwicklungsmaßnahmen für lebensältere Mitarbeiter auf eine bestimmte Art und Weise gestaltet werden sollten, um den Lernerfolg in dieser Altersgruppe zu maximieren. Die altersbezogene Entwicklung der lernrelevanten Kompetenzen wird in Abbildung 3.19 dargestellt.

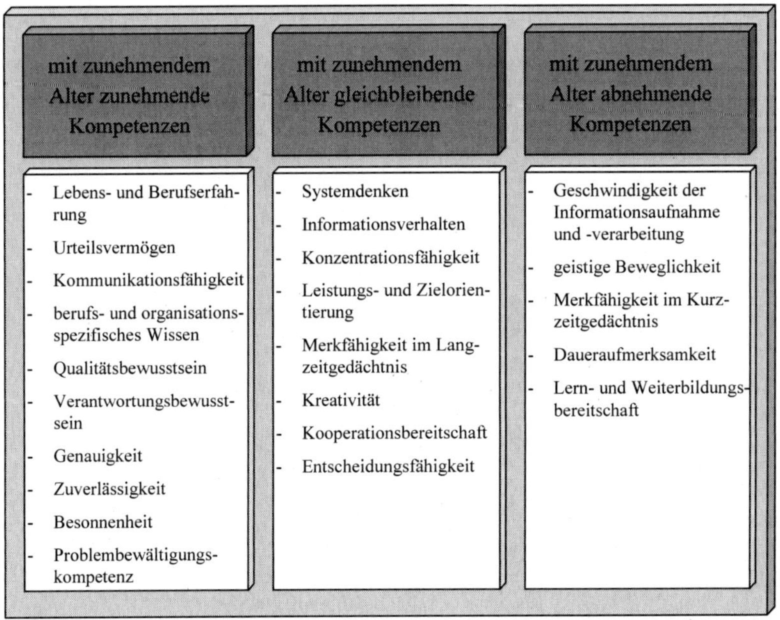

Abb. 3.19 Altersbedingte Veränderung von lernrelevanten Kompetenzen (STOCK-HOMBURG 2008, S. 597)

Man erkennt, dass es zwar ohne Zweifel sehr wichtige lernrelevante Fähigkeiten gibt, die mit ansteigendem Alter abnehmen, z.B. die Geschwindigkeit des Lernens und Denkens. Allerdings gibt es auch lernrelevante Fähigkeiten, die mit ansteigendem Alter konstant bleiben oder sogar zunehmen, z.B. Genauigkeit, Zuverlässigkeit und Urteilsvermögen. Zu berücksichtigen ist zudem die individuelle Lernbiografie der Mitarbeiter, d.h. die Summe und Struktur ihrer Lernerfahrungen. Vor diesem Hintergrund wird deutlich, dass die Gestaltung einer Personalentwicklungsmaßnahme, die dem Lernverhalten von jüngeren und älteren Mitarbeitern in gleichem Maße Rechnung trägt, oftmals äußerst schwierig sein dürfte. Folglich erscheint es angebracht, die Personalentwicklungskonzepte von öffentlichen Organisationen um Angebote zu erweitern, die eine alternsgerechte Lernumgebung schaffen bzw. die auf das Lernverhalten von lebensälteren Mitarbeitern ausgerichtet sind.[251]

So sollte bei der didaktischen Gestaltung von Personalentwicklungsmaßnahmen, die sich speziell an ältere Mitarbeiter richten, darauf geachtet werden, dass den Teilnehmern relativ viel Zeit für die Auseinandersetzung mit neuen Inhalten gegeben und die Lernphasen relativ kurz gehalten werden. Zudem sollten die Lerninhalte eng mit konkreten Anwendungssituationen verknüpft werden. Darüber hinaus sollte möglichst oft ein beruflicher Bezug explizit hergestellt und an vorhandene berufliche Erfahrung angeknüpft werden. Schließlich sollte den älteren Mitarbeitern dabei die Relevanz ihres Erfahrungswissens und die Bedeutung von informellen Lernprozessen verdeutlicht werden.

Gerade dem letzten Aspekt kommt große Bedeutung zu. Lernen wird i.d.R. mit formalen Lernsituationen – d.h. Seminare, Workshops, o.ä. – gleichgesetzt. Tatsächlich reicht Lernen aber wesentlich weiter. Informelles Lernen im Rahmen der regulären Arbeitsprozesse wird häufig gar nicht bewusst wahrgenommen, nichtsdestotrotz ist das daraus resultierende Erfahrungswissen der Mitarbeiter ein wichtiger Treiber für Innovationen und Prozessverbesserungen und daher für jede Organisation äußerst wertvoll. Die Bewusstmachung, dass das umfassende Erfahrungswissen der lebensälteren Mitarbeiter ein wichtiger Erfolgsfaktor ist und von der Organisation gebraucht wird, wird als Bestätigung ihrer Leistungen und Wertschätzung ihrer Person wahrgenommen und fördert so ihre Leistungsbereitschaft wie auch ihre Lernmotivation. Dementsprechend sollte das informelle Lernen gefördert werden, indem z.B. Dienstbesprechungen oder Mitarbeitergespräche als Lerngelegenheiten verstanden werden, die auch dem Erfahrungsaustausch und der gegenseitigen Beratung dienen. Auf diese Weise kann ein positives Lernklima erzeugt werden, in dem lebenslanges Lernen ein selbstverständlicher Teil der Berufsausübung ist.

Gesundheitsmanagement

Das Gesundheitsmanagement umfasst diejenigen organisationalen Maßnahmen, die mit dem Ziel getroffen werden, die physische und psychische Gesundheit der Belegschaft langfristig zu optimieren.[252] Dabei geht es nicht nur um das klassische arbeitswissenschaftliche Ziel, negative gesundheitliche Folgen der Arbeit zu vermeiden, sondern darüber hinaus auch die Gesundheit der Mitarbeiter aktiv zu fördern, indem Risiken, Belastungen, Be-

---

251 Vgl. BRANDENBURG/DOMSCHKE 2007, S. 136 f.

252 Vgl. STOCK-HOMBURG 2008, S. 678 ff.

anspruchungen und schädigende Potenziale in der Arbeit identifiziert werden, um sie zu vermeiden, zu mildern oder ihre Auswirkungen zu überwinden. Dabei wird ein breites Verständnis von Gesundheit zu Grunde gelegt, das auch Phänomene wie Stress, Burnout und Workaholismus berücksichtigt. Dass Gesundheitsmanagement angesichts der aus biologischen Gründen mit steigendem Alter zunehmenden gesundheitlichen Einschränkungen einen sehr wichtigen Einfluss auf die Leistungsfähigkeit der lebensälteren Mitarbeiter haben dürfte, ist offensichtlich.

Gesundheitsmanagement geht davon aus, dass Gesundheit gelernt werden kann – und zwar sowohl vom individuellen Mitarbeiter als auch von der Organisation. Ein so verstandenes Gesundheitsmanagement bedeutet, die Förderung der Gesundheit der Mitarbeiter in die Organisationskultur sowie in die Organisationsstrukturen und -prozesse zu integrieren. Dadurch wird gesundheitsbewusstes Verhalten zu einer zentralen Aufgabe jedes Mitarbeiters und die Gewährleistung von gesundheitsförderlichen Arbeitsbedingungen zu einer wichtigen Aufgabe der Organisationsleitung und der Führungskräfte.

Bei der Konzeption eines Gesundheitsmanagementkonzepts kann auf ein breites Spektrum an gesundheitsförderlichen Aktivitäten zurückgegriffen werden, das von Gesundheits- und Fitnesschecks, Sportangeboten über Rückenschule, Gymnastik- und Fitnessprogramme sowie Maßnahmen mit Rehabilitationscharakter und medizinischer Betreuung bis hin zu Beratungsangeboten zur Optimierung der Work-Life-Balance und des Selbstmanagements reicht. Aber auch die klassischen, arbeitswissenschaftlichen Ansätze – wie etwa die ergonomische Gestaltung der Büroarbeitsplätze oder der Dienstfahrzeuge – sollten nicht vernachlässigt werden. Einen wichtigen Ansatzpunkt bietet auch die Gestaltung der Kantinenverpflegung, die einen wesentlichen Beitrag zur Vermeidung von Übergewicht und den damit zusammenhängenden Krankheitsbildern leisten kann. Ein ebenfalls wichtiges Aufgabenfeld sind Beratungsangebote zu den Themen gesunde Lebensführung und Ernährung, bei denen insb. darauf hinzuweisen ist, dass das gesundheitsbewusste Verhalten sich nicht auf die berufliche Sphäre beschränken darf, sondern auch die private Lebensführung beeinflussen muss, damit es sich nachhaltig positiv bemerkbar macht.

Von zentraler Bedeutung für den Erfolg von Gesundheitsmanagement ist normalerweise die frühzeitige Hinzuziehung von externer Expertise auf dem Gebiet der Gesundheitsförderung, da ein effektives und effizientes Gesundheitsmanagementkonzept nicht von „Laien" entwickelt und implementiert werden kann, sondern professionelles Know-how voraussetzt. Schwierig zu beantworten ist die Frage, ob die Teilnahme an Aktivitäten des Gesundheitsmanagements auf die Arbeitszeit angerechnet werden soll. Hier gilt es abzuwägen zwischen einer möglichst hohen Akzeptanz der Maßnahmen und einer unangemessenen Verlagerung von Aktivitäten der privaten Lebensführung in die Arbeitszeit. Wesentlich für den Erfolg von Gesundheitsmanagement ist zudem die Festlegung von klaren Verantwortlichkeiten für die Organisation der dazugehörigen Maßnahmen. Eine wichtige Rolle spielen dabei die Führungskräfte, die Bedarfe erkennen, ihre Mitarbeiter zur Teilnahme ermuntern und Interesse am individuellen Erfolg zeigen sollten. Sie sollten aber auch eine Vorbildfunktion übernehmen, indem sie die gesundheitsförderlichen Angebote auch selbst aktiv wahrnehmen.

Führungsverständnis

Im Zusammenhang mit den demografischen Entwicklungen in der Polizei sollte auch dem Thema Führung verstärkte Aufmerksamkeit gewidmet werden. Die Führung von lebensälteren Mitarbeitern und von altersheterogenen Belegschaften ist zwar seit jeher gerade für jüngere Führungskräfte eine enorme Herausforderung. Angesichts der altersstrukturellen Veränderungen in der Polizei erhält dieses Aufgabenfeld aber eine neue qualitative und quantitative Dimension, da die Führung von älteren Mitarbeitern zum Normalfall wird, auf den sich das Führungsverständnis von Führungskräften in der Polizei einzustellen hat.

Zudem haben Studien zur Arbeitsfähigkeit von älteren Mitarbeitern gezeigt, dass ein angemessenes Führungsverhalten entscheidend für die Erhaltung bzw. Förderung der Arbeitsfähigkeit bei zunehmendem Alter ist.[253] Zwar kann mit Maßnahmen der individuellen Gesundheitsförderung die Arbeitsfähigkeit etwa ab dem 50. Lebensjahr gesteigert werden, dieser Effekt kann aber nur für einige Jahre aufrechterhalten werden. Wie in Abbildung 3.20 veranschaulicht wird, ermöglicht erst die Kombination von Maßnahmen der Gesundheitsförderung, von ergonomischen Maßnahmen, alternsgerechter Personalentwicklung und einem alternsgerechten Führungsverhalten, dass die Arbeitsfähigkeit bei einem Großteil der Mitarbeiter bis über das Alter von 60 Jahren hinaus auf einem hohen Niveau verbleibt. Dabei spielt das Führungsverhalten die zentrale Rolle, da es der einzige hoch signifikante Faktor ist, für den eine Verbesserung der Arbeitsfähigkeit zwischen dem 51. und dem 62. Lebensjahr nachgewiesen werden konnte.[254]

---

253 Vgl. Ilmarinen 2001, S. 549 ff.

254 Vgl. Richenhagen 2007, S. 42 f.

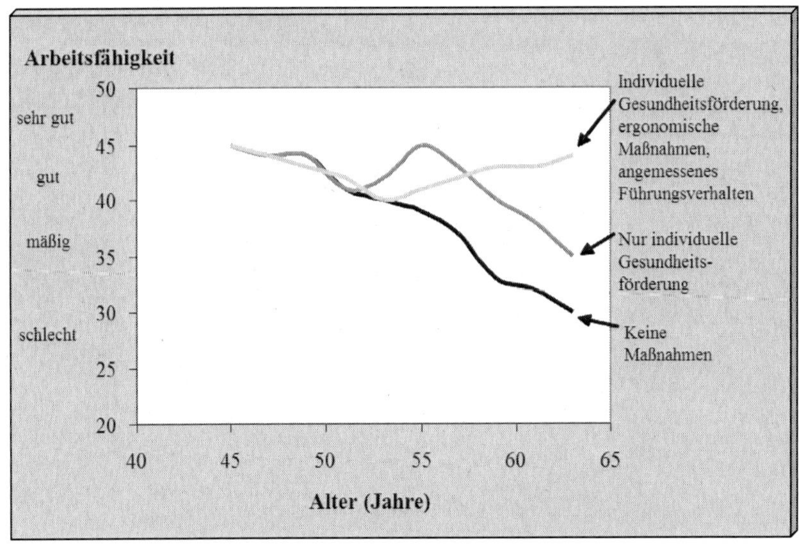

Abb. 3.20 Alternsgerechtes Personalmanagement (RICHENHAGEN 2007, S. 43)

Erfolgreiches alternsadäquates Führungsverhalten sollte das Altern der Mitarbeiter sowie die organisationalen Auswirkungen des Alterns dezidiert aufnehmen und thematisieren.[255] Dabei ist das Leistungsvermögen älterer Mitarbeiter realistisch und vorurteilsfrei einzuschätzen. Für die Motivation älterer Mitarbeiter ist zwar die Anerkennung ihrer Fähigkeiten und Leistungen sehr wichtig. Allerdings müssen auch Leistungsdefizite offen angesprochen werden, um das zweifellos vorhandene Potenzial der lebensälteren Mitarbeiter optimal zu nutzen. Zudem ist zu bedenken, dass der zunehmende Anteil an älteren Mitarbeitern in der Polizei auch für die jüngeren Mitarbeiter ein Problem darstellt. So wird von ihnen oftmals erwartet, dass sie diejenigen Arbeiten übernehmen, die ihre älteren Kollegen wegen gesundheitlicher Einschränkungen nicht mehr leisten können. Dies führt zu einer Konzentration der besonders belastenden Aufgaben bei den jüngeren Mitarbeitern, die sich negativ auf ihre Motivation und letztlich auch auf ihre Gesundheit auswirken dürfte. Insofern erschwert der demografische Wandel auch die Führung von jüngeren Mitarbeitern.

---

255 Vgl. VERA/KOKOSKA 2009, S. 42 f.

In diesem Zusammenhang spielt die Glaubwürdigkeit der Führungskräfte eine ganz wesentliche Rolle. Aus diesem Grund sollten Führungskräfte darauf achten, die Auswirkungen des demografischen Wandels realistisch einzuschätzen und keine Erwartungen zu wecken, die letztlich nicht erfüllt werden können. So ist angesichts der Langfristigkeit und der gesamtgesellschaftlichen Dimension des demografischen Wandels, der Faktizität der mit der Alterung verbundenen gesundheitlichen Einschränkungen und der für öffentliche Organisationen typischen personalpolitischen Inflexibilität kaum zu erwarten, dass die aus dem demografischen Wandel resultierenden Probleme „lösbar" sind.[256] Vielmehr geht es realistischerweise eher darum, die negativen Auswirkungen des demografischen Wandels zu begrenzen bzw. auf ein erträgliches Maß zu reduzieren. Dies geht unvermeidlicherweise mit Mehrbelastungen für alle Mitarbeiter – jüngere und ältere – einher. Die Vermittlung dieser Erkenntnis ist daher eine wichtige Voraussetzung für erfolgreiches alternsadäquates Führungsverhalten.

3.6.3 Diversity Management

Ein weiterer Aspekt des strategischen Personalmanagements, der in den nächsten Jahren eine wichtige Rolle in der Polizei spielen dürfte, ist das Diversity Management. Dabei bezeichnet Diversity bzw. Diversität die Verschiedenartigkeit bzw. die Vielfalt der Mitarbeiter einer Organisation in Bezug auf gewisse Merkmale, wobei i.d.R. auf demographische Faktoren oder kulturelle Werthaltungen wie Alter, Geschlecht, ethnische Herkunft, Religion, Bildungsstand oder sexuelle Orientierung abgestellt wird. Eine besondere praktische Relevanz für die Polizei hat die Gewährleistung von geschlechtsspezifischer Diversität, bei der mittlerweile eine Vielzahl an rechtlichen Vorgaben zur Verhinderung der Diskriminierung von Frauen – insb. die Bundes- und Landesgleichstellungsgesetze – zu beachten sind. Angesichts der oben in Abbildung 3.3 dargestellten zentralen Herausforderungen des Personalmanagements in öffentlichen Organisationen – vor allem aufgrund des demografischen Wandels, der fortschreitenden Internationalisierung und des Wertewandels – ist allerdings davon auszugehen, dass zukünftig vor allem auch das Alter und die ethnische Herkunft in diesem Zusammenhang an Relevanz gewinnen werden.

Diversity Management versucht nun, die Vielfalt der Belegschaft zur Erreichung der Organisationsziele zu nutzen.[257] Dabei wird keinesfalls davon ausgegangen, dass Diversität stets vorteilhaft aus der Sicht der Organisati-

---

[256] Vgl. VERA/KÖLLING 2011, S. 258.
[257] Vgl. HAUBROCK/ÖHLSCHLEGEL-HAUBROCK 2009, S. 249.

on ist. In der Praxis zeigt sich nämlich, dass ein hohes Maß an Diversität oftmals mit Vorurteilen und Konflikten verbunden ist und die Zusammenarbeit erschwert. Gleichwohl kann Diversität auch sehr nützlich sein und sich z.B. positiv auf die Kundenorientierung, die Mitarbeitermotivation und -zufriedenheit oder die organisationale Flexibilität bei Umweltveränderungen auswirken. Diversity Management besteht dementsprechend darin, die potenziellen Vorteile der Vielfalt der Belegschaft zu maximieren und gleichzeitig die entsprechenden Nachteile zu minimieren.[258]

Bei der Umsetzung von Diversity Management werden i.d.R. drei grundlegende Paradigmen bzw. Perspektiven auf das Thema Diversity unterschieden, die aber durchaus auch als Entwicklungsstufen angesehen werden können[259]:

- *Discrimination-and-Fairness-Paradigma*: Diese Perspektive zielt darauf ab, die Diskriminierung von Minderheiten bei der Rekrutierung, Entlohnung und Förderung zu verhindern, indem Maßnahmen, wie z.B. die Einhaltung von bestimmten Beschäftigungsquoten, ergriffen werden. Auf diese Weise soll vermieden werden, dass die Unterschiedlichkeit der Mitarbeiter in irgendeiner Weise in der Organisation wirksam wird und sich in den Arbeitsprozessen oder in der Organisationskultur widerspiegelt. Dies hat aber auch zur Folge, dass sich die potenziellen Vorteile von Diversität nicht entfalten können. Zudem kann der Zwang zur Gleichbehandlung Passivität fördern und die Mitarbeitermotivation negativ beeinflussen.
- *Access-and-Legitimacy-Paradigma*: Dieser Ansatz stellt im Vergleich zu der vorgenannten Perspektive insofern eine Weiterentwicklung dar, als nunmehr versucht wird, die potenziellen Vorteile von Diversität zu nutzen. Dies erfolgt vor allem, indem Mitarbeiter mit bestimmten minoritätenspezifischen Kompetenzen gezielt für Aufgaben verwendet werden, die in hohem Maße auf diese Kompetenzen angewiesen sind, z.B. wenn in Ausländerämtern Mitarbeiter mit Migrationshintergrund eingesetzt werden, um die Kommunikation zwischen der Behörde und den ausländischen Bürgern zu erleichtern. Den offensichtlichen Vorteilen solcher Maßnahmen stehen aber auch Risiken gegenüber, insb. dass diese Mitarbeiter sich möglicherweise auf ihre minoritätenspezifischen Fähigkeiten reduziert fühlen und dass Lernprozesse bei der restlichen Belegschaft behindert werden.

---

258 Vgl. COX 1991, S. 34.

259 Vgl. THOMAS/ELY 1996, S. 80 ff.

- *Learning-and-Effectiveness-Paradigma*: Bei dieser Perspektive sollen die Nachteile des vorgenannten Ansatzes vermieden werden, indem Diversität gezielt für organisationales Lernen genutzt wird. Aus der Verschiedenartigkeit der Belegschaft resultiert eine Vielfalt an unterschiedlichen Perspektiven auf Arbeitsprozesse, Organisationsstrukturen, Strategien oder generell auf die Lösung von organisationalen Problemen. Indem die Mitarbeiter explizit aufgefordert werden, das Organisationsgeschehen auf der Grundlage dieser spezifischen Perspektiven zu hinterfragen und miteinander zu diskutieren, sollen nicht nur Prozessverbesserungen und Qualitätssteigerungen erzielt, sondern auch Lernprozesse initiiert werden. Zudem dürften die Wertschätzung der minoritätenspezifischen Fähigkeiten und der partizipative Ansatz eine positive motivationale Wirkung entfalten.

Für die konkrete Umsetzung von Diversity Management in der Polizei stehen zahlreiche Instrumente bzw. Konzepte zur Verfügung.[260] Das wohl am häufigsten verwendete Instrument sind Diversity-Seminare oder Diversity-Trainings, die im Wesentlichen darauf abzielen, die Mitarbeiter und vor allem die Führungskräfte für dieses Thema zu sensibilisieren, ihnen die damit verbundenen Chancen und Risiken zu verdeutlichen und letztlich auch Diversity-konformes Verhalten im Arbeitsalltag zu fördern. Eine weitere wichtige Zielgruppe von solchen Schulungsmaßnahmen sind die Mitarbeiter von Personalabteilungen, da dieser Personenkreis in hohem Maße in die Auswahl-, Beurteilungs-, Vergütungs- und Entwicklungsprozesse involviert ist und daher eine zentrale Rolle sowohl bei der Vermeidung von Diskriminierungen als auch bei der Realisierung der potenziellen Vorteile von Diversität einnimmt. Darüber hinaus spielen aber auch organisatorische Maßnahmen wie z.B. die Festlegung von bestimmten Beschäftigungsquoten, um Diversität in allen Organisationseinheiten und auf allen Hierarchieebenen zu gewährleisten, die Berücksichtigung von Diversity-Aspekten im Leitbild der Organisation und minoritätenspezifische Personalentwicklungsmaßnahmen, wie z.B. Sprachkurse oder spezielle Mentoringprogramme, eine wichtige Rolle.

Schließlich ist noch darauf hinzuweisen, dass Diversity Management nicht zuletzt durch die Umsetzung diverser Anti-Diskriminierungsrichtlinien in der Europäischen Union und vor allem des 2006 in Deutschland in Kraft getretenen Allgemeinen Gleichbehandlungsgesetzes weiter an Relevanz gewonnen hat.[261] Da nun die Nichtberücksichtigung von gewissen Min-

---

260 Vgl. COX 1991, S. 39 ff.

261 Vgl. MERX/VASSILOPOULOU 2007, S. 354 ff.

deststandards an Diversität zu erheblichen finanziellen Sanktionen führen kann, stellt Diversity Management nicht nur einen potenziellen Wettbewerbsvorteil für eine Organisation dar, sondern vielmehr wird die Nichtberücksichtigung von Diversity-Aspekten zu einem potenziellen Wettbewerbsnachteil. Dies verdeutlicht, dass Diversity Management daher ein wichtiger Bestandteil von Personalmanagement-Konzepten in der Polizei sein sollte und dass eine intensive Auseinandersetzung mit diesem Thema unverzichtbar für eine erfolgreiche Karriere als Führungskraft in der Polizei ist.

3.7 Literaturempfehlungen

Für das Themenfeld „Personalmanagement" existiert eine Vielzahl an theoretisch fundierten und didaktisch hervorragend gestalteten Lehrbüchern, die sich sehr gut für die wissenschaftliche Ausbildung von Studierenden an Akademien, Fachhochschule und Universitäten eignen, so dass die Auswahl von besonders empfehlenswerten Werken äußerst schwierig ist. Gleichwohl gibt es auch hier einige Bücher, die das vorliegende Lehrbuch in hohem Maße stark geprägt haben und die sich für eine vertiefte Auseinandersetzung mit dem Thema Personalmanagement sehr gut eignen.

Hervorzuheben sind hier vor allem die folgenden drei in der Betriebswirtschaftslehre sehr verbreiteten Lehrbücher. Anzuführen ist hier zunächst das sehr umfassende, theoretisch fundierte Lehrbuch von CHRISTIAN SCHOLZ mit dem Titel „Personalmanagement – Informationsorientierte und verhaltenstheoretische Grundlagen"[262], das seit vielen Jahren als Standardwerk in dieser Disziplin gilt. Ebenfalls empfehlenswert ist aber auch das etwas jüngere und daher etwas modernere Lehrbuch von RUTH STOCK-HOMBURG mit dem Titel „Personalmanagement – Theorien, Konzepte, Instrumente"[263], dessen Stärken vor allem in der Berücksichtigung der aktuellen Entwicklungen und der neueren Herausforderungen im Personalmanagement liegen. Hochinteressant ist aber auch das sehr originelle Lehrbuch von RÜDIGER G. KLIMECKI und MARKUS GMÜR mit dem Titel „Personalmanagement – Strategien, Erfolgsbeiträge, Entwicklungsperspektiven"[264], das einen entwicklungsorientierten Ansatz verfolgt und zudem an vielen Stellen den empirischen Forschungsstand darstellt, das aber wegen des Todes des Erstautors wohl nicht mehr aktualisiert werden wird.

262 Vgl. SCHOLZ 2000.

263 Vgl. STOCK-HOMBURG 2008.

264 Vgl. KLIMECKI/GMÜR 2005.

Für einen vertieften Einblick in die besonderen Probleme und Herausforderungen, die sich für öffentliche Organisationen wie die Polizei auf dem Gebiet des Personalmanagement ergeben, empfiehlt sich – wie schon für das Thema „Organisation“ – ein Blick in die entsprechenden Kapitel der Lehrbücher von NORBERT THOM und ADRIAN RITZ mit dem Titel „Public Management – Innovative Konzepte zur Führung im öffentlichen Sektor“[265] und von KUNO SCHEDLER und ISABELLA PROELLER mit dem Titel „New Public Management“[266]. In Bezug auf die Spezifika der Polizei sind zudem – trotz der offensichtlich verbesserungswürdigen theoretischen Fundierung – die entsprechenden Kapitel des englischsprachigen Lehrbuchs von EDWARD A. THIBAULT, LAWRENCE LYNCH und R. BRUCE MCBRIDE mit dem Titel „Proactive Police Management“[267] empfehlenswert.

---

265 Vgl. THOM/RITZ 2006.

266 Vgl. SCHEDLER/PROELLER 2006.

267 Vgl. THIBAULT/LYNCH/MCBRIDE 2001.

Literaturverzeichnis

AHLF, Ernst-Heinrich (2000): Ethik im Polizeimanagement. BKA Forschungsreihe, Wiesbaden.

BECKER, Manfred (2005): Personalentwicklung – Bildung, Förderung und Organisationsentwicklung in Theorie und Praxis. 4. Auflage, Stuttgart.

BEHR, Rafael (2006a): Polizeikultur – Routinen, Rituale, Reflexionen – Bausteine zu einer Theorie der Praxis der Polizei. Wiesbaden.

BEHR, Rafael (2006b): Polizeikultur. In: LANGE, Hans-Jürgen (Hrsg.): Wörterbuch zur inneren Sicherheit. Wiesbaden, S. 332-236.

BEHR, Rafael (2008): Cop Culture – Der Alltag des Gewaltmonopols. Wiesbaden.

BEHR, Rafael (2010a): Korpsgeist oder Binnenkohäsion? Ein Essay zur Organisationskultur in der deutschen Polizei. In: Die Polizei, 101. Jg., Nr. 11, S. 317-322.

BEHR, Rafael (2010b): Intimität oder Abschottung – warum Polizisten am liebsten unter sich sind. Ein Essay zu den Ambivalenzen im polizeilichen Selbstverständnis. In: GROß, Hermann / BORNEWASSER, Manfred / FREVEL, Bernhard / LIEBL, Karlhans / OHLEMACHER, Thomas / SCHMIDT, Peter (Hrsg.): Polizei – Polizist – Polizieren? Überlegungen zur Polizeiforschung. Schriften zur Empirischen Polizeiforschung, Band 11. Frankfurt a.M., S. 59-74.

BERGER, Johannes (1996): Was behauptet die Modernisierungstheorie wirklich – und was wird ihr nur unterstellt? In: Leviathan, 24. Jg., Nr. 1, S. 45-62.

BITTNER, Egon (1990): Aspects of Police Work, Boston.

BONE-WINKEL, Marela (1997): Politische Prozesse in der Strategischen Unternehmensplanung. Wiesbaden.

BOURDIEU, Pierre (1976): Entwurf einer Theorie der Praxis – auf der ethnologischen Grundlage der kabylischen Gesellschaft. Frankfurt a.M.

BOYNE, George A. (2002): Public and private management: What's the difference? In: Journal of Management Studies, 39. Jg., Nr. 1, S. 97-122.

BRANDENBURG, Uwe / DOMSCHKE, Jörg-Peter (2007): Die Zukunft sieht alt aus – Herausforderungen des demografischen Wandels für das Personalmanagement. Wiesbaden.

BRAUN, Thomas (1987): Die Juniorenfirma als eine neue Perspektive handlungsorientierter Berufsausbildung – Ergebnisse einer empirischen Untersuchung. In: Wirtschaft und Berufserziehung, 39. Jg., S. 143-150.

BREDE, Helmut (2005): Grundzüge der Öffentlichen Betriebswirtschaftslehre. 2. Aufl., München, Wien.

BREHM, Sharon S. / BREHM, Jack W. (1981). Psychological Reactance – A Theory of Freedom and Control. New York.

BRODEUR, Jean-Paul (2002): Gewalt und Polizei. In: HEITMEYER, Wilhelm / HAGAN, John (Hrsg.): Internationales Handbuch der Gewaltforschung. Wiesbaden, S. 259-283.

CALDERO, Michael A. / CRANK, John P. (2010): Police Ethics: The Corruption of Noble Cause. New Providence.

CAMERON, Kim S. / QUINN, Robert E. (2006): Diagnosing and Changing Organizational Culture: Based on the Competing Values Framework. San Francisco.

CHAN, Janet B.L. / DEVERY, Chris / DORAN, Sally (2003): Fair Cop: Learning the Art of Policing. Toronto.

CHRISTENSEN, Tom / LAEGREID, Per / RONESS, Paul G. / ROVIK, Kjell Arne (2007): Organization Theory and the Public Sector – Instrument, culture and myth. London, New York.

CHRISTE-ZEYSE, Jochen (2007): Von Profis, Bürokraten und Managern – Überlegungen zu einer Theorie innerorganisationalen Widerstandsverhaltens in der Polizei. In: OHLEMACHER, Thomas / MENSCHING, Anja / WERNER, Jochen-Thomas (Hrsg.): Empirische Polizeiforschung VIII – Polizei im Wandel? Organisationskultur(en) und -reform. Frankfurt a.M., S. 175-202.

COHEN, Phil (1979): Policing the Working Class City. In: FINE, Bob / KINSEY, Richard / LEA, John / PICCIOTTO, Sol / YOUNG, Jock (Hrsg.): Capitalism and the Rule of Law – From Deviancy Theory to Marxism. London, S. 118-136.

COX, Taylor Jr. (1991): The Multicultural Organization. In: Academy of Management Executive, 5. Jg., Nr. 2, S. 34-47.

CRANK, John P. (2004): Understanding Police Culture. Cincinnati.

CRITCHLEY, Thomas A. (1978): A History of Police in England and Wales. 2. Aufl., London.

CROZIER, Michel / FRIEDBERG, Erhard (1979): Macht und Organisationen – Die Zwänge kollektiven Handelns. Königstein.

CUMMINGS, Thomas G. / WORLEY, Christopher G. (2004): Organization Development and Change. 8. Aufl., Cincinnati.

DAMS, Carsten (2013): Polizei. In: GUDEHUS, Christian / CHRIST, Michaela (Hrsg.): Gewalt – Ein interdisziplinäres Handbuch, Stuttgart u.a., S. 50-57.

DEAL, Terrence E. / KENNEDY, Allan A. (2000): Corporate Cultures – The Rites and Rituals of Corporate Life. Reading.

DINGWALL, Robert / STRANGLEMAN, Tim (2007): Organizational Cultures in the Public Services. In: FERLIE, Ewan / LYNN, Laurence E. Jr. / POLLITT, Christopher (Hrsg.): The Oxford Handbook of Public Management. Oxford, S. 468-490.

DOLATA, Uwe (2011): Corporate Culture der Polizei zwischen 'Code of Ethics' und Compliance. In: Kriminalistik, 65. Jg., Nr. 3, S. 139-144.

DUDEK, Sonja M. (2009): Diversity in Uniform? Geschlecht und Migrationshintergrund in der Berliner Schutzpolizei. Wiesbaden.

EIBICH, Stephan M. (2004): Polizei, »Gemeinwohl« und Reaktion – Über Wohlfahrtspolizei als Sicherheitspolizei unter Carl Ludwig von Hinckeldey, Berliner Polizeipräsident von 1848 bis 1856. Berlin.

ELIAS, Norbert (1976): Über den Prozeß der Zivilisation (2 Bände). Frankfurt a.M. (Erstveröffentlichung: 1939).

EMSLEY, Clive (2008): The birth and development of the police. In: NEWBURN, Tim (Hrsg.): Handbook of Policing. 2. Aufl., Cullompton, Portland, S. 72-89.

ENDRUWEIT, Günter (2003): Resümee der Polizeisoziologie – als Versuch der Etablierung einer neuen speziellen Soziologie. In: LANGE, Hans-Jürgen (Hrsg.): Die Polizei der Gesellschaft – Zur Soziologie der Inneren Sicherheit. Opladen, S. 399-411.

FOUCAULT, Michel (1976): Überwachen und Strafen – Die Geburt des Gefängnisses. Frankfurt a.M.

FUNK, Albrecht (1986): Polizei und Rechtsstaat – Die Entwicklung des staatlichen Gewaltmonopols in Preußen 1848-1914. Frankfurt a.M. u.a.

FUNK, Albrecht (1993): Die Entstehung der modernen Polizei in Preußen 1870-1890. In: REINKE, Herbert (Hrsg.): »... nur für die Sicherheit da

...« – Zur Geschichte der Polizei im 19. und 20. Jahrhundert. Frankfurt a.M. u.a., S. 56-70.

GOFFEE, Robert / JONES, Gareth (1998): The Character of a Corporation. New York.

GORNAS, Jürgen / BEYER, Werner (1991): Betriebswirtschaft in der öffentlichen Verwaltung – Systematische Darstellung der Besonderheiten der öffentlichen Betriebswirtschaftslehre. Köln.

GOULDNER, Alvin W. (1971): ‚Disziplinäre' und ‚repräsentative' Bürokratie. In: MAYNTZ, Renate (Hrsg.): Bürokratische Organisation. 2. Aufl., Köln, Berlin, S. 429-436.

GROEBEN, Klaus von der (1984): Die Erfüllung von allgemeinen und polizeilichen Aufgaben. In: JESERICH, Kurt G.A. / POHL, Hans / UNRUH, Georg-Christoph von (Hrsg.): Deutsche Verwaltungsgeschichte – Band 3: Das Deutsche Reich bis zum Ende der Monarchie. Stuttgart, S. 435-451.

GRUTZPALK, Jonas / BRUHN, Anja / FATIANOVA, Julia / HARNISCH, Franziska / MOCHAN, Christiane / SCHÜLZKE, Björn / ZISCHKE, Tanja (2009): Einleitung und Begriffsbestimmung. In: GRUTZPALK, Jonas / BRUHN, Anja / FATIANOVA, Julia / HARNISCH, Franziska / MOCHAN, Christiane / SCHÜLZKE, Björn / ZISCHKE, Tanja (Hrsg.): Beiträge zu einer vergleichenden Soziologie der Polizei. Potsdam, S. 13-17.

HAMMER, Michael / CHAMPY, James (1993), Reengineering the Corporation. New York.

HÄRTER, Karl (2009): Polizei. In: JÄGER, Friedrich (gf. Hrsg.): Enzyklopädie der Neuzeit, Band 10 (Physiologie – Religiöses Epos). Stuttgart u.a., Sp. 170-180.

HAUBROCK, Alexander / ÖHLSCHLEGEL-HAUBROCK, Sonja (2009): Personalmanagement. 2. Auflage, Stuttgart.

HEIJES, Coen (2007): Officers at work in a multicultural police force. In: Policing: An International Journal of Police Strategies & Management, 30. Jg., Nr. 4, S. 550-566.

HERRNKIND, Martin (2003): Möglichkeiten und Grenzen polizeilicher Binnenkontrolle – Eine Perspektive der Bürgerrechtsbewegung. In: HERRNKIND, Martin / SCHEERER, Sebastian (Hrsg.): Die Polizei als Organisation mit Gewaltlizenz. Münster u.a., S. 131-155

HERSEY, Paul / BLANCHARD, Ken H. (1977): Management of organizational behavior: utilizing human resources. Englewood Cliffs.

HETTLAGE, Robert (1991): Erving Goffmann – Ein Klassiker der zweiten Generation. In: HETTLAGE, Robert / LENZ, Karl (Hrsg.): Erving Goffman – Ein soziologischer Klassiker der 2. Generation? Stuttgart, Bern, S. 385-442.

HEUERMANN, Roland / TOMENENDAL, Matthias (2011): Öffentliche Betriebswirtschaftslehre – Theorie, Praxis, Consulting. München.

HOHLBAUM, Anke / OLESCH, Gunther (2006): Human Resources – Modernes Personalwesen. 2. Auflage, Rinteln.

HOLTBRÜGGE, Dirk (2007): Personalmanagement. 3. Aufl., Berlin u.a.

ILMARINEN, Juhani (2001): Aging Workers. In: Occupational and Environmental Medicine, 58. Jg., Nr. 8, S. 546-552.

ISELI, Andrea (2009): Gute Policey – Öffentliche Ordnung in der Frühen Neuzeit. Stuttgart.

Kellerman, Barbara (2004): Bad Leadership – What it Is, How it Happens, Why it Matters. Boston.

KETS DE VRIES, Manfred F.R. / MILLER, Danny (1986): Personality, Culture and Organization. In: Academy of Management Review, 11. Jg., Nr. 2, S. 266-279.

KIESER, Alfred / WALGENBACH, Peter (2003): Organisation. 4. Aufl., Stuttgart.

KLAGES, Helmut (1998): Erfolgreich führen und motivieren! In: WAGNER, Dieter (Hrsg.): Personal und Personalmanagement in der modernen Verwaltung. Berlin, S. 51-67.

KLIMECKI, Rüdiger G. / GMÜR, Markus (2005): Personalmanagement. 3. Aufl., Stuttgart.

KNÖBL, Wolfgang (1998): Polizei und Herrschaft im Modernisierungsprozess – Staatsbildung und innere Sicherheit in Preußen, England und Amerika 1700-1914. Frankfurt a.M. u.a.

KÜHL, Stefan / SCHNELLE, Wolfgang (2001): Macht gehört zur Organisation wie die Luft zum Leben. In: Hernsteiner, 14. Jg., Nr. 2, S. 16-20.

LANGE, Hans-Jürgen (2003): Polizeiforschung, Polizeiwissenschaft oder Forschung zur Inneren Sicherheit? – Über die Etablierung eines schwierigen Gegenstandes als Wissenschaftsdisziplin. In: LANGE, Hans-Jürgen (Hrsg.): Die Polizei der Gesellschaft – Zur Soziologie der Inneren Sicherheit. Opladen, S. 427-453.

LEPSIUS, M. Rainer (1997): Militärwesen und zivile Gesellschaft – Zur Institutionalisierung von Gewaltpotentialen in Friedenszeiten. In: FREVERT, Ute (Hrsg.): Militär und Gesellschaft. Stuttgart, S. 359-370.

LEẞMANN-FAUST, Peter (1996): Geschichte der Polizei. In: KNIESEL, Michael / KUBE, Edwin / MURCK, Manfred (Hrsg.): Handbuch für Führungskräfte der Polizei – Wissenschaft und Praxis. Lübeck, S. 9-40.

LEWIN, Kurt (1943): Forces behind food habits and methods of change. In: Bulletin of the National Research Council, 108. Jg., S. 35-65.

LIANG, Hsi-Huey (1992): The Rise of Modern Police and the European State System from Metternich to the Second World War. Cambridge u.a.

LIKERT, Rensis (1967): The Human Organization – Its Management and Value. New York.

LÜDTKE, Alf (1982): »Gemeinwohl«, »Polizei« und »Festungspraxis« – Staatliche Gewaltsamkeit und innere Verwaltung in Preußen, 1815-1850. Göttingen.

LÜDTKE, Alf (1992): Einleitung: »Sicherheit« und »Wohlfahrt« – Aspekte der Polizeigeschichte. In: LÜDTKE, Alf (Hrsg.): »Sicherheit« und »Wohlfahrt« – Polizei, Gesellschaft und Herrschaft im 19. und 20. Jahrhundert. Frankfurt a.M., S. 7-33.

MANNING, Peter K. (1977): Police Work – The Social Organization of Policing. Cambridge.

MAWBY, Rob I. (2008): Models of policing. In: NEWBURN, Tim (Hrsg.): Handbook of Policing. 2. Aufl., Cullompton u.a., S. 17-46.

MCGREGOR, Douglas (1960): The Human Side of Enterprise. New York.

MERGEL, Thomas (2011): Modernisierung. In: Institut für Europäische Geschichte (Hrsg.): Europäische Geschichte Online. Mainz, http://www.ieg-ego.eu/mergelt-2011-de (Zugriff: 01.08.2014).

MERX, Andreas / VASSILOPOULOU, Joana (2007): Das arbeitsrechtliche AGG und Diversity-Perspektiven. In: BRUCHHAGEN, Verena / KOALL, Iris (Hrsg.): Diversity Outlooks – Managing Diversity zwischen Ethik, Profit und Antidiskriminierung. Münster, S. 354-385.

MLADEK, Klaus (2007): Police Forces: A Cultural History of an Institution. In: MLADEK, Klaus (Hrsg.): Police Forces – A Cultural History of the Police. New York u.a., S. 1-9.

NAGEL, Erik (2001): Verwaltung anders denken. Baden-Baden.

NEISSER, Ulrich (1979): Kognition und Wirklichkeit – Prinzipien und Implikationen der kognitiven Psychologie. Stuttgart.

NEOCLEOUS, Mark (2000): The Fabrication of Social Order – A Critical Theory of Police Power. London u.a.

NEOCLEOUS, Mark (2006): Theoretical Foundations of the »New Police Science«. In: DUBBER, Markus D. / VALVERDE, Mariana (Hrsg.): The New Police Science. Stanford, S. 17-41.

NERDINGER, Friedemann W. / BLICKLE, Gerhard / SCHAPER, Niclas (2008): Arbeits- und Organisationspsychologie. Heidelberg.

NEUBERGER, Oswald (2001): Führen und führen lassen – Ansätze, Ergebnisse und Kritik der Führungsforschung. 5. Aufl., Stuttgart.

NEWBURN, Tim (2008): Introduction: understanding policing. In: NEWBURN, Tim (Hrsg.): Handbook of Policing. 2. Aufl., Cullompton u.a., S. 1-11.

OHLEMACHER, Thomas / BOUMANS, Dieter / BUCHNER, Annette / SÖGDING, Dennis (2003): Empirische Polizeiforschung: Auf dem Weg zum Pluralismus der Perspektiven, Disziplinen und Methoden. In: LANGE, Hans-Jürgen (Hrsg.): Die Polizei der Gesellschaft – Zur Soziologie der Inneren Sicherheit. Opladen, S. 377-397.

PIAGET, Jean (1991): Meine Theorie der geistigen Entwicklung, hrsg. von Reinhard Fatke. Frankfurt a.M.

PREISENDÖRFER, Peter (2005): Organisationssoziologie. Wiesbaden.

REEMTSMA, Jan Philipp (2003): Organisationen mit Gewaltlizenz – ein zivilisatorisches Grundproblem. In: HERRNKIND, Martin / SCHEERER, Sebastian (Hrsg.): Die Polizei als Organisation mit Gewaltlizenz. Münster u.a., S. 7-23.

REINER, Robert (2010): The Politics of the Police. 4. Aufl., Oxford u.a.

REINKE, Herbert (1993): „Das Amt der Polizei“ – Eine Einleitung. In: REINKE, Herbert (Hrsg.), »... nur für die Sicherheit da ...« – Zur Geschichte der Polizei im 19. und 20. Jahrhundert. Frankfurt a.M. u.a., S. 9-32.

REINKE, Herbert (1996): Polizeigeschichte in Deutschland – Ein Überblick. In: Nitschke, Peter (Hrsg.): Die deutsche Polizei und ihre Geschichte – Beiträge zu einem distanzierten Verhältnis. Hilden, S. 13-26.

REIß, Michael (1997): Change Management als Herausforderung. In: REIß, Michael / ROSENSTIEL, Lutz von / LANZ, Annette (Hrsg.): Change Management – Programme, Projekte und Prozesse. Stuttgart, S. 5-29.

RICHENHAGEN, Gottfried (2007): Altersgerechte Personalarbeit – Employability fördern und erhalten. In: Personalführung, 40. Jg., Nr. 7, S. 35-47.

RITSERT, Rolf (2004): Prozessmanagement (1): die Organisation und Gestaltung von Prozessen. In: Die Polizei, 95. Jg., S. 134-138.

ROBBINS, Stephen P. (2001): Organizational Behavior. 9. Aufl., Upper Saddle River.

ROBERG, Roy R. / KUYKENDALL, Jack (1997): Police Management. 2. Aufl., Los Angeles.

ROSENSTIEL, Lutz von (2003): Grundlagen der Führung. In: ROSENSTIEL, Lutz von / REGNET, Erika / DOMSCH, Michel E. (Hrsg.): Führung von Mitarbeitern – Handbuch für erfolgreiches Personalmanagement. 5. Aufl., Stuttgart, 3-25.

SACKMANN, Sonja A. (2002): Unternehmenskultur. Neuwied, Kriftel.

SCHEDLER, Kuno (1996): Die Kultur der wirkungsorientierten Verwaltung. In: Verwaltung und Management, 2. Jg., Nr. 1, S. 14-18.

SCHEDLER, Kuno / PROELLER, Isabella (2006): New Public Management. 3. Aufl., Bern, Stuttgart, Wien.

SCHEIN, Edgar H. (2003): Organisationskultur – The Ed Schein Corporate Culture Survival Guide. Bergisch Gladbach.

SCHMITZ, Carl A. (1963): Kultur. Frankfurt a.M.

SCHOLZ, Christian (2000): Personalmanagement – Informationsorientierte und verhaltenstheoretische Grundlagen. 5. Aufl., München.

SCHREYÖGG, Georg (2008): Organisation – Grundlagen moderner Organisationsgestaltung. 5. Aufl., Wiesbaden.

SCHREYÖGG. Georg / NOSS, Christian (2003): Von der Episode zum fortwährenden Prozess – Wege jenseits der Gleichgewichtslogik im Organisatorischen Wandel. In: SCHREYÖGG, Georg / CONRAD, Peter (Hrsg.): Organisatorischer Wandel und Transformation. Wiesbaden, S. 33-62.

SCHULER, Heinz (1991): Auswahl von Mitarbeitern. In: ROSENSTIEL, Lutz von / REGNET, Erika / DOMSCH, Michel E. (Hrsg.): Führung von Mitarbeitern – Handbuch für erfolgreiches Personalmanagement. Stuttgart, S. 100-125.

SCHWEER, Thomas / STRASSER, Hermann (2008): Einblick – Cop Culture und Polizeikultur. In: SCHWEER, Thomas / STRASSER, Hermann /

ZDUN, Steffen (Hrsg): Das da draussen ist ein Zoo, und wir sind die Dompteure – Polizisten im Konflikt mit ethnischen Minderheiten und sozialen Randgruppen. Wiesbaden, S. 11-38.

SCOTT, Richard W. (2003): Organizations: Rational, Natural, and Open Systems. 5. Aufl., Upper Saddle River.

SPITZER, Steven / SCULL, Andrew T. (1977): Social Control in Historical Perspective. In: GREENBERG, David F. (Hrsg.): Corrections and Punishment. Beverly Hills, S. 265-286.

STOCK-HOMBURG, Ruth (2008): Personalmanagement – Theorien, Konzepte, Instrumente. Wiesbaden.

STORCH, Robert D. / ENGELS, F. (1975): »The plague of blue locusts«: police reform and popular resistance in northern England 1840-1857. In: International Review of Social History, 20. Jg., Nr. 1, S. 61-90.

THIBAULT, Edward A. / LYNCH, Lawrence M. / MCBRIDE, R. Bruce (2001): Proactive Police Management. 5. Aufl., Upper Saddle River.

THOM, Norbert / RITZ, Adrian (2006): Public Management – Innovative Konzepte zur Führung im Öffentlichen Sektor. 3. Aufl., Wiesbaden.

THOMAS, David A. / ELY, Robin J. (1996): Making Differences Matter: A New Paradigm for Managing Diversity. In: Harvard Business Review, 74. Jg., Nr. 5, S. 79-90.

VERA, Antonio / KOKOSKA, Wolfgang (2009): Die Polizei als alternde Organisation – Konsequenzen für das Personalmanagement. In: Kuratorium der Deutschen Hochschule der Polizei (Hrsg.): Ausgewählte Aspekte des Personalmanagements der Polizei, Schriftenreihe der Deutschen Hochschule der Polizei. Dresden, S. 11-46.

VERA, Antonio / KÖLLING, Katharina (2011): Management in der Polizei unter den Bedingungen des demografischen Wandels – Ergebnisse einer qualitativen empirischen Studie. In: Die Polizei, 102. Jg., Nr. 9, S. 255-261.

VERA, Antonio / KÖLLING, Katharina (2012): Cop Culture in einer alternden Polizei. In: VERA, Antonio (Hrsg.): Organisation und Personalmanagement in der Polizei unter den Bedingungen des demographischen Wandels. Münster, S. 11-56.

VERA, Antonio / KÖLLING, Katharina (2013): Street Cop Culture and the Aging Police Force. In: European Journal of Policing Studies, 1. Jg., Nr. 1, S. 64-88.

VERA, Antonio / KÖLLING, Katharina (2014): Cop Culture und demographischer Wandel – Eine empirische Analyse des Zusammenhangs zwischen Alterung, Organisationskultur und Leistungsfähigkeit der Polizei. In: Oranienburger Schriften, o. Jg., Nr. 1, S. 24-37.

VERA, Antonio / KUNTZ, Ludwig (2007): Prozessorientierte Organisation und Effizienz im Krankenhaus. In: Zeitschrift für betriebswirtschaftliche Forschung, 59. Jg., Nr. 3, S. 173-197.

VROOM, Victor H. / YETTON, Phillip W. (1973): Leadership and Decision-Making. Pittsburgh.

WEBER, Max (1922): Wirtschaft und Gesellschaft – Grundriss der verstehenden Soziologie. Tübingen. http://www.textlog.de/weber_wirtschaft.html (Zugriff: 23.07.2014).

WEBER, Wolfgang E.J. (2009): Polizeiwissenschaft. In: JÄGER, Friedrich (gf. Hrsg.): Enzyklopädie der Neuzeit, Band 10 (Physiologie – Religiöses Epos). Stuttgart u.a., Sp. 183-185.

WEIBLER, Jürgen / THIELMANN, Gerd (2010): Das Kooperative Führungssystem der Polizei im Jahre 2010 – Bisherige Entwicklung und Reformbedarf. In: Polizei & Wissenschaft, 11. Jg., Nr. 1, S. 57-65.

WHISENAND, Paul M. / FERGUSON, R. Fred (1996): The Managing of Police Organizations. 4. Aufl., Upper Saddle River.

WÖHE, Günter / DÖRING, Ulrich (2008): Einführung in die Allgemeine Betriebswirtschaftslehre. 23. Aufl., München.

ZDUN, Steffen (2010): Doing Social Problems bei der Polizei im Straßenkulturmilieu. In: GROENEMEYER, Axel (Hrsg.): Doing Social Problems – Mikroanalysen der Konstruktion sozialer Probleme und sozialer Kontrolle in institutionellen Kontexten. Wiesbaden, S. 246-271.

ZWILLING, Robert (2007): Das Rätsel der Alterung – Viele Theorien, viele offene Fragen. In: Biologie in unserer Zeit, 37. Jg., Nr. 3, S. 157-163.

Polizeiwissenschaft
Verlag für
für Polizei-
wissenschaft
Verlag für
Polizeiwissenschaft
Verlag für
Polizeiwissenschaft
Verlag
für Polizei-
wissenschaft
Verlag für
Polizeiwissenschaft
Verlag für Polizeiwissenschaft
Verlag für Polizeiwissenschaft

Innere Sicherheit
Psychologie Ethik
Nachrichtendienst
www.polizeiwissenschaft.de
Polizeipsychologie
Führungslehre
Kriminalistik Recht
Polizeiforschung
Prävention Soziologie
Kriminalpsychologie
Polizeigeschichte
Kriminologie
Politikwissenschaft
Forensik Einsatzlehre
Öffentliche Sicherhei
Rechtspsychologie